助力乡村振兴战略丛书

农民身边事
法律小帮手

刘冬梅　编著

NONGMIN SHENBIANSHI
FALÜ XIAOBANGSHOU

参编　刘德敏　郭护团　马　燕　王　曼

西北农林科技大学出版社
·杨凌·

图书在版编目（CIP）数据

农民身边事　法律小帮手 / 刘冬梅编著. -- 杨凌：西北农林科技大学出版社, 2022.3（2023.7重印）
ISBN 978-7-5683-1089-5

Ⅰ. ①农… Ⅱ. ①刘… Ⅲ. ①法律－中国－通俗读物
Ⅳ. ①D920.5

中国版本图书馆CIP数据核字(2022)第039645号

农民身边事　法律小帮手
刘冬梅　编著

出版发行　西北农林科技大学出版社
地　　址　陕西杨凌杨武路3号　　**邮　编**：712100
电　　话　总编室：029-87093195　　发行部：029-87093302
电子邮箱　press0809@163.com
印　　刷　西安日报社印务中心
版　　次　2022年3月第1版
印　　次　2023年7月第2次印刷
开　　本　787 mm × 1092 mm　1/16
印　　张　20.25
字　　数　378千字

ISBN 978-7-5683-1089-5

定价：58.00元

前 言

依法治国是新时代国家治理体系和治理能力现代化的基本特征，加强法治建设是实现全面依法治国的基本保障。法治建设根基在底层、薄弱在乡村。党的十九大报告提出要建立健全自治、法治、德治相结合的乡村治理体系。完善乡村法治体系、着力建设法治乡村，是实施乡村振兴战略的内在要求和有力抓手，也是夯实乡村治理根基的固本良策。乡村普法教育是乡村治理的一项基础性工作。党中央、国务院早在“五五”普法规划中就确定农民为普法重点对象，对加强农民法治宣传教育提出的明确要求之一就是：了解和掌握维护自身合法权益，解决矛盾纠纷的法律途径和法律常识。

近年来，为了强化乡村法治，国家制定和修改了一系列法律、法规和规章。如 2017 年 12 月修订了《农民专业合作社法》，2018 年 12 月修正了《农村土地承包法》《村民委员会组织法》等，2019 年 8 月修正了《土地管理法》，2020 年 5 月 28 日颁布了《民法典》。为了使农民朋友学习了解这些法律、法规，不断提高广大农民群众的法律意识和法律素质，切实解决当前农村的突出问题，充分发挥法治在促进、实现和保障乡村振兴中的重要作用，作者结合自己多年的农村普法经验编写了本书。书中以问答的形式对农民普遍关注的村民自治、宅基地与承包地、婚姻家庭与继承、反家庭暴力、农民专业合作社、邻里纠纷、种植养殖、民间借贷、消费权益、司法救助与法律援助等问题以案例的形式进行普法说理。该书内容新、实用性强、通俗易懂、便于广大农民群众掌握和运用，是一本指导农民正确运用法律来解决日常生产生活问题的农村普法教育工具书。

编者

2022 年 1 月

目 录

CONTENTS

第一章 村民自治

第二章　宅基地与承包地

第四章　农民专业合作社

附录

第一章

村民自治

1 村民委员会是什么性质的组织？

◎ 2015 年 8 月 6 日张仪村开始进行股份合作制改制。刘某认为自己是张仪村村民，要求张仪村村民委员会确认其股东身份，遭到拒绝。2016 年 7 月 4 日，刘某以张仪村村民委员会为被告向法院提起行政诉讼。法院以村民委员会不具备行政诉讼被告资格为由不予受理，为什么？

行政诉讼，是指公民、法人或者非法人组织认为行使国家行政权的机关和组织及其工作人员所实施的具体行政行为，侵犯其合法权利，依法向人民法院提起的诉讼。根据《村民委员会组织法》第二条的规定，村民委员会是村民自我管理、自我教育、自我服务的基层群众性自治组织。因此，基层群众性自治组织不能成为行政诉讼的被告。

2018 年 2 月 8 日《最高人民法院关于适用〈中华人民共和国行政诉讼法〉的解释》开始实施。其中第二十四条第一款规定："当事人对村民委员会或居民委员会依法律、法规、规章的授权履行行政管理职责的行为不服提起诉讼的，以村民委员会或居民委员会为被告。"该条款赋予了村民委员会做行政诉讼被告的主体资格，但仅限于村民委员会依据法律、法规、规章的授权履行行政管理职责的特殊情形。

2 村民委员会成员在什么情况下以国家工作人员论？

◎ 2015 年某村村民委员会主任王某在协助镇政府征收该村土地过程中，将政府征用过的砖厂又纳入补偿范围，套取补偿款 15 万余元占为己有，王某因上述行为被判处贪污罪。王某不是国家工作人员，为什么会被判贪污罪？

贪污罪的犯罪主体是国家工作人员，根据《中华人民共和国刑法》第九十三条的规定，国家工作人员是指国家机关中从事公务的人员。国有公司、企业、事业单位、人民团体中从事公务的人员和国家机关、国有公司、企业、事业单位委派到非国有公司、企业、事业单位、社会团体从事公务的人员，以及其他依照法律从事公务的人员，以国家工作人员论。根据《全国人民代表大会常务委员会关于〈中华人民共和国刑法〉第九十三条第二款的解释》，村民委员会等基层组织人员协助人民政府从事下列行政管理工作，属于刑法规定的"其他依照法律从事公务的人员"：（1）救灾、抢险、防汛、优抚、扶贫、移民、救济款物的管理；（2）社会捐助公益事业款物的管理；（3）国有土地的经营和管理；（4）土地征用补偿费用的管理；（5）代征、代缴税款；（6）有关计划生育、户籍、征兵工作；（7）协助人民政府从事的其他行政管理工作。本案中，王某是在协助镇政府征收土地过程中侵占补偿款的，此时王某的身份是以国家工作人员论的。

3 村民委员会每届任期几年?

◎ 2015 年 10 月王某因土地承包经营权纠纷向某法院起诉元头村村民委员会。法院受理后查明，上一届元头村村民委员会已经届满，曾于 2015 年 7 月 23 日进行换届选举，但未能成功，现元头村村民委员会尚未选举产生。该法院以原告起诉的被告元头村村民委员会主体尚不存在为由驳回了王某的起诉。村民委员会每届任期几年?

《村民委员会组织法》曾规定村民委员会每届任期 3 年，2018 年 12 月 29 日第十三届全国人大常委会第七次会议表决通过了《关于修改〈中华人民共和国村民委员会组织法〉〈中华人民共和国居民委员会组织法〉的决定》，该决定将居民委员会和村民委员会的任期由 3 年改为 5 年，从 2019 年 1 月 1 日起实施。

4 村民委员会与乡（镇）政府是什么关系?

◎王某第二轮土地承包时未分得承包地，和村民委员会多次沟通无果后，向乡政府提出申请，要求乡政府责令村民委员会为其发包土地。乡政府答复王某："该事不归乡政府管"。王某认为责令村民委员会给村民发包土地是乡政府的法定职责，于是向法院起诉乡政府。乡（镇）政府能否责令村民委员会给村民发包土地?

乡（镇）政府与村民委员会并非领导与被领导的关系，《村民委员会组织法》第五条规定："乡、民族乡、镇的人民政府对村民委员会的工作给予指导、支持和帮助，但是不得干预依法属于村民自治范围内的事项。村民委员会协助乡、民族乡、镇的人民政府开展工作。"发包土地是否属于村民自治范围内的事项呢?《村民委员会组织法》第八条规定：村民委员会依照法律规定，管理本村属于村农民集体所有的土地和其他财产。《农村土地承包法》第十三条规定，农民集体所有的土地依法属于村农民集体所有的，由村集体经济组织或者村民委员会发包。第五十五条规定："因土地承包经营发生纠纷的，双方当事人可以通过协商解决，也可以请求村民委员会、乡（镇）人民政府等调解解决。当事人不愿意协商、调解或者协商、调解不成的，可以向农村土地承包机构申请仲裁，也可以直接向人民法院起诉。”根据以上规定，村民委员会是否向村民发包土地，属于村民自治范围内的事项，乡（镇）人民政府只有调解的法定职责，不能责令村民委员会给村民发包土地。

5 村民委员会换届选举由谁主持?

◎刘家庄是北部一边远山区的村庄，村里年满18周岁的公民仅有226人。乡政府在新一届村民委员会选举之际认为，像刘家庄这样的小村子，设立村民选举委员会实在太麻烦，不如由村党支部直接组织换届选举的好。于是，乡政府发文，本辖区内选民不满300人的村庄不再设立村民选举委员会，而直接由村党支部主持村民委员会的换届选举工作。乡政府的做法是否违法?

《村民委员会组织法》第十二条第一款规定：“村民委员会的选举，由村民选举委员会主持。”根据以上规定，村民委员会的选举主持组织只有村民选举委员会，法律并没有规定其他主体可以主持村民委员会的选举，乡政府的做法是违法的。

6 村民选举委员会如何产生?

◎某村2011年村民委员会换届选举期间，该村一组的村民代表张某向县村民委员会换届选举工作领导小组办公室投诉，说该村的村民选举委员会是由村两委班子会议推选产生的，程序不合法。村民选举委员会如何产生?

《村民委员会组织法》第十二条第二款规定：“村民选举委员会由主任和委员组成，由村民会议、村民代表会议或者各村民小组会议推选产生。”据此，村民选举委员会的产生方式只有三种，除此以外，其他任何产生村民选举委员会的方式都是不合法的。

7 哪些人应当列入本村参加选举的村民名单?

◎丁某是某村村民，多年来一直在县城从事贩卖水果的生意，村里的事几乎不过问。2018年村里进行换届选举，村民选举委员会主任认为丁某虽然户籍还在本村，但脱离了本村的实际管辖范围，不宜纳入此次参加选举的村民名单。丁某知晓后多次向村民选举委员会表示，自己要参加本次换届选举。另一农民李某，户籍不在某某村，但在该村已经居住了3年，他也希望参加某某村的此次换届选举，并且向村民委员会提交了申请。村民委员会觉着李某热心公益，决定将李某纳入此次选举名单。丁某与李某谁应该被纳入该村村民选举名单？

根据《村民委员会组织法》第十三条的规定，村民只要年满十八周岁，没有依法被剥夺政治权利，不分民族、种族、性别、职业、家庭出身、宗教信仰、教育程度、财产状况、居住期限，都有选举权和被选举权。村民委员会选举前，应当对下列人员进行登记，列入参加选举的村民名单：（1）户籍在本村并且在本村居住的村民；（2）户籍在本村，不在本村居住，本人表示参加选举的村民；（3）户籍不在本村，在本村居住一年以上，本人申请参加选举，并且经村民会议或者村民代表会议同意参加选举的公民。本案中，丁某虽然长期不在该村居住，但户籍在该村，本人又多次表示要参加选举，应当列入选举名单；李某虽然在该村居住了3年，本人也提出申请，但由于其户籍不在该村，需要经村民会议或村民代表会议同意才可以列入选举名单，村民委员会无权决定，所以李某在未经村民会议或村民代表会议同意的情况下不能列入该村的选民名单。

8 对村民选举名单有异议怎么办？

◎王某户籍在王家村，但由于常年在外打工，已经多年不在王家村居住。有一年王家村村民委员会将要举行换届选举，王某通过电话多次表示要参加换届选举工作，但最终村里并没有把王某列入村民选举名单。王某该如何救济？

根据《村民委员会组织法》第十四条的规定，村民选举委员应当在选举日的20日前公布登记参加选举的村民名单。村民对登记参加选举的村民名单有异议的，应当自名单公布之日起5日内向村民选举委员会申诉，村民选举委员会应当自收到申诉之日起3日内作出处理决定，并公布处理结果。因此，王某可以自名单公布之日起5日内向村民选举委员会申诉。

9 “村民选举资格”和“选民资格”是不是一回事？

◎李某等5人在新光村住了5年以上，但他们的户籍并不在该村。2017年4月，新光村启动了村民委员会的换届选举工作，新光村村民选举委员会对李某等户籍不在本村的人不予登记。李某当即与选举委员会的负责人理论，但对方告诉他，选举委员会已经经过集体讨论，认为他在本村没有选举资格。之后，李某等人依据《民事诉讼法》的规定起诉到法院，要求确认他们具有选举资格。最终法院驳回了李某的起诉，为什么？

《民事诉讼法》虽然规定了选民资格案件的诉讼程序，但这一程序仅适用于“选民资格”案件，不适用于“村民选举资格”案件。“选民资格”和“村民选举资格”不是一回事，选民资格是宪法赋予公民行使选举权和被选举权身份的资格，是一项政治权利，选民选举产生的是组成国家权力机关的代表，当选的代表组成的是国家权力机关。而村民选举资格是村民参加其所在村集体组织村民委员会选举活动的资格，是一项村民自治权利，村民选举产生的是村民委员会的成员，组成的是村民进行自我教育、自我管理、自我服务的基层群众性自治组织。村民选举适用《村民委员会组织法》，该法第十四条规定，村民对村民选举名单有异议的，应当向村民选举委员会申诉，并没有规定对村民选举委员会处理结果不服可以向法院起诉。

10 候选人如何产生?

◎某乡政府对其管辖区域内某村村民委员会的工作不满意，双方曾因扶贫款、村民低保等事情发生争议。目前正值村民委员会换届选举，为了不让该村原班人马重新当选，乡政府规定，为实现干部年轻化，凡在村民委员会任职已超过两届的，不得再次提名为候选人；另外乡政府还给出了一个15个人的候选人名单。该乡政府的做法是否合法?

根据《村民委员会组织法》第十一条“村民委员会成员可以连选连任”的规定和第十五条“选举村民委员会，由登记参加选举的村民直接提名候选人”的规定，该乡政府的做法是违法的，应予以纠正。

11 候选人应当具备什么条件?

◎王某，男，汉族，高中文化，中共党员。该人曾连任道里区某村第四、五届村民委员会主任。在第七届村民委员会换届选举之际，经过村民推荐、候选人报名和预选，确定王某为该村村民委员会主任候选人。随后，该村部分村民联名上访，反映候选人王某在2015年因犯罪被判处缓刑，还在考验期，不具备候选人资格，要求取消王某主任候选人资格。王某能否成为候选人?

村民选举的一般选民只要年满十八周岁，没有被依法剥夺政治权利就可以，但作为候选人，其资格条件应当高出一般选民。《村民委员会组织法》第十五条规定，村民提名候选人，应当从全体村民利益出发，推荐奉公守法、品行良好、公道正派、热心公益、具有一定文化水平和工作能力的村民为候选人。民政部的《村民委员会选举规程》规定，无行为能力及被判处刑罚的人不得提名为候选人。本案中，王某被判处刑罚，尚在缓刑期，其不能成为候选人。

12 村民选举委员会成员可以被提名为候选人吗?

◎ 2015 年 3 月某村进行村民委员会换届选举工作，李某因为带领村民共同致富，在村民中威望很高，被村民推选为选举委员会的成员。后来在推选候选人的时候，李某又被村民推选为候选人。李某觉着自己是选举委员会成员，做候选人不合适，但村民们认为没什么不合适的。选举委员会成员可以被提名为候选人吗?

选举委员会成员可以被提名为村民委员会成员候选人，但是其一旦作为候选人，就必须退出选举委员会。为避免身份的重合与冲突，保证选举的公平公正，《村民委员会组织法》第十二条第三款规定："村民选举委员会成员被提名为村民委员会成员候选人，应当退出村民选举委员会。"第四款规定："村民选举委员会成员退出村民选举委员会或者因其他原因出缺的，按照原推选结果依次递补，也可以另行推选。"本案中，李某如果成为村民委员会成员候选人，他就应当退出村民选举委员会。退出以后，应按照原推选结果依次递补，也可另行推选。

13 乡政府对村民换届选举的指导性工作是否具有可诉性?

◎ 2018 年 11 月 19 日，某村举行村民委员会换届选举，乡政府负责对选举活动进行指导和监督。村民彭某认为乡政府指导程序违法，没有严格按照《×× 市村民委员会选举办法》的规定进行。于 2019 年 1 月 5 日向法院提起行政诉讼，要求确认乡政府的行为违法并确认选举结果无效。乡政府认为自己只是提出指导意见，并没有强制。本案是否具有可诉性?

根据《最高人民法院关于适用〈中华人民共和国行政诉讼法〉的解释》第一条第二款的规定，下列行为不属于人民法院行政诉讼的受案范围：（1）公安、国家安全等机关依照刑事诉讼法的明确授权实施的行为；（2）调解行为以及法律规定的仲裁行为；（3）行政指导行为；（4）驳回当事人对行政行为提起申诉的重复处理行为；（5）行政机关作出的不产生外部法律效力的行为；（6）行政机关为作出行政行为而实施的准备、论证、研究、层报、咨询等过程性行为；（7）行政机关根据人民法院的生效裁判、协助执行通知书作出的执行行为，但行政机关扩大执行范围或者采取违法方式实施的除外；（8）上级行政机关基于内部层级监督关系对下级行政机关作出的听取报告、执法检查、督促履责等行为；（9）行政机关针对信访事项作出的登记、受理、交办、转送、复查、复核意见等行为；（10）对公民、法人或者其他组织权利义务不产生实际影响的行为。本案中，乡政府对该村村民委员会的选举工作实施的是行政指导，没有强制。因此，不具可诉性。

14 村民委员会选举中的“双过半”怎么理解？

◎ 2015 年 4 月，大刘村进行村民委员会换届选举。该村有村民 1465 人，18 周岁以上的村民 1220 人，参加选民登记的有 1004 人。选举当天，村民选举委员会进行现场统计，到会选民 503 人，在投票结束后，计票员发现收到的总票数只有 499 张，到场的选民中有 4 人中途离开，没有投票，王某等 3 名候选人获得了 251 张以上的选票。王某等人是否当选？

根据《村民委员会组织法》第十五条的规定，选举村民委员会，有登记参加选举的村民过半数投票，选举有效。候选人获得参加投票的村民过半数的选票，始得当选。以上规定被称为“双过半”，所谓有登记参加选举的村民过半数投票，是指登记参加选举的村民超过半数已经投票，且回收的票数少于或等于发出的选票。所谓登记参加选举的村民过半数，是以从票箱回收的选票数为准，这个数量，既包括有效票（含弃权票），也包括废票。候选人获得参加投票的村民过半数选票，是指候选人或其他竞争者得到从票箱回收票数的一半以上。本案中，登记的选民为 1004 人，只回收到 499 张选票，没有达到法律规定的有登记参加选举的村民过半数投票要求，即使王某等人获得了投票选民过半数选票也不能当选。

15 村民委员会换届选举可以采用间接选举方式吗？

◎王家村系一个经济发达的村子，村民平时都比较忙。村党支部和村民委员会认为，村民委员会换届选举，很多时候不是召集村民一次就能完成的工作，而是召集三四次甚至更多次，使村民产生厌烦情绪而不愿意到场参选。村民代表系由全体村民推选，完全能够代表村民的意愿。如果村民委员会换届选举时只让村民代表参加，组织起来会容易许多，这样就会避免参加投票的人数不过半而造成选举无效的问题。该办法是否具有法律可行性？

根据《村民委员会组织法》第十一条第一款的规定，村民委员会主任、副主任和委员，由村民直接选举产生。这就意味村民委员会换届选举不可以采用间接选举的方式。对于登记参加选举的村民，选举期间外出不能参加投票的，《村民委员会组织法》第十五条规定可以书面委托本村有选举权的近亲属代为投票，村民选举委员会应当公布委托人和受委托人的名单。本案中，村党支部和村委会的提议不具有法律可行性。

16 罢免村民委员会成员的程序是怎样的？

◎周某2015年11月26日经村民选举当选为村民委员会委员，月工资800元。2017年2月乡党委以周某的某些行为严重干扰了县、乡、村正常工作为由对其诫勉。自从周某被乡党委诫勉后村民委员会不再给周某发工资。周某认为自己只是被诫勉，而没有被罢免，故要求村民委员会给自己发工资，村民委员会拒绝。如果要罢免周某，程序是怎样的？

《村民委员会组织法》第十六条规定："本村五分之一以上有选举权的村民或者三分之一以上的村民代表联名，可以提出罢免村民委员会成员的要求，并说明要求罢免的理由。被提出罢免的村民委员会成员有权提出申辩意见。罢免村民委员会成员，须有登记参加选举的村民过半数投票，并须经投票的村民过半数通过。"本案中，周某并没有被按照上述法定程序罢免，其职务也未依法终止，故村民委员会应对其发放相应的工资。

17 村民委员会成员是否称职谁说了算？

◎司某是庄里村村民，2008年至2014年11月任庄里村村务委员。庄里村从1987年1月起给村委成员发工资，费用来源于本村收入。2014年5月，庄里村在未召开村民会议及村民代表会议的情况下，以村务监督委员会发现司某存在不称职行为为由，直接终止了司某的职务，停发其工资。司某被终止职务的程序是否合法？

《村民委员会组织法》第三十三条规定："村民委员会成员以及由村民或者村集体承担误工补贴的聘用人员，应当接受村民会议或者村民代表会议对其履行职责情况的民主评议。民主评议每年至少进行一次，由村务监督机构主持。村民委员会成员连续两次被评议不称职的，其职务终止。"也就是说，村民委员会成员是否称职是由村民会议或者村民代表会议通过民主评议来确定的，而且连续两次被评议不称职的才终止其职务。本案中，庄里村并未按照规定组织评议，便终止司某职务、停发其工资的做法违法。

18 任期未满，什么情况下村民委员会成员职务自行终止？

◎任村主任的王某和任村会计的黄某因村中财务打架，王某将黄某打成轻伤。黄某向法院起诉，王某被法院判处1年管制。宣判后王某回村继续主持工作，黄某提出抗议。王某能否继续主持村民委员会的工作？

《村民委员会组织法》第十八条规定："村民委员会成员丧失行为能力或者被判处刑罚的，其职务自行终止。"另外根据民政部《村民委员会选举规程》的规定，村民委员会成员因死亡，其职务也自行终止。本案中，王某被判处管制刑罚，其职务自行终止，不能继续主持村民委员会的工作。

19 哪些事项经村民会议讨论决定方可办理？

◎某村村民委员会与裕丰公司签订《合同书》，约定某村将其所有的总面积为25万平方米的农用地出租给裕丰公司。村民认为村民委员会没有召开村民会议就将集体土地出租违法。村民委员会的做法是否违法？

根据《村民委员会组织法》第二十四条的规定，涉及村民利益的下列事项经村民会议讨论决定方可办理：（1）本村享受误工补贴的人员及补贴标准；（2）从村集体经济所得收益的使用；（3）本村公益事业的兴办和筹资筹劳方案及建设承包方案；（4）土地承包经营方案；（5）村集体经济项目的立项、承包方案；（6）宅基地的使用方案；（7）征地补偿费的使用、分配方案；（8）以借贷、租赁或者其他方式处分村集体财产；（9）村民会议认为应当由村民会议讨论决定的涉及村民利益的其他事项。本案中，村民委员会将土地租给他人，涉及以租赁方式处分村集体财产，属于法律明确规定的必须经村民会议讨论方可办理的事项。村民委员会未经村民会议讨论直接出租违法。

20 征地补偿协议须经村民会议讨论决定吗？

◎王村的土地被政府征收，由村民委员会出面与政府签订了征地补偿协议，政府依据相关法律和地方性政策对王村进行了征地补偿。王村的156户村民以村民委员会没有召开村民会议为由，请求法院判决宣告征地补偿协议无效。征地补偿协议是否须经村民会议讨论决定？

农村征地补偿协议系指根据行政部门批准的征收土地方案，由土地征收主管部门与农村集体经济组织就征地补偿的补偿方式、补偿金额及支付方式、青苗及土地附着物补偿、违约责任和纠纷处理方式等达成的权利义务安排。因此，农村征地补偿协议是集体经济组织与征地地方政府之间的法律关系，而非集体经济组织内部或村民与征地地方政府之间的法律关系。农村征地补偿并不属于村民会议讨论决定，行使村民自治权的范畴。根据《土地管理法》和《民法典》的规定，农民集体所有的土地依法属于村农民集体所有的，由村集体经济组织或者村民委员会代表集体行使所有权，进行经营和管理。据此，村民委员会代表农民集体行使所有权，有权与土地征收实施部门签订征地补偿协议，无须经村民会议讨论决定。

21 村民会议的召开及表决有哪些要求？

◎某村为了发展经济，决定集资修路，村民委员会决定召开村民会议来商讨筹资问题。全村年满18周岁的村民共560人，但村里许多青壮年外出打工，召开会议那天到场的成年村民仅有328人。对于集资方案进行表决时295人同意，5人弃权，28人反对。该次村民会议决议是否有效？

《村民委员会组织法》第二十二条第一款规定："召开村民会议，应当有本村十八周岁以上村民的过半数，或者本村三分之二以上的户的代表参加，村民会议所作决定应当经到会人员的过半数通过。法律对召开村民会议及作出决定另有规定的，依照其规定。"该村年满18周岁的村民560人，328个成年人参会，达到了法律规定的过半数要求；295个人投赞同票，也达到了有效参会人数的过半数。因此，该次村民会议决议有效。

22 经村民会议决定，就可以收回出嫁女的承包地吗？

◎李女是李家村人，嫁到了八斗村。因为是独生女，常要照顾父母，基本上娘家、婆家各住一半，户口仍在娘家。李女出嫁后，村里就把她的承包地收回了，而婆家八斗村因为没有她的户口，也不给她分配承包地。李女去找李家村村主任理论此事，村主任说："这可是村民会议所决定的，三分之二以上的村民都要求收回你的承包地，我一个人做不了主，找我也没有办法解决此问题。"李女向法院起诉，要求法院依法撤销村民会议的决定。经村民会议决定，就可以收回出嫁女的承包地吗？

根据《农村土地承包法》第三十一条的规定，承包期内，妇女结婚，在新居住地未取得承包地的，发包方不得收回其原承包地。本案中，李女在婆家村组没有取得承包地。因此，娘家村组不能收回她的承包地。根据《村民委员会组织法》第二十七条的规定，村民会议或者村民代表会议的决定如与宪法、法律、法规和国家的政策相抵触或有侵犯村民的人身权利、民主权利和合法财产权利的内容的，由乡、民族乡、镇的人民政府责令改正。另外，《民法典》第二百六十五条第二款规定：“农村集体经济组织、村民委员会或者其负责人作出的决定侵害集体成员合法权益的，受侵害的集体成员可以请求人民法院予以撤销。”因此，李女可以向乡（镇）政府申请，请求乡（镇）政府责令村上改正，也可以向法院起诉请求撤销村民会议的决定。

23 村民代表会议构成有何要求?

◎王家村是个大村，村民人数较多，每次召开村民会议要达到过半数很难。故村里决定设立村民代表会议，讨论决定村里涉及村民利益的重大事项。全村有 8 个村民小组，村民委员会要求每个村民小组根据各组情况推选出 10～15 个代表。全村共推选出 105 个村民代表，再加上村民委员会的 7 个成员，该村村民代表会议的成员是 112 人，其中妇女代表 10 人。该村村民代表会议构成是否合法?

根据《村民委员会组织法》第二十五条的规定，人数较多或者居住分散的村，可以设立村民代表会议，讨论决定村民会议授权的事项。村民代表会议由村民委员会成员和村民代表组成，村民代表应当占村民代表会议组成人员的五分之四以上，妇女村民代表应当占村民代表会议组成人员的三分之一以上。村民代表由村民按每五户至十五户推选一人，或者由各村民小组推选若干人。本案中，村民代表人数占整个村民代表会议人数的比例符合要求，但妇女代表比例不符合法律规定的要求。

24 出席村民代表会议的人数及表决数有何要求?

◎某村村民代表会议的组成人员有 30 人，2015 年 5 月召开会议时有 21 人出席会议。会议以投票方式表决集体收益分配方案。16 人同意，5 人反对。该次表决有效吗?

根据《村民委员会组织法》第二十六条规定，村民代表会议有三分之二以上的组成人员参加方可召开，所作决定应当经到会人员的过半数同意。本案参会人员达到了人员总数的三分之二以上，所作决定也符合到会人员的过半数同意。因此，本次表决有效。

25 哪些事项是由村民小组会议讨论决定的？

◎某村有六个村民小组，每个村民小组有各自的土地。2018 年 3 月，第四村民小组的村民发现本组 23.6 亩的耕地由第三村民小组的王某经营。经询问得知，是村民委员会经村民代表会议表决后包给王某的。第四村民小组提出异议，认为村民代表会议无权决定村民小组土地的发包问题。本案的村民代表会议是否越权？

村民小组是一种独立的集体经济组织，具有相应的民事权利能力和行为能力。《村民委员会组织法》第二十八条第三款规定："属于村民小组的集体所有的土地、企业和其他财产的经营管理以及公益事项的办理，由村民小组会议依照有关法律的规定讨论决定，所作决定及实施情况应当及时向本村民小组的村民公布。"根据以上规定，在召开村民会议或村民代表会议对村民小组所有的财产进行处分时，即便参与人员中包含村民小组成员，也在实质上剥夺了村民小组作为独立集体经济组织的行为能力，是越权行为。因此，本案中所涉及的 23.6 亩耕地的发包应该由第四村民小组会议讨论决定，而不能由整个村的村民代表会议讨论决定。

26 哪些村务必须及时公开？

◎ 2015 年 1 月 13 日，陈某在多次到村民委员会办公室要求查阅"农村建设用地复垦抵押金"和"某某路硬化一事一议款"收支节余财务未果的情况下，再次来到村民委员会，强烈要求村民委员会公开上述村级财务，被告知"要乡政府同意才能看"。陈某坚持查看并"赖"着不走，与村民委员会负责人发生争执。本案村民委员会的做法是否合法？

根据《村民委员会组织法》第三十条的规定，村民委员会实行村务公开制度，以下村务应当及时公布，接受村民的监督：（1）法律规定的由村民会议、村民代表会议讨论决定的事项及其实施情况；（2）国家计划生育政策的落实方案；（3）政府拨付和接受社会捐赠的救灾救助、补贴补助等资金、物资的管理使用情况；（4）村民委员会协助人民政府开展工作的情况；（5）涉及本村村民利益，村民普遍关心的其他事项。上述事项中，一般事项至少每季度公布一次；集体财务往来较多的，财务收支情况应当每月公布一次；涉及村民利益的重大事项应当随时公布。村民委员会应当保证所公布事项的真实性，并接受村民的查询。本案中，村委会的做法违反了村务公开制度，侵犯了村民的知情权和监督权。

27 村务不公开，村民有哪些救济途径？

◎王某系王庄村村民。2014年5月，该村因新农村建设、空心村治理收回村民原承包土地，按实际人口重新调整。在此过程中，王某认为村民委员会侵害了其合法权益，于2015年12月22日向村民委员会提出村务公开申请，要求公开2014年5月该村第二组土地调整分配方案，新农村建设、空心村治理方案及相关的宅基地使用方案，征地补偿费使用、分配方案，2014年至2015年村集体经济收益使用情况。村民委员会收到申请未答复，王某有哪些救济途径？

《村民委员会组织法》第三十一条规定："村民委员会不及时公布应当公布的事项或者公布的事项不真实的，村民有权向乡、民族乡、镇的人民政府或者县级人民政府及其有关主管部门反映，有关人民政府或者主管部门应当负责调查核实，责令依法公布。"因此，王某可以向乡（镇）政府或县政府及其主管部门反映。如果乡（镇）政府、县政府未依法履行监督职责，王某可以向其上一级政府申请行政复议，如果县政府主管部门不履行监督职责，王某可以向县政府或者该主管部门的上一级主管部门申请行政复议。对复议结果不服的，还可以向法院提起行政诉讼。也可以不经复议，直接向法院提起行政诉讼。

28 非本村村民能否查询村务？

◎张某某系公务员，原籍为陕西省咸阳市××镇×村，但现在已经不是该村村民。张某某爱好研究，喜欢撰写农村经济发展方面的论文，他也非常关心家乡的经济发展，遂于2017年10月5日去信要求公开该村2015年至2017年9月底以前收支及债权债务情况。因没有得到回复，于是向××镇政府反映。张某某是否有权查询×村的村务？

根据《村民委员会组织法》第三十条规定，村民委员会实行村务公开制度，接受村民监督，所公布事项，村民有权查询。因此村务公开是向村民公开，供村民查询和接受村民监督的，而张某某不再是×村村民，不享有查询村务的权利。

29 村务监督委员会的成员构成有何要求？

◎某村2018年8月20日上午召开村民代表会议推选村务监督委员会。

在村党组副书记宣读相关文件后，开始发票选举。可代表们拿到票后，看到票面上已经有候选人，其中一个候选人竟然是村民委员会主任！村务监督委员会如何产生？成员构成有何要求？

根据《村民委员会组织法》第三十二条的规定，村应当建立村务监督委员会或者其他形式的村务监督机构，其成员由村民会议或者村民代表会议在村民中推选产生，其中应有具备财会、管理知识的人员。村民委员会成员及其近亲属不得担任村务监督机构成员。中共中央办公厅、国务院办公厅 2017 年 12 月印发的《关于建立健全村务监督委员会的指导意见》规定，村务监督委员会一般由 3 至 5 人组成，设主任 1 名，提倡由非村民委员会成员的村党组织班子成员或党员担任主任，原则上不由村党组织书记兼任主任。村务监督委员会成员由村民会议或村民代表会议在村民中推选产生。村务监督委员会成员要有较好的思想政治素质，遵纪守法、公道正派、坚持原则、敢于担当、群众公认，具有一定政策水平和依法办事能力，热心为村民服务，其中应有具备财会、管理知识的人员。村民委员会成员及其近亲属、村会计（村报账员）、村文书、村集体经济组织负责人不得担任村务监督委员会成员，任何组织和个人不得指定、委派村务监督委员会成员。本案中村民委员会主任是不可以担任村务监督委员会成员的。

30 村务档案应当包括哪些内容？

◎ 2014 年 8 月，王家庄实行了集体股份制改革。2015 年年底王某找到村民委员会问为什么没有自己的年终分红。村民委员会给的解释是：由于他乱挖村里的耕地，导致耕地受到破坏，村里开村民代表大会表决通过了《对于本村破坏公共设施、水力、电力设施及违反法律、法规和村民自治章程的村民，不给予分红及福利的决议》。王某不认同，于是村档案人员把档案找出来，决议上面有 55 名代表的签字，在村民代表会议决议面前，王某也自觉理亏。谁应当建立村务档案，村务档案应当包括哪些内容？

《村民委员会组织法》第三十四条规定："村民委员会和村务监督机构应当建立村务档案。村务档案包括：选举文件和选票，会议记录，土地发包方案和承包合同，经济合同，集体财务账目，集体资产登记文件，公益设施基本资料，基本建设资料，宅基地使用方案，征地补偿费使用及分配方案等。村务档案应当真实、准确、完整、规范。"

31 村规民约的制定有哪些要求?

◎某村经常发生狗咬伤人的事件，为此，村民委员会召开成员会议。经表决一致通过了一项“打狗令”的村规民约：“从即日起，养狗的村民必须将自家的狗进行圈养。否则，一经发现狗跑了出来，任何村民都可将狗打死。”之后，村民委员会组建了若干打狗小分队进行巡逻，开展打狗行动。某日，村民王某的狗挣脱了绳索从家里跑了出来，正好被在村中巡逻的打狗小分队发现，当即将狗打死。王某要求打狗队赔偿，打狗队以村规民约规定为由拒绝赔偿。该村规民约合法吗?

《村民委员会组织法》第二十七条规定：“村民会议可以制定和修改村民自治章程、村规民约，并报乡、民族乡、镇的人民政府备案。村民自治章程、村规民约以及村民会议或者村民代表会议的决定不得与宪法、法律、法规和国家的政策相抵触，不得有侵犯村民的人身权利、民主权利和合法财产权利的内容。村民自治章程、村规民约以及村民会议或者村民代表会议的决定违反前款规定的，由乡、民族乡、镇的人民政府责令改正。”根据以上规定，村规民约需由村民会议制定和修改，而且要报乡（镇）级政府备案。村规民约的内容不得与宪法、法律、法规和国家的政策相抵触，不得有侵犯村民的人身权利、民主权利和合法财产权利的内容。本案中的“打狗令”是村民委员会会议制定的，也未报乡（镇）政府备案，内容包含了侵犯公民合法财产权利的内容。该“村规民约”因违法而无效，王某可以要求村民委员会赔偿。

32 对村民委员会成员的经济责任审计包括哪些事项?

◎ 2012 年 10 月，某镇政府组成审计小组，对吴某 2000 年 1 月至 2012 年 8 月任某村村主任期间经济责任的履行情况进行了审计，并作出了《审计报告》。该次审计内容主要包括：该村股份经济联合社资产情况、财务收支情况、部分项目专项审计、干部及其他人员报酬事项、土地基金及征地经济事项等，并指出了审计中发现的问题以及对吴某的经济责任作出了评价。该镇政府对吴某的审计有无法律依据?

根据《村民委员会组织法》第三十五条规定，村民委员会成员实行任期和离任经济责任审计，审计包括下列事项：（1）本村财务收支情况；（2）本村债权债务情况；（3）政府拨付和接受社会捐赠的资金、物资管理使用情况；

（4）本村生产经营和建设项目的发包管理以及公益事业建设项目招标投标情况；（5）本村资金管理使用以及本村集体资产，资源的承包、租赁、担保、出让情况，征地补偿费的使用、分配情况；（6）本村五分之一以上的村民要求审计的其他事项。村民委员会成员的任期和离任经济责任审计，由县级人民政府农业部门、财政部门或者乡、民族乡、镇的人民政府负责组织，审计结果应当公布，其中离任经济责任审计结果应当在下一届村民委员会选举之前公布。因此，本案中的镇政府对吴某的审计于法有据。

33 村民委员会作出的决定侵害村民合法权益，村民如何救济？

◎李某于1983年迁入某村落户并在该村取得承包地和宅基地。2006年3月16日该村土地被征收，村上用土地补偿费建设商业用房用于出租。2008年商业用房建成后一直未对收益进行分配。2014年12月该村村民委员会决定将商业用房收益分配给原住老户村民，李某作为迁入村民未得到分配。李某该如何保护自己的合法权益？

《村民委员会组织法》第三十六条第一款和第二款规定："村民委员会或者村民委员会成员作出的决定侵害村民合法权益的，受侵害的村民可以申请人民法院予以撤销，责任人依法承担法律责任。村民委员会不依照法律、法规的规定履行法定义务的，由乡、民族乡、镇的人民政府责令改正。"本案中的李某于1983年迁入该村落户，并且在该村取得承包地和宅基地，已经成为该集体经济组织的一员，享有与其他村民相同的权利。该村村民委员会的决议剥夺了李某的分配权利。李某可以向法院提起诉讼，要求法院撤销该决定。

34 村民委员会不依法履行义务的，村民如何救济？

◎2008年之后某村大量的集体资产所有权被非法转移、集体土地被非法侵占，张某等村民多次要求村民委员会对有关村务予以公开，村民委员会一直未予以答复。村民委员会不依照法律、法规的规定履行法定义务，村民该怎么办？

根据《村民委员会组织法》第三十条的规定，村务公开是村民委员会的法定义务。《村民委员会组织法》第三十六条第二款规定："村民委员会不依照法律、法规的规定履行法定义务的，由乡、民族乡、镇的人民政府责令改正。"因此，村民可以向乡（镇）政府反映。如果乡（镇）政府也不作为，村民可以以乡（镇）政府作为被申请人向县级政府申请行政复议，对复议结果不服的，村民可以向法院提起行政诉讼，也可以不经复议，直接提起行政诉讼。

35 乡（镇）政府干预依法属于村民自治范围事项的，村民如何救济?

◎某村进行村民委员会换届选举，孙某和付某同时竞选村妇女主任一职。付某以过半数的优势胜选，但镇政府不准许付某工作。付某向县政府申请，请求县政府出面干预。付某的请求有无法律依据?

根据《村民委员会组织法》第十一条第一款“村民委员会主任、副主任和委员，由村民直接选举产生。任何组织或者个人不得指定、委派或者撤换村民委员会成员”的规定，选举妇女主任属于村民自治范畴的事项。《村民委员会组织法》第五条第一款规定：“乡、民族乡、镇的人民政府对村民委员会的工作给予指导、支持和帮助，但是不得干预依法属于村民自治范围内的事项。”第三十六条第三款规定：“乡、民族乡、镇的人民政府干预依法属于村民自治范围事项的，由上一级人民政府责令改正。”因此，本案中付某的请求是有法律依据的，如果县政府不出面干预，付某可以对其不作为行为向其上一级政府申请行政复议，对复议结果不服的，可以向法院提起行政诉讼，也可以不经复议，直接向法院提起行政诉讼。

第二章

宅基地与承包地

1 村民未经审批，非法占地建住宅该如何处理？

◎村民陈某租赁大江镇陈边村0.2亩土地，搭建竹木结构的临时设施经营小卖部，每月缴纳租金及管理费给陈边村村民委员会。后陈某在未经许可也未办理任何用地申报审批手续的情况下，擅自在其租赁土地上扩建砖木结构房屋以作住房，对陈某的行为该如何处理？

《土地管理法》第六十二条第四款规定："农村村民住宅用地，由乡(镇)人民政府审核批准；其中，涉及占用农用地的，依照本法第四十四条的规定办理审批手续。"第四十四条规定："建设占用土地，涉及农用地转为建设用地的，应当办理农用地转用审批手续。永久基本农田转为建设用地的，由国务院批准。在土地利用总体规划确定的城市和村庄、集镇建设用地规模范围内，为实施该规划而将永久基本农田以外的农用地转为建设用地的，按土地利用年度计划分批次按照国务院规定由原批准土地利用总体规划的机关或者其授权的机关批准。在已批准的农用地转用范围内，具体建设项目用地可以由市、县人民政府批准。在土地利用总体规划确定的城市和村庄、集镇建设用地规模范围外，将永久基本农田以外的农用地转为建设用地的，由国务院或者国务院授权的省、自治区、直辖市人民政府批准。"第七十八条规定："农村村民未经批准或者采取欺骗手段骗取批准，非法占用土地建住宅的，由县级以上人民政府农业农村主管部门责令退还非法占用的土地，限期拆除在非法占用的土地上新建的房屋。超过省、自治区、直辖市规定的标准，多占的土地以非法占用土地论处。"第八十三条规定："依照本法规定，责令限期拆除在非法占用的土地上新建的建筑物和其他设施的，建设单位或者个人必须立即停止施工，自行拆除；对继续施工的，作出处罚决定的机关有权制止。建设单位或者个人对责令限期拆除的行政处罚决定不服的，可以在接到责令限期拆除决定之日起十五日内，向人民法院起诉；期满不起诉又不自行拆除的，由作出处罚决定的机关依法申请人民法院强制执行，费用由违法者承担。"本案中，陈某未履行审批手续，非法占用土地建住宅，故应由当地的农业农村主管部门责令退还非法占用的土地，限期拆除在非法占用的土地上新建的房屋，如陈某期满未自行拆除也未提起行政诉讼，由农业农村主管部门依法申请人民法院强制执行，费用由陈某负担。

2　一户一宅的含义是什么?

◎周某宅基地南北距离偏小，认为前屋邻居陶某的旧房屋对自己的采光有影响，要求陶某拆除，陶某没答应。周某到管理部门举报陶某违反了农村居民一户一宅制度，要求依法查处。经查，陶某确实有两处宅基地，一处是陶某 1998 年申请的，另外一处是陶某 2005 年继承父母房屋而获得的。陶某是否违反了一户一宅制度?

《土地管理法》第六十二条规定，农村村民一户只能拥有一处宅基地，其宅基地的面积不得超过省、自治区、直辖市规定的标准。“一户只能拥有一处宅基地”（简称为“一户一宅”），是初始分配取得宅基地应遵循的原则，并不适用于宅基地使用权继受（因继承、受让或受赠房屋等）取得。另外，一户一宅也并非指每户村民必须拥有一处宅基地，对人均土地少、不能保障一户拥有一处宅基地的地区，县级人民政府在充分尊重农村村民意愿的基础上，可以采取措施，按照省、自治区、直辖市规定的标准保障农村村民实现户有所居。此案周某除个人申请合法外，继承父母房产也在法律允许范围之内，其不违反一户一宅制度。

3　农村房屋能否买卖?

◎解某与胡某系某村同一组的村民。2013 年 3 月 29 日，解某与胡某签订《农村房屋买卖协议》。协议约定，解某以 30 万元的价格购买胡某位于本村 × 号房屋。协议签订后，解某支付了全部购房款。2018 年，该村纳入政府拆迁范围，胡某得知后于 2018 年 10 月向法院起诉，以农村房屋不允许买卖为由请求法院确认二人所签的《农村房屋买卖协议》无效。本案中的买卖协议是否有效?

农村房屋买卖合同是否有效，根据最高人民法院第八次全国法院民事商事审判工作会议纪要精神，要分情况处理：如果是在国家已经确定的宅基流转试点地区，可以按照国家政策及相关指导意见处理宅基地使用权因抵押担保、转让而产生的纠纷。在非试点地区，农民将宅基地上的房屋出售给本集体经济组织的成员是可以的，如出售给本集体经济组织以外的个人，该房屋买卖合同认定为无效。合同无效后，买受人请求返还购房款及其利息，以及请求赔偿翻建或者改建成本的，予以支持。本案中，解某与胡某系同一集体经济组织，他们签订的买卖合同如无法律规定的其他无效情形，应当认定有效，受法律保护。

附：农村宅基地制度改革试点地区名单

●试点县（市、区）104 个

北京市：昌平区、大兴区

天津市：静海区、蓟州区

河北省：邯郸市峰峰矿区、邢台市信都区、定州市、平泉市

山西省：平遥县、泽州县、清徐县

内蒙古自治区：乌兰浩特市、五原县、开鲁县

辽宁省：沈阳市沈北新区、沈阳市于洪区、大连市旅顺口区

吉林省：长春市九台区、梅河口市、通榆县

黑龙江省：桦南县、兰西县、安达市

上海市：松江区、奉贤区

江苏省：沛县、常州市武进区、溧阳市、昆山市、泗阳县、盱眙县

浙江省：德清县、龙港市、象山县、义乌市、江山市

安徽省：泗县、东至县、金寨县

福建省：沙县、建瓯市、晋江市

江西省：湖口县、大余县、永丰县、鹰潭市余江区

山东省：平度市、兰陵县、禹城市、潍坊市寒亭区、汶上县

河南省：巩义市、孟津县、宝丰县、长垣市、新县

湖北省：大冶市、宣城市、沙洋县、恩施市

湖南省：浏阳市、汨罗市、宁远县、凤凰县

广东省：南雄市、珠海市斗门区、佛山市南海区、德庆县、龙门县、陆河县

广西壮族自治区：鹿寨县、贵港市覃塘区、北流市

海南省：海口市琼山区、文昌市

重庆市：大足区、永川区、梁平区

四川省：成都市郫都区、泸县、眉山市彭山区、宜宾市翠屏区、西昌市

贵州省：息烽县、湄潭县、金沙县

云南省：宜良县、玉溪市江川区、大理市

西藏自治区：曲水县、山南市乃东区

陕西省：西安市高陵区、富县、神木市、柞水县

甘肃省：武威市凉州区、陇西县、康县

青海省：祁连县、湟源县

宁夏回族自治区：贺兰县、平罗县

新疆维吾尔自治区：伊宁市、奇台县

●整市推进试点的地级市 3 个

浙江省：绍兴市

安徽省：滁州市

四川省：资阳市

4 农村村民出卖、出租、赠予住宅后，能再获批宅基地吗？

◎蔡某 1979 年在原盐城市郊区郭猛乡孙庄村五组建造了住房一幢，1985 年取得宅基地使用权证，1990 年盐城市土地管理局对其集体土地建设用地使用权进行了登记。2002 年，蔡某与本村的海某签订一份协议，载明：海某同意接受蔡某的宅基地与房产，一次性补偿蔡某人民币 3 万元，村民委员会作为见证单位在协议书上盖章。后蔡某将房产交付海某。2019 年，蔡某提出申请要求安排宅基地，村民委员会也签署了意见。2020 年 2 月，蔡某以信件形式向乡镇人民政府进行反映，要求落实其宅基地。2020 年 6 月 12 日，乡政府对其进行书面回复，对蔡某申请安排宅基地不予批准。为什么？

《土地管理法》第六十二条第五款规定："农村村民出卖、出租、赠与住宅后，再申请宅基地的，不予批准。"本案中，蔡某出售住宅给他人，再申请宅基地，当然不能批准。

5 宅基地权属纠纷能否直接向法院起诉？

◎王欢、王喜姐妹为一处宅基地发生争议。王欢称 1985 年自己为其子杨飞申请获批了一处宅基地，有 1985 年的申请表为证。后王喜以婆媳关系不和为由要求与自己在该宅基地上共同建房。双方为此达成口头协议：房屋建成后王欢夫妻先将该房借给王喜夫妻居住，待儿子杨飞长大后再收回。王喜称情况并非王欢所说，此处宅基地是自己申请的，有 1990 年政府颁发的房屋产权证为证，双方争执不下。王欢向法院起诉王喜，法院不受理，为什么？

《土地管理法》第十四条规定："土地所有权和使用权争议，由当事人协商解决；协商不成的，由人民政府处理。单位之间的争议，由县级以上人民政府处理；个人之间、个人与单位之间的争议，由乡级人民政府或者县级以上人民政府处理。当事人对有关人民政府的处理决定不服的，可以自接到处理决定通知之日起三十日内，向人民法院起诉。在土地所有权和使用权争议解决前，任何一方不得改变土地利用现状。”本案中，双方的纠纷属于土地使用权纠纷，未经政府处理的，法院是不予受理的。需要强调的是，《土地管理法》第十四条的规定只适用于土地权属纠纷的解决，如果不涉及土地权属的案件，如权属明确的土地侵权案件，不受该条规定的限制。

6 宅基地能否继承？

◎王某的父母在河北农村有一院宅基地，上面建有三间土屋。王某大学毕业后落户北京。2008 年王某的父母相继去世，农村的土屋年久失修也倒塌了。2021 年 1 月，当地村民委员会通知王某，村里按规定将其父母老宅的宅基地使用权收回，要求王某在规定时间里将宅基地上的附着物拆除清理。王某认为自己对宅基地有继承权，拒不配合。农村宅基地能否继承？

《民法典》第一千一百二十二条：“遗产是自然人死亡时遗留的个人合法财产。依照法律规定或者根据其性质不得继承的遗产，不得继承。”宅基地属于农民集体所有，不属于村民个人的遗产。虽然宅基地不属于村民的遗产，但宅基地上的房屋属于村民的合法财产，由于宅基地和房屋不可分的原因，房屋由继承人继承，宅基地继承人可以继续使用。根据原国土资源部《关于农村集体土地确权登记发证的若干意见》（国土资发〔2011〕178 号）的规定，已拥有一处宅基地的本农民集体成员、非本农民集体成员的农村或城镇居民，因继承房屋占用农村宅基地的，可按规定登记发证，在集体土地使用证记事栏应注记“该权利人为本农民集体原成员住宅的合法继承人”。本案中，王某继承的房屋已经倒塌，而王某又不是该集体的成员，占有该处宅基地的条件已经丧失。因此，集体有权收回宅基地。

7 宅基地能否抵押？

◎王某打算向银行申请贷款 10 万，并以自己老家（非宅基地改革试点地区）的房屋和宅基地做抵押。但银行告诉王某农村的房屋和宅基地不能作为抵押物。是这样吗？

《民法典》第三百九十七条规定，以建筑物抵押的，该建筑物占用范围内的建设用地使用权一并抵押。以建设用地使用权抵押的，该土地上的建筑物一并抵押。抵押人未依照前款规定一并抵押的，未抵押的财产视为一并抵押。第三百九十九条第二项规定，宅基地、自留地、自留山等集体所有土地的使用权不得抵押，但是法律规定可以抵押的除外。本案中，王某以法律明文禁止的宅基地抵押，其老家又非宅基地改革试点地区，当然是不可以的，因宅基地不能抵押，所以农村房屋也不能抵押。

8 城镇居民能否在农村购置宅基地？

◎王某夫妇系城镇居民，张某夫妇系农民，张某夫妇在某村拥有宅基地房屋一套。2017 年 4 月 14 日，王某夫妇与张某夫妇签订买卖合同一份，约定张某夫妇以 40 万元的价格将宅基地和房屋出售给王某夫妇。村民委员会得知后叫停了该交易。为什么？

1999 年 5 月 6 日国务院办公厅发布的《关于加强土地转让管理严禁炒卖土地的通知》第二条第二款规定：“农民的住宅不得向城市居民出售，也不得批准城市居民占用农民集体土地建住宅，有关部门不得为违法建造和购买的住宅发放土地使用证和房产证。”2004 年 10 月 21 日，国务院《关于深化改革严格土地管理的决定》第十条规定：“加强农村宅基地管理，禁止城镇居民在农村购置宅基地。”2007 年 12 月，国务院办公厅《关于严格执行有关农村集体建设用地法律和政策的通知》第二条规定：“农村住宅用地只能分配给本村村民，城镇居民不得到农村购买宅基地、农民住宅或小产权房。”2019 年 9 月 20 日，中央农村工作领导小组办公室、农业农村部《关于进一步加强农村宅基地管理的通知》再一次强调，宅基地是农村村民的基本居住保障，严禁城镇居民到农村购买宅基地。本案中，王某夫妇系城镇居民，不可以在农村购买宅基地和农民住宅。

9 城镇居民在农村已经取得的宅基地能否确权？

◎李某一家属于城镇居民，1989 年在农村购置了一处宅基地，2018 年政府对该村的宅基地进行确权。李某听人说国家不允许城镇居民在农村购置宅基地，很担心自己的宅基地无法拿到土地确权证。李某的宅基地能拿到土地确权证吗？

原国土资源部《关于进一步加快宅基地和集体建设用地确权登记发证有关问题》（国土资发〔2016〕191 号）规定：“1982 年《村镇建房用地管理条例》实施前，非农业户口居民（含华侨）合法取得的宅基地或因合法取得房屋而占用的宅基地，范围在《村镇建房用地管理条例》实施后至今未扩大的，可按实际使用面积予以确权登记；1982 年《村镇建房用地管理条例》实施起至 1999 年《土地管理法》修订实施时止，非农业户口居民（含华侨）合法取得的宅基地或因合法取得房屋而占用的宅基地，按照批准面积予以确权登记，超过批准的面积在登记簿和权属证书附记栏中注明。”以上规定意味着非农村居民 1999 年以后在农村取得的宅基地不予确权。李某是在 1989 年合法购置的宅基地，故其能拿到土地确权证。

10 农民进城落户，是否必须无偿退出宅基地?

◎李某原系张家湾村村民，1991 年，依法在该村取得了一处宅基地的使用权，并取得了该宅基地上砖木结构房屋的所有权证。2000 年李某全家落户城镇，不再是张家湾村村民。李某进城后将老家的房屋借给了亲戚居住。随着乡村振兴战略的实施，老家的环境越来越好，2020 年李某打算年底翻修老家的房屋，以备将来回乡养老用。但朋友告诉李某，因为李某不再是张家湾村的村民，有原来合法建造的房屋在，他就可以合法使用宅基地，一旦老屋拆除，李某就丧失了宅基地的使用权，应当无偿将宅基地退回集体。农民进城落户，是否必须无偿退出宅基地?

原国土资源部颁布的《确定土地所有权和使用权的若干规定》[（1995）国土(籍)字第 26 号]第四十八条规定：“非农业户口居民（含华侨）原在农村的宅基地，房屋产权没有变化的，可依法确定其集体土地建设用地使用权。房屋拆除后没有批准重建的，土地使用权由集体收回。”根据此规定，农民进城落户只要原房屋还在，产权没变，宅基地就能得到确权；如果原房屋拆除后没有批准重建的，土地使用权由集体收回。但 2020 年 1 月 1 日起实施的《土地管理法》第三次修正案明确规定，允许进城落户的农村村民依法自愿有偿退出宅基地。本案中，李某虽然 2000 年举家进城落户，但由于其房屋产权一直存在到 2020 年 1 月 1 日以后。因此，即使原房屋拆除，并不意味着就要无偿退出宅基地，是否退出取决于他的意愿，即使李某自愿退出，也是有偿退出。

11 农村土地家庭承包和其他方式的承包有何区别?

◎ 1984 年 5 月 10 日，王家店大队与赵某等人（联户）签订了《林业生产责任制承包合同》，将大队 4 000 亩荒山承包给赵某等户，承包期 50 年，同时约定了四至和其他事项。经过赵某等 4 户多年治理，荒山已成林，1998

年2月县政府给赵某等核发了《集体林权证》。2009年10月，政府要开发风电项目，需永久占地40亩。因为涉及是否有安置补助费的问题，王家店大队与赵某等人就双方承包方式发生争议，王家店大队认为该片荒地的承包方式属于其他承包方式，赵某等人认为属于家庭承包。双方发生纠纷，引起诉讼。法院审理查明，该案不符合家庭承包以户为单位的要求，也不符合家庭承包方式具有的社会保障和福利功能。因此，认定赵某等人的承包方式属于其他承包方式。这两种承包方式有何区别？

根据《农村土地承包法》的规定，农村土地承包分为家庭承包和其他方式的承包，两者的区别主要有以下几点：

（1）承包主体不同。家庭承包的承包方只能是本集体经济组织内部的农户，其他方式承包的承包主体既可以是本集体经济组织成员，也可以是本集体经济组织以外的人员，不限于以户为单位。

（2）承包范围不同。家庭承包的承包范围一般指耕地、林地、草地。其他方式承包的范围一般指“四荒土地”，即荒山、荒沟、荒丘、荒滩，结合农村实践，还应包括茶园、桑园、果园、养殖水面以及其他小规模零星土地。

（3）承包程序不同。家庭承包的土地承包方案应当经过村民会议三分之二以上成员或者三分之二村民代表同意。而其他方式承包的承包方案只需村民会议或村民代表会议过半数同意就可以；但发包方将农村土地发包给本集体经济组织以外的单位或者个人承包，应当事先经本集体经济组织成员的村民会议三分之二以上成员或者三分之二以上村民代表的同意，并报乡（镇）人民政府批准。

（4）承包期限不同。家庭承包期限较长，一般为耕地30年，草地30～50年，林地30～70年。第二轮耕地承包期届满后再延长30年，草地、林地承包期届满后依照前述规定相应延长。而其他方式的承包期有长有短，由双方协商确定。

（5）承包土地的原则不同。家庭承包的基本原则是公平，本集体组织成员人人有份，当然他们也可以自愿放弃承包土地的权利。其他方式的承包不是人人有份的平均承包，承包的原则是效率优先，兼顾公平。

（6）确定当事人权利义务的方式不同。家庭承包确定双方的权利义务必须遵守法律的具体规定。其他方式的承包，双方当事人可以按照法律规定的方式，通过平等协商，确定双方权利义务。

（7）是否具有社会保障功能不同。家庭承包具有社会保障和福利等功能，其他方式没有，家庭方式承包的土地被征收，失地农民需要安置；其他承包方式的承包方并不存在因土地被征收而丧失基本生产资料和生活来源的问题，也不需要进行相应的安置。

（8）是否收取承包费不同。家庭方式承包法律没有规定发包方可以收取承包费。其他方式承包，如果以招标、拍卖方式承包的，承包费通过公开竞标、竞价确定；以公开协商等方式承包的，承包费由双方议定。

（9）承包方取得的权利不同。家庭承包方式承包方享有土地承包经营权；其他承包方式，承包方只取得土地经营权。

12 承包期内，发包方能否调整承包地？

◎ 1998 年，四川某村村民马某以家庭方式承包了村里的林地 12 公顷，期限为 50 年，承包合同约定承包期内不得调整。马某在承包的林地上种植了果树。2019 年初，村民委员会以自然灾害导致本村土地减少为由，要求调整马某承包的林地。马某不同意，村民委员会能否硬性调整？

《农村土地承包法》第二十一条规定：“耕地的承包期为三十年。草地的承包期为三十年至五十年。林地的承包期为三十年至七十年。前款规定的耕地承包期届满后再延长三十年，草地、林地承包期届满后依照前款规定相应延长。”第二十八条规定：“承包期内，发包方不得调整承包地。承包期内，因自然灾害严重毁损承包地等特殊情形对个别农户之间承包的耕地和草地需要适当调整的，必须经本集体经济组织成员的村民会议三分之二以上成员或者三分之二以上村民代表的同意，并报乡（镇）人民政府和县级人民政府农业农村、林业和草原等主管部门批准。承包合同中约定不得调整的，按照其约定。” 本案中，马某承包的是林地，不属于在特殊情况下可以调整的耕地和草地。另外，承包合同中事先有约定，承包期内不能调整。所以，村民委员会不能硬性调整马某的承包地。

13 土地承包经营权能否继承？

◎占某的父母去世，占某想把父母生前以家庭承包方式取得的耕地转包给堂兄。村干部得知后，认为占某多年前将户口迁到城市，没有本村户口，不能处理其父母生前的承包地。但占某认为，父母只有自己一个子女，他们生前的承包地理应由自己继承，继承后就有权转包。承包地能否继承？

《民法典》第一千一百二十二条规定：“遗产是自然人死亡时遗留的个

人合法财产。依照法律规定或者根据其性质不得继承的遗产，不得继承。”农村土地属于农民集体所有，农户对集体所有的土地享有承包经营权。土地承包经营权属于用益物权，是以对承包土地的管理、占有、使用、收益为目的的他物权，属于依据其性质不能继承的财产。家庭承包中的林地和不宜以家庭承包的“四荒地”，由于土地性质特殊，投资周期长，见效慢，收益期长，为维护承包合同的长期稳定性，保护承包方的利益，维护社会稳定，《农村土地承包法》第三十二条第二款、第五十四条规定，林地承包的承包人死亡，其继承人可以在承包期内继续承包。其他承包方式的承包人死亡，在承包期内，其继承人也可以继续承包。而对于除林地外的家庭承包，法律未授予继承人可以继续承包的权利。并且继承人继续承包并不等同于《民法典》所规定的继承。本案中，占某的父母是以家庭方式承包的耕地，不属于法律规定在承包期内继承人可以继续承包的林地，因此占某只能继承承包收益，不能继承承包经营权。

14 户内家庭成员死亡，集体收回其相应份额的承包地合法吗？

◎王某是某村村民，1998 年，王某作为户主以其父母在内的 8 口人为家庭单位承包了该村 12 亩耕地。当年 12 月 20 日，县人民政府向王某颁发了土地承包经营权证，土地承包经营权证载明，户主为王某，承包耕地人口 8 人，承包耕地面积 12 亩，承包期限自 1998 年 12 月 20 日起至 2028 年 12 月 20 日止。2014 年 2 月份、7 月份王某的父母相继去世。2020 年 1 月村民委员会将王某家承包地中其父母的份额共计 3 亩收回。村民委员会的做法是否合法？

根据《农村土地承包法》第十六条“家庭承包的承包方是本集体经济组织的农户”的规定，我国农村土地家庭承包方式是以户为单位，而不是以个人为单位。因此户内某个成员死亡时，作为承包方的户仍存在，该户下的其他人均为承包经营权人，有权继续经营承包地至承包期满。本案中，王某父母仅是户内部分成员，二人的死亡并没有使该户消亡，在承包期内王某等仍依法享有该土地的承包经营权。村民委员会强行将王某父母份额的 3 亩土地收回的做法不合法。

15 土地经营权能否抵押？

◎ 2019 年 3 月，曲某因买车找到同村的陈某借款，并以家庭承包的 30 亩耕地的经营权做抵押。不久后，曲某遇车祸不幸身亡，陈某遂要求曲某家人尽快还款。在多次催要未果的情况下，陈某将曲某家人告上法庭，请求判令曲某家承包地的经营权归自己。陈某的诉求能否得到法院的支持？

根据《农村土地承包法》第四十七条的规定，家庭方式承包土地的经营权只能向金融机构抵押融资。本案中，曲某是以家庭承包方式取得的土地，不能向金融机构以外的主体抵押。该抵押合同因违法而无效，其诉求不会得到法院的支持。

16 农民举家进城落户，集体能否强行收回其承包地？

◎张某一家 3 口原住綦江县（现綦江区）安稳镇大堰村六组，现住綦江县古南镇。1998 年张某作为承包户主依法取得承包地。2019 年 2 月，张某全家进城落户。村民委员会要求张某一家将承包的土地交回，张某不答应，双方起了纠纷。村委会能否强行收回张某家的承包地？

2019 年 1 月 1 日前，承包期内，承包方全家迁入小城镇落户的，应当按照承包方的意愿，保留其土地承包经营权或者允许其依法进行土地承包经营权流转。如果承包方全家迁入设区的市，转为非农业户口的，应当将承包的耕地和草地交回发包方。承包方不交回的，发包方可以收回承包的耕地和草地。2018 年 12 月 29 日全国人大常委会对《农村土地承包法》进行了修正，修正案从 2019 年 1 月 1 日起实施。根据现行《农村土地承包法》的规定，承包期内，承包农户进城落户的，可以按照自愿、有偿的原则，经发包方同意后将土地的承包经营权转让给本集体经济组织内的成员；也可以将土地经营权流转给本集体经济组织的成员或其他人，不过在同等条件下，本集体经济组织成员享有优先流转权；当然也可以将承包地交回发包方，承包期内，承包方交回承包地时，承包方对其在承包地上投入而提高土地生产能力的，有权获得相应的补偿。本案中，张某是 2019 年 2 月全家进城落户的，是否要交回承包地完全取决于自愿，村民委员会不能强行收回。

17 集体能否收回出嫁女的承包地？

◎ 1998 年第二轮土地承包时马某某家 3 口人，共分得承包地 18 亩。2012 年马某某嫁给木兰县 A 村邓某为妻，在婆家所在村没有分得承包地。2013 年马某某原来所在村村民委员会收回马某某的那一份承包地。村民委员会的做法是否合法？

《农村土地承包法》第三十一条规定：“承包期内，妇女结婚，在新居住地未取得承包地的，发包方不得收回其原承包地；妇女离婚或者丧偶，仍在原居住地生活或者不在原居住地生活但在新居住地未取得承包地的，发包方不得收回其原承包地。”本案中马某某在婆家所在村没有取得承包地，其娘家村村民委员会收回其承包地的做法不合法。

18 土地经营权流转方式有哪些?

◎张某及家人要去广州打工，准备把承包地流转出去。邻村的王某听说后找到张某，双方协商后草拟了一份土地经营权转包合同。二人把合同拿给懂法律的小李看，小李告诉他们，他们签订的是土地经营权出租合同，而不是土地经营权转包合同。出租和转包都是土地经营权的流转方式，但二者在流转对象方面有所差别。土地经营权流转有哪些方式?

根据《农村土地承包法》第三十六条和第五十三条的规定，农村土地经营权的流转包括以下几种方式：

（1）转包(出租)。是指承包方或受让方将部分或全部土地经营权，在一定期限内租赁给他人从事农业生产经营的方式。转包的对象是给同一集体经济组织的其他农户。出租的对象可以是任何具有农业经营能力或资质的主体。

（2）入股。是指土地经营权人将土地经营权量化为股权，以此入股组成或加入股份公司、合作社或农场等并从事农业生产经营的方式。

（3）抵押。是在不转移占有的情况下以土地经营权作为债的担保。以家庭方式承包的土地，承包方可以用承包地的经营权向金融机构融资担保。通过流转取得的土地经营权，经承包方书面同意并向发包方备案，也可以向金融机构融资担保。以非家庭方式承包的“四荒”土地经营权的抵押不限于向金融机构融资担保。

（4）代耕。是由其他人或组织代替农业经营者进行耕作，是一种劳务关系，不涉及土地流转。但《农村土地承包法》中却将“代耕”作为一种土地流转方式提了出来。该法第四十条第一款规定土地经营权流转当事人双方应当签订书面流转合同。第二款规定了流转合同的一般条款，第三款规定承包方将土地交由他人代耕不超过一年的，可以不签订书面合同。

（5）其他流转方式。如反租倒包等，“反租倒包”是指发包方在承包方自愿的情况下将承包到户的土地通过租赁形式集中到集体（称为“反租”），进行统一规划和布局，然后将土地的使用权通过市场的方式承包给农业经营大户或者农业经营公司（称为“倒包”）的土地流转方式。

19 土地经营权流转应当遵循哪些原则?

◎1998年，四川农民谭某承包了本村民小组的11亩稻田，承包期为30年。2018年，谭某的表弟建议谭某和他一起到北京承包建筑工程。谭某觉得去北京承包工程可能挣的钱更多，遂于2018年收完秋之后准备将土地流转出去，初步打算流转5年。本组内有人愿意流转，承诺每年每亩给谭某1 000元。但谭某却以同样的价格流转给了邻村的朋友黄某。本组人认为谭某违反了法律规定的土地经营权流转原则。土地经营权流转应当遵循哪些原则?

根据《农村土地承包法》第三十八条的规定，土地经营权流转应当遵循以下原则：（1）依法、自愿、有偿，任何组织和个人不得强迫或者阻碍土地经营权流转；（2）不得改变土地所有权的性质和土地的农业用途，不得破坏农业综合生产能力和农业生态环境；（3）流转期限不得超过承包期的剩余期限；（4）受让方须有农业经营能力或者资质；（5）在同等条件下，本集体经济组织成员享有优先权。本案中，在流转价款、流转期限等主要内容相同的条件下，本集体经济组织成员享有优先权，谭某应当把土地经营权流转给本集体经济组织的成员。

20 土地经营权流转合同一般应包括哪些内容?

◎原告时某向法院起诉，称2009年12月，其取得了京沪高速公路联络线两侧计230亩的杨树绿化工程的经营权，期限20年，承包费一次付清。2015年10月，被告某村民委员会根据上级要求，拟对京沪高速公路两侧200米范围内土地进行绿化升级改造。为此，被告将包括原告承包经营的230亩林地在内的土地，以承包经营权流转的方式进行集中经营管理，流转金每亩每年1 200元，流转期至2027年结束。然而，当原告将土地交给被告之后，被告却不支付流转费。原告为此提起诉讼。法院认为原告虽称将所承包的土地230亩流转给被告，但就流转合同的内容没有提供证据加以证明，法院不能认定被告依据土地经营权流转合同应向原告支付流转金的相关事实，驳回了原告的起诉。土地经营权流转合同应当包括哪些内容?

根据《农村土地承包法》第四十条的规定，土地经营权流转合同一般包括以下条款：

（1）双方当事人的姓名、住所；

（2）流转土地的名称、坐落、面积、质量等级；

（3）流转期限和起止日期；

（4）流转土地的用途；

（5）双方当事人的权利和义务；

（6）流转价款及支付方式；

（7）土地被依法征收、征用、占用时有关补偿费的归属；

（8）违约责任。

21 承包方能否单方解除土地流转合同？

◎ 2016 年 7 月 26 日，孙某将其承包的 13 亩土地流转给郭某经营。2019 年 1 月郭某在该地上取土，造成种植层严重毁坏。孙某非常气愤，要求郭某交回土地，赔偿土地毁损造成的损失。郭某称转包期为 5 年，现在尚未到期，孙某无权单方解除合同，收回土地。在郭某不同意的情况下孙某能否单方解除流转合同？

合同的解除分为单方解除和双方解除，双方解除需要双方协商一致才可以解除合同，单方解除是指解除权人解除合同的行为，不必经过对方当事人同意，只要将解除合同的意思表示直接通知对方，或通过人民法院或仲裁机构向对方主张，即可发生合同解除的效果。为了保障土地受让方稳定的经营权，《农村土地承包法》第四十二条明确规定，承包方不得单方解除土地经营权流转合同。但受让方有擅自改变土地的农业用途、弃耕抛荒连续两年以上、给土地造成严重损害或者严重破坏土地生态环境或有其他严重违约行为，承包方可以单方解除流转合同。本案中，郭某在承包地上取土，造成土地种植层严重毁坏，孙某有权单方解除流转合同，并可以要求郭某进行赔偿。

22 口头流转合同是否受法律保护？

◎张某于 2009 年承包了本村的 13 亩土地。2018 年张某外出打工，将承包地转包给同村的农民王某种植，为期 3 年。因是邻居关系，张某考虑到王某家庭条件，让王某转包费一年交一次。前两年王某按照口头约定每年如数把转包费交给张某，可到了第三年即 2021 年，由于阴雨连绵，王某种的花生没有拔出来，全沤在地里没有收成。当张某向王某索取转包费时，王某以《农村土地承包法》规定土地流转当事人应当签订书面合同为由，拒绝向张某支付转包费。王某的理由成立吗？

《农村土地承包法》第四十条规定，土地经营权流转，当事人双方应当签订书面流转合同。但《民法典》第四百九十条第二款：“法律、行政法规规定或者当事人约定采用书面形式订立合同，当事人未采用书面形式的，但一方已经履行主要义务，对方接受的，该合同成立。”本案中，张某已经履行了合同的主要义务，把土地交给王某经营，王某也实际经营了土地，该流转合同已经成立，依法成立的合同其效力受法律保护。王某的理由不成立。

23 土地流转是否必须登记？

◎村民李某承包果园20亩，在承包期还有10年期满的当年，李某与王某签订土地流转合同，约定1周后交接土地。3天后李某又就该土地与不知情的张某签订了流转合同，双方当天去办理了流转登记手续。第二天张某着手对土地进行耕作，王某闻讯进行干预，王某和张某一起到李某家进行理论，王某认为李某与自己的流转合同在先，与张某的流转合同在后，土地经营权应当归自己。张某认为李某与自己的流转是经过登记的，应当优先受保护。本案中，谁可以取得涉案土地的经营权？

法律对土地经营权流转是否登记并不强求，只规定土地经营权流转期限为五年以上的，当事人可以向登记机构申请土地经营权登记。当然也可以不登记，是否登记完全取决于当事人的意愿。但根据《农村土地承包法》第四十一条的规定，未经登记的土地流转，不得对抗善意第三人。所谓“善意第三人”是指对第二人采用非法行为或者不正当手段，不知或者没有理由应当知道，从而善意地从第二人那里合法占有了财产的人。本案中，张某属于善意第三人，而且张某与李某的流转进行了登记。因此，虽然张某取得涉案土地经营权，但是王某可以追究李某的违约责任。

24 土地经营权流转是否要经过发包方同意？

◎陶某家23年前与村民委员会签订了为期30年的土地承包合同。但近两年陶某一直在县城做生意，没有时间管理土地。2018年春天陶某与邻居李某签订了协议，将承包的土地转包给李某家经营。村民委员会得知后，以此事没有征得村民委员会同意为由，主张转包无效，并说陶某要是不承包了，村民委员会就要提前收回承包地。土地流转是否要经发包方同意？

土地承包经营权转让需要经过发包方书面同意，如果承包方仅仅是将土地经营权流转，不需要经发包方同意，只需要向发包方备案就可以。本案中陶某将土地转包给李某，属于土地经营权的流转，不是承包经营权的转让。

因此，只需向发包方备案，不需要经村民委员会同意。

25 土地承包经营权转让和土地经营权的流转有何不同?

◎刘某夫妇生活在农村，他们的儿子博士毕业后移民国外。刘某夫妇年龄越来越大，儿子不放心他们独自生活，多次打电话让父母随自己去国外生活。2019 年刘某夫妇终于下定决心随儿子去生活，他们想把家里的承包地转让给邻村的外甥，可以吗?

土地承包经营权的转让和土地经营权的流转不是一个概念。土地承包经营权转让涉及承包主体的变化，土地经营权流转承包主体不变。《农村土地承包法》第三十四条规定：“经发包方同意，承包方可以将全部或者部分的土地承包经营权转让给本集体经济组织的其他农户，由该农户同发包方确立新的承包关系，原承包方与发包方在该土地上的承包关系即行终止。”本案中刘某的外甥是邻村的，和刘某不属于同一集体经济组织。因此，刘某不可以把土地承包经营权转让给自己的外甥，只能转让给本集体经济组织的其他农户，而且要经过发包方同意才可以。如果刘某不转让土地承包经营权，只是流转土地经营权，则不用经发包方同意，既可以流转给本集体经济组织的成员，也可以流转给本集体经济组织以外的主体。

26 承包方互换承包地有何要求?

◎ 1998 年，郭某以家庭承包方式承包土地 14 亩，2001 年，郭某与同组的郑某达成口头协议，互换两家的承包地。2005 年村民委员会向郭某发放了农村土地承包经营权证，此证所标注的地块仍为郭某于 1998 年承包时载明的地块。后因郭某农村土地承包经营权证记载的部分土地被征用，而郑某领取了发放的土地补偿费，郭某遂诉至法院，请求法院依法认定双方口头换地合同无效。该换地协议是否有效?

根据《农村土地承包法》第三十三条的规定，互换土地承包经营权要求是同一集体经济组织的土地，并要向发包方备案。如果未向发包方备案的，根据《最高人民法院关于审理涉及农村土地承包纠纷案件适用法律问题的解释》第十四条规定，仅以未向发包方备案为由，请求确认合同无效的，法院不予支持。本案中，双方当事人是同一集体经济组织的成员，口头换地协议是双方当事人真实意思表示，该协议不违反法律、行政法规的强制性规定，不违反公序良俗，其效力受法律保护。

27 能否将承包地用于非农建设?

◎ 2017 年 11 月 20 日，王某与张某签订合同，双方约定：“王某自愿将位于村南的 3 亩承包地租给张某建房使用 70 年，总款 33 万元。如有反悔，赔偿双倍损失，即日起生效。”合同签订后，张某将房屋建好并居住。2018 年 12 月，张某受到政府主管部门的处罚。为什么？

因为张某的行为属于违法将承包地用于非农建设。《农村土地承包法》第十一条第一款规定：“农村土地承包经营应当遵守法律、法规，保护土地资源的合理开发和可持续利用。未经依法批准不得将承包地用于非农建设。”第六十三条规定：“承包方、土地经营权人违法将承包地用于非农建设的，由县级以上地方人民政府有关主管部门依法予以处罚。承包方给承包地造成永久性损害的，发包方有权制止，并有权要求赔偿由此造成的损失。”

28 将土地发包给本集体经济组织以外的单位或者个人有何要求?

◎ 2019 年 1 月 28 日，外地人李某请求承包 ×× 村的荒山。×× 村民委员会在未审查李某资信情况和经营能力的情况下，只经三分之二以上村民代表的同意后就与李某签订了《荒山承包合同书》，双方约定：×× 村委（甲方）将本村位于 ×× 处的荒山 200 亩承包给李某（乙方），承包经营合同期限为 30 年，即自 2019 年 1 月 28 日起至 2049 年 1 月 27 日止，承包费为 100 万，乙方分两次付清。×× 村民委员会的做法是否合法？

《农村土地承包法》第五十二条规定：“发包方将农村土地发包给本集体经济组织以外的单位或者个人承包，应当事先经本集体经济组织成员的村民会议三分之二以上成员或者三分之二以上村民代表的同意，并报乡（镇）人民政府批准。由本集体经济组织以外的单位或者个人承包的，应当对承包方的资信情况和经营能力进行审查后，再签订承包合同。”本案中 ×× 村民委员会未报乡（镇）人民政府批准，也未对李某的资信情况和经营能力进行审查就签订承包合同不合法。

29 土地承包经营权纠纷未经政府处理可以向法院起诉吗?

◎张某持有的“承包田地登记卡”载明承包户张某在老虎洞湾有田地。陈某持有的“承包田地登记卡”载明陈某在老虎洞湾有土地。双方的“承包田地登记卡”都没有四至，双方都认为位于老虎洞湾某处土地的承包经营权归属自己的家庭。张某向法院起诉陈某，法院认为本案属于土地使用权权属纠纷，以未经人民政府处理为由不予受理。土地承包经营权纠纷是否必须经过政府处理后才可以向法院起诉？

虽然《土地管理法》第十四条规定，土地所有权和使用权争议，由当事人协商解决；协商不成的，由人民政府处理。当事人对有关人民政府的处理决定不服的，可以自接到处理决定通知之日起三十日内，向人民法院起诉。但是，根据《农村土地承包经营纠纷调解仲裁法》第二条第二款第四项的规定，因确认农村土地承包经营权发生的纠纷是农村土地承包经营纠纷的一种。而对土地承包经营纠纷，《农村土地承包法》和《农村土地承包经营纠纷调解仲裁法》都规定双方当事人可以通过协商自行和解，也可以请求村民委员会、乡（镇）人民政府等调解解决，和解、调解不成或者不愿和解、调解的，可以向农村土地承包仲裁委员会申请仲裁，也可以直接向人民法院起诉。农村土地承包经营权系基于农村土地承包关系而形成的用益物权，属于特殊的土地使用权。《土地管理法》与《农村土地承包法》《农村土地承包经营纠纷调解仲裁法》规定的解决纠纷的程序有所不同，按照特别法优于一般法的法律适用原则，对于农村土地承包经营权确认纠纷，应当依照《农村土地承包法》和《农村土地承包经营纠纷调解仲裁法》的规定，可以不经政府处理直接向法院起诉。

30 政府对农村土地纠纷的调解和裁决有何不同？

◎王进成与王小书发生土地流转纠纷，王进成向淤泥乡政府申请调解。淤泥乡政府受理后作出《淤泥乡人民政府关于清水村五组王进成与四组王小书土地流转争议的处理意见》（淤府发〔2017〕24号）。该乡政府的做法是否合法？

《农村土地承包法》和《农村土地承包经营纠纷调解仲裁法》均规定，对于农村土地承包经营纠纷，当事人可以申请乡（镇）人民政府等调解。此处的调解属于行政调解。行政调解是指行政主体应争议当事人的申请，在当事人自愿的基础上，运用说服和疏导的方法，通过争议当事人的平等协商、互让互谅来解决争议的活动。行政调解是一种非权力性质的行为。行政调解不同于行政裁决，行政裁决是行政主体依据法律、法规授予的行政职权作出的，它具有法律约束力。《农村土地承包经营纠纷调解仲裁法》第十条规定，经调解达成协议的，村民委员会或者乡（镇）人民政府应当制作调解协议书。

也就是说针对农村土地承包经营纠纷，乡（镇）人民政府应当依法调解而不是裁决。调解的话乡（镇）人民政府应当制作调解协议书，而不是裁决形式的处理意见。因此，淤泥乡政府的做法不合法。

31 对土地承包仲裁机构的仲裁不服，应当在什么期限内向法院起诉？

◎ 2014 年 2 月 13 日，张某与李某因土地承包经营纠纷向 ×× 农村土地承包仲裁委员会申请仲裁，2014 年 4 月 1 日仲裁委员会作出驳回申请人请求的裁决。张某于 2014 年 4 月 9 日领取仲裁裁决书，同年 5 月 6 日向法院提起诉讼，后于 2014 年 6 月 18 日撤诉。随后于 2014 年 7 月 29 日再次起诉，法院作出不予受理的裁定。为什么？

《农村土地承包经营纠纷调解仲裁法》第四十八条规定，当事人不服仲裁裁决的，可以自收到裁决书之日起三十日内向人民法院起诉。逾期不起诉的，裁决书即发生法律效力。本案张某于 2014 年 4 月 9 日领取仲裁裁决书，同年 5 月 6 日向法院提起诉讼，后于 2014 年 6 月 18 日撤诉。于 2014 年 7 月 29 日再次起诉超过了法律规定的三十日期限，仲裁裁决已经发生法律效力。人民法院可以不予受理，已经受理的，应当裁定驳回起诉。

32 土地承包经营纠纷仲裁收费吗？

◎新村委调地后分给新添人口的口粮田，原承包户已到期多年拒不交出，双方产生纠纷。申请人向市农村土地仲裁委员会提出仲裁申请，仲裁委调解失败后告诉当事人等裁决。当事人两月后前去询问结果，仲裁委答复每家要交 500 元仲裁费才能裁决。仲裁委的做法是否合法？

《农村土地承包经营纠纷调解仲裁法》第五十二条规定：“农村土地承包经营纠纷仲裁不得向当事人收取费用，仲裁工作经费纳入财政预算予以保障。”本案中仲裁委收取仲裁费的做法不合法。

33 哪些农村土地承包民事纠纷法院应当依法受理？

◎张某出生于白岗村，在该村取得承包地。成年后虽嫁入庐江县庐城镇，但未取得非农业户籍，亦未享受城镇居民最低生活保障。2021 年，白岗村土地被征收，村上分配土地补偿款时拒绝张某参与分配。张某向法院起诉，法院是否应当受理？

根据《最高人民法院关于审理涉及农村土地承包经营纠纷案件适用法律问

题的解释》第一条第一款的规定，下列涉及农村土地承包民事纠纷，人民法院应当依法受理：（1）承包合同纠纷；（2）承包经营权侵权纠纷；（3）土地经营权侵权纠纷；（4）承包经营权互换、转让纠纷；（5）土地经营权流转纠纷；（6）承包地征收补偿费用分配纠纷；（7）承包经营权继承纠纷；（8）土地经营权继承纠纷。本案属于承包地征收补偿费用分配纠纷，法院应当依法受理。

34 未实际取得土地承包经营权提起民事诉讼的，法院是否受理？

◎高秀全、张兰英是苏岗村村民。1981 年第一轮土地承包时，高秀全、张兰英在该村承包土地 3.2 亩。1981 年 11 月 14 日二人的女儿高云出生，1983 年 8 月 14 日儿子高军出生。1985 年 10 月高秀全因病去世，张兰英带高云、高军离开苏岗村回娘家居住。1991 年第二轮土地承包时，苏岗村村民委员会将该 3.2 亩土地分配给他人，2002 年 9 月张兰英去世。2015 年高军、高云向法院起诉苏岗村村民委员会，要求保障其土地承包经营权。法院告知其向有关行政主管部门申请解决。为什么？

《最高人民法院关于审理涉及农村土地承包经营纠纷案件适用法律问题的解释》第一条第二款规定："集体经济组织成员因未实际取得土地承包经营权提起民事诉讼的，人民法院应当告知其向有关行政主管部门申请解决。"本案中，高军、高云在第二轮土地承包时并未实际取得土地承包经营权，故其诉请不属于人民法院应当依法受理的民事纠纷范围。高军、高云应向有关行政主管部门申请解决。

35 就用于分配的土地补偿费数额提起民事诉讼的，法院是否受理？

◎张某所在的甲村和邻村的乙村土地被政府征收，乙村将政府的补偿款全部分给村民，人均 13 万元。但甲村召开村民会议，大多数村民同意村民委员会提出的方案，即只拿出一部分补偿款分给村民，其余用来发展集体经济。张某等少数村民不同意此方案，觉着应该和乙村一样将全部补偿款分掉。但村民委员会决定按照村民会议决议执行，张某等村民起诉村民委员会，法院是否受理？

《最高人民法院关于审理涉及农村土地承包纠纷案件适用法律问题的解释》第一条第三款规定："集体经济组织成员就用于分配的土地补偿费数额提起民事诉讼的，人民法院不予受理。"根据以上规定，法院应当不予受理。

第三章

种植与养殖

1 农药使用者的哪些行为会受到处罚？

◎ 2019 年 6 月，某区农业综合执法机构对该区的农产品生产进行采样抽查，发现某水果园区生产的柑橘上有三氯杀螨醇的残留。该区农业行政主管部门进行了立案调查。经调查，该水果园区确实购过此农药，并在柑橘树上使用过。因为自 2018 年 10 月 1 日起国家全面禁止三氯杀螨醇的使用。该区农业主管部门没收了剩余的禁用农药，并对其进行了罚款。农药使用者的哪些行为会受到处罚？

根据《农药管理条例》第六十条规定，农药使用者有下列行为之一的，由县级人民政府农业主管部门责令改正，农药使用者为农产品生产企业、食品和食用农产品仓储企业、专业化病虫害防治服务组织和从事农产品生产的农民专业合作社等单位的，处 5 万元以上 10 万元以下罚款，农药使用者为个人的，处 1 万元以下罚款；构成犯罪的，依法追究刑事责任：（1）不按照农药的标签标注的使用范围、使用方法和剂量、使用技术要求和注意事项、安全间隔期使用农药；（2）使用禁用的农药；（3）将剧毒、高毒农药用于防治卫生害虫，用于蔬菜、瓜果、茶叶、菌类、中草药材生产或者用于水生植物的病虫害防治；（4）在饮用水水源保护区内使用农药；（5）使用农药毒鱼、虾、鸟、兽等；（6）在饮用水水源保护区、河道内丢弃农药、农药包装物或者清洗施药器械。有上述第（2）项规定的行为的，县级人民政府农业主管部门还应当没收禁用的农药。本案中，该区农业主管部门的做法于法有据。

附 1　禁止（停止）使用的农药（46 种）

六六六	滴滴涕	毒杀芬	二溴氯丙烷	杀虫脒	二溴乙烷	除草醚
艾氏剂	狄氏剂	汞制剂	甲基对硫磷	敌枯双	氟乙酸钠	毒鼠强
毒鼠硅	甲胺磷	对硫磷	甲基硫环磷	久效磷	地虫硫磷	苯线磷
磷化钙	磷化镁	磷化锌	三氯杀螨醇	硫线磷	特丁硫磷	蝇毒磷
氯磺隆	福美胂	甲磺隆	胺苯磺隆	百草枯	氟虫胺	杀扑磷
铅类	甘氟	砷类	氟乙酰胺	磷胺	福美甲胂	硫丹
林丹	治螟磷	溴甲烷	2,4- 滴丁酯	甲拌磷	水胺硫磷	灭线磷
甲基异柳磷						

注：2,4- 滴丁酯自 2023 年 1 月 29 日起禁止使用。溴甲烷可用于“检疫熏蒸处理”。甲拌磷、水胺硫磷、灭线磷、甲基异柳磷，自 2024 年 9 月 1 日起禁止使用。

附2　限制使用（在部分范围禁止使用）的农药（20种）

通用名	禁止使用范围
氧乐果	禁止在蔬菜、瓜果、茶叶、菌类、中草药材上使用，禁止用于防治卫生害虫，禁止用于水生植物的病虫害防治
灭多威	禁止在蔬菜、瓜果、茶叶、菌类、中草药材上使用，禁止用于防治卫生害虫，禁止用于水生植物的病虫害防治
涕灭威	禁止在蔬菜、瓜果、茶叶、菌类、中草药材上使用，禁止用于防治卫生害虫，禁止用于水生植物的病虫害防治
克百威	禁止在蔬菜、瓜果、茶叶、菌类、中草药材、甘蔗作物上使用，禁止用于防治卫生害虫，禁止用于水生植物的病虫害防治
内吸磷	禁止在蔬菜、瓜果、茶叶、中草药材上使用
硫环磷	禁止在蔬菜、瓜果、茶叶、中草药材上使用
氯唑磷	禁止在蔬菜、瓜果、茶叶、中草药材上使用
乙酰甲胺磷	禁止在蔬菜、瓜果、茶叶、菌类和中草药材上使用
丁硫克百威	禁止在蔬菜、瓜果、茶叶、菌类和中草药材上使用
乐果	禁止在蔬菜、瓜果、茶叶、菌类和中草药材上使用
毒死蜱	禁止在蔬菜上使用
三唑磷	禁止在蔬菜上使用
丁酰肼（比久）	禁止在花生上使用
氰戊菊酯	禁止在茶叶上使用
氟虫腈	禁止在所有农作物上使用（玉米等部分旱田种子包衣除外）
氟苯虫酰胺	禁止在水稻上使用
甲拌磷	禁止在蔬菜、瓜果、茶叶、菌类、中草药材、甘蔗作物上使用，禁止用于防治卫生害虫，禁止用于水生植物的病虫害防治
水胺硫磷	禁止在蔬菜、瓜果、茶叶、菌类、中草药材上使用，禁止用于防治卫生害虫，禁止用于水生植物的病虫害防治
灭线磷	禁止在蔬菜、瓜果、茶叶、菌类、中草药材上使用，禁止用于防治卫生害虫，禁止用于水生植物的病虫害防治
甲基异柳磷	禁止在蔬菜、瓜果、茶叶、菌类、中草药材、甘蔗作物上使用，禁止用于防治卫生害虫，禁止用于水生植物的病虫害防治

注：甲拌磷、水胺硫磷、灭线磷、甲基异柳磷，自2024年9月1日起全面禁止使用。

2 哪些主体应当建立农产品生产记录和农药使用记录?

◎ 2020 年 5 月 30 日，某县农业局执法人员对某果蔬农民专业合作社进行检查，要求合作社提供农产品生产记录和农药使用记录。合作社不能提供，农业局对合作社发出限期改正的通知，2016 年 10 月 30 日执法人员再次去该合作社检查，合作社仍然不能提供，于是县农业局对合作社处 1 万元罚款。合作社不服，认为农业局执法人员故意和合作社作对，因为其他农户没有农产品生产记录和农药使用记录，农业局并没有处罚。是否所有的农业生产经营者都应当建立农产品生产记录和农药使用记录?

并非所有的农业生产经营者都应当建立农产品生产记录和农药使用记录。根据《农产品质量安全法》第二十四条规定，农产品生产企业和农民专业合作经济组织应当建立农产品生产记录。国家鼓励其他农产品生产者建立农产品生产记录。农产品生产记录应当如实记载下列事项：（1）使用农业投入品的名称、来源、用法、用量和使用、停用的日期；（2）动物疫病、植物病虫草害的发生和防治情况；（3）收获、屠宰或者捕捞的日期。根据《农药管理条例》第三十六条规定，农产品生产企业、食品和食用农产品仓储企业、专业化病虫害防治服务组织和从事农产品生产的农民专业合作社等主体应当建立农药使用记录，国家鼓励其他农药使用者建立农药使用记录。农药使用记录要记明使用农药的时间、地点、对象以及农药名称、用量、生产企业等。农产品生产记录要求保存两年，农药使用记录要求保存两年以上。禁止伪造农产品生产记录和农药使用记录。本案中，农业局未对农户进行处罚是正确的，因为农户属于国家鼓励建立农产品生产记录和农药使用记录的主体，而农民专业合作社是应当建立农产品生产记录和农药使用记录的主体。

3 执法部门能否对未建立农产品生产记录行为直接罚款?

◎ 2020 年 12 月，某区农业综合执法机构对区内各园艺场准备上市的蔬菜进行农药残留抽检。检测结果显示红星蔬菜园艺场的鸡毛菜上含有对硫磷。据此，该区农业行政主管部门进行了立案调查。经调查，红星蔬菜园艺场没有农产品生产记录，在园艺场场内存放农药的地方也未发现含有对硫磷成分的农药。经实地查看，种植鸡毛菜田块的旁边是一块苗木基地，而苗木基地近期使用过对硫磷类农药对苗木进行病虫害防治，施药时可能会污染旁边的菜地。为此，该区农业综合执法机构对红星蔬菜园艺场作出如下行政处罚：

①责令红星蔬菜园艺场限期建立健全农产品生产记录档案；②罚款 1 000 元。农业综合执法机构的处罚是否合法？

《农产品质量安全法》第四十七条规定，农产品生产企业、农民专业合作经济组织未建立或者未按照规定保存农产品生产记录的，或者伪造农产品生产记录的，责令限期改正；逾期不改正的，可以处二千元以下罚款。本案中，农业综合执法机构责令红星蔬菜园艺场限期建立健全农产品生产记录档案没有问题，但不能直接对其进行罚款，只有在该园艺场逾期不改正的情况下才可以处以罚款。但针对不执行农药使用记录制度的，根据《农药管理条例》第六十一条的规定，责任主体情节不严重的，执法部门责令限期改正，拒不改正的应当处以罚款；如果存在情节严重的情况，执法部门在责令改正的同时应当对其处以罚款。

4 申请无公害农产品认证需要提交哪些材料？

王某承包了100亩山林搞生态养殖，已经申请了无公害农产品产地认证。后因其在国外工作的亲人出事需要去国外照料亲人，把养殖场转给了张某。张某接管养殖场后想给其林下养的肉鸡申请无公害农产品认证，他应该准备哪些材料？

根据农业农村部的《无公害农产品认定暂行办法》，符合无公害农产品产地条件和生产管理要求的规模生产主体，均可向县级农业农村行政主管部门申请无公害农产品认定。申请人应当提交以下材料：

（1）《无公害农产品认定申请书》；

（2）资质证明文件复印件；

（3）生产和管理的质量控制措施，包括组织管理制度、投入品管理制度和生产操作规程；

（4）最近一个生产周期投入品使用记录的复印件；

（5）专职内检员的资质证明；

（6）保证执行无公害农产品标准和规范的声明。

5 哪些区域禁止生产食用农产品？

◎从城里退休回村的老王看见村外有一片荒草地，于是就清除了荒草，种上了蔬菜。有人告诉老王，这片地曾被政府划为食用农产品禁止生产区域，只是由于时间长了，标识牌不知跑哪里去了，建议老王不要在该地上种植蔬菜。那么哪些区域禁止生产食用农产品？

《农产品质量安全法》第十七条规定，禁止在有毒有害物质超过规定标准的区域生产、捕捞、采集、食用农产品和建立农产品生产基地。《农产品产地安全管理办法》第八条规定，农产品产地有毒有害物质不符合产地安全标准，并导致农产品中有毒有害物质不符合农产品质量安全标准的，应当划定为农产品禁止生产区。禁止生产食用农产品的区域可以生产非食用农产品。《农产品产地安全管理办法》第十一条规定，县级人民政府农业行政主管部门应当在禁止生产区设置标示牌，载明禁止生产区地点、四至范围、面积、禁止生产的农产品种类、主要污染物种类、批准单位、立牌日期等。任何单位和个人不得擅自移动和损毁标示牌。

6 哪些农产品禁止销售？

◎ 2017 年 12 月 12 日，某市农业主管部门对某农民专业合作社生产的蘑菇进行抽检。经检验发现该合作社生产的蘑菇总砷含量 0.8 mg/kg，超出了《食品中污染物限量》(GB2 762—2017) 中食用菌总砷含量不超过 0.5 mg/kg 的限量标准。2017 年 12 月 13 日，农业主管部门责令合作社停止销售，追回已经销售的产品，对尚未销售的蘑菇进行无害化处理，没收其违法所得，并处 1 万元罚款。农业主管部门对该合作社的处罚有无法律依据？

根据《农产品质量安全法》以及《食用农产品市场销售质量安全监督管理办法》的规定，有下列情形之一的农产品，不得销售：

（1）含有国家禁止使用的农药、兽药或者其他化学物质的；

（2）农药、兽药等化学物质残留或者含有的重金属等有毒有害物质不符合农产品质量安全标准的；

（3）含有的致病性寄生虫、微生物或者生物毒素不符合农产品质量安全标准的；

（4）使用的保鲜剂、防腐剂、添加剂等材料不符合国家有关强制性的技术规范的；

（5）腐败变质、油脂酸败、霉变生虫、污秽不洁、混有异物、掺假掺杂或者感官性状异常的；

（6）病死、毒死或者死因不明的禽、畜、兽、水产动物肉类；

（7）未按规定进行检疫或者检疫不合格的肉类；

（8）未按规定进行检验或者检验不合格的肉类；

（9）被包装材料、容器、运输工具等污染的；

（10）标注虚假生产日期、保质期或者超过保质期的；

（11）国家为防病等特殊需要明令禁止销售的；

（12）标注虚假的食用农产品产地、生产者名称、生产者地址，或者标注伪造、冒用的认证标志等质量标志的；

（13）其他不符合法律、法规或者农产品质量安全标准的。

根据《农产品质量安全法》第五十条的规定，农产品生产企业、农民专业合作经济组织销售的农产品具有“农药、兽药等化学物质残留或含有的重金属有毒有害物质，不符合农产品质量安全标准的情形”，应当责令停止销售，追回已经销售的产品，对违法销售的产品进行无害化处理或者予以监督销毁；没收违法所得，并处二千元以上二万元以下罚款。本案中，农业执法机关处罚于法有据。

7 哪些农产品必须包装才能销售？

◎王某为给儿子办婚宴订购某农民专业合作社各种蔬菜合计 200 公斤。该合作社的蔬菜是获得无公害农产品认证的。王某儿子婚宴的前一天，合作社如期送来了订购的蔬菜，这些蔬菜都是刚采摘下来没有包装的裸菜。该合作社对无公害农产品没有包装就进行销售的做法是否符合相关规定？

《农产品包装和标识管理办法》规定，农产品生产企业、农民专业合作经济组织以及从事农产品收购的单位或者个人用于销售的下列农产品必须包装：（1）获得无公害农产品、绿色食品、有机农产品等认证的农产品，但鲜活畜、禽、水产品除外；（2）省级以上人民政府农业行政主管部门规定的其他需要包装销售的农产品。本案中，该合作社销售的是获得无公害农产品认证的产品，没有包装就销售，不符合规定。

8 包装方可销售的农产品应标明哪些内容？

◎简某于 2018 年 11 月 6 日在某超市购买“有机南瓜”一盒。该商品包装上只注明商品名称为有机南瓜，包装日期是 2018 年 11 月 6 日，价格是 12 元，没有其他内容。简某认为该商品作为有机农产品，包装物上标注的内容还应包括产地、保质期等，于是向超市经理提出了完善建议。简某的建议有无法律依据？

《农产品质量安全法》第二十八条规定：“农产品生产企业、农民专业合作经济组织以及从事农产品收购的单位或者个人销售的农产品，按照规定应当包装或者附加标识的，须经包装或者附加标识后方可销售。包装物或者标识上应当按照规定标明产品的品名、产地、生产者、生产日期、保质期、产品质量等级等内容；使用添加剂的，还应当按照规定标明添加剂的名称。具体办法由国务院农业行政主管部门制定。”且原农业部制定的《农产品包装和标识管理办法》规定，获得有机农产品认证的农产品必须包装。因此，本案中的简某向超市经理提出的建议有法律依据。

9 污泥能否直接用作永久基本农田的肥料？

◎王某经营一家污水处理厂，污水处理后会产生大量的污泥。李某承包大量永久基本农田搞有机农产品种植需要肥料。王某与李某商定将自己厂的污泥免费送给李某，李某必须每月定期来清理。李某能否直接将该污泥用作永久基本农田的肥料？

污泥能否用作永久基本农田的肥料，要看其是否符合国家有关标准。《基本农田保护条例》第二十五条规定：“向基本农田保护区提供肥料和作为肥料的城市垃圾、污泥的，应当符合国家有关标准。”（2019 年 8 月《土地管理法》修正，将基本农田提升为永久基本农田，但《基本农田保护条例》尚未修订，仍然是原来基本农田的表述。）案例中的污泥只要经检测符合国家有关标准，是可以用作永久基本农田的肥料。

10 永久基本农田能否发展林果业和挖塘养鱼？

◎某村有一片耕地，村民们一直用来种粮食作物。2000 年该片地被划为基本农田。2020 年，该村村主任参加政府组织的培训时了解到邻县的农民最近几年种果树赚了不少钱。于是回到村里号召村民们用该片地种果树，以增加农民收入。该村村主任的提议是否合法？

《土地管理法》第三十七条规定，禁止占用永久基本农田发展林果业和挖塘养鱼。故该村村主任的提议不合法。如果非法占用永久基本农田发展林果业或者挖塘养鱼的，根据《土地管理法实施条例》的规定，由县级以上人民政府主管部门责令限期改正，逾期不改正的，按占用面积处耕地开垦费 2 倍以上 5 倍以下的罚款；破坏种植条件的，除了责令限期改正或者治理外，还可并处罚款，构成犯罪的，依法追究刑事责任。

11 陡坡地可以开垦种植农作物吗?

◎某甲看到村外有许多无人利用的陡坡地，就在上面种植了一些农作物。驻村干部找他谈话，告之其行为违法。某甲极其不理解，国家不是提倡合理利用土地吗，自己利用荒废的土地应该是对国家有利的事，怎么反而违法了呢?

《水土保持法》第二十六条规定："禁止在二十五度以上陡坡地开垦种植农作物。在二十五度以上陡坡种植经济林的，应当科学选择树种，合理确定规模，采取水土保持措施，防止造成水土流失。省、自治区、直辖市根据本行政区域的实际情况，可以规定小于二十五度的禁止开垦坡度。禁止开垦的陡坡地的范围由当地县人民政府划定并公告。"第二十三条第二款规定："在禁止开垦坡度以下、五度以上的荒坡地开垦种植农作物，应当采取水土保持措施。具体办法由省、自治区、直辖市根据本行政区域的实际情况规定。"第三十七条规定："已在禁止开垦的陡坡地上开垦种植农作物的，应当按照国家有关规定退耕，植树种草；耕地短缺、退耕确有困难的，应当修建梯田或者采取其他水土保持措施。在禁止开垦陡坡以下的坡耕地上开垦种植农作物的，应当根据不同情况，采取修建梯田、坡面水系整治、蓄水保土耕作或退耕等措施。"本案中，如果某甲种植农作物的坡地属于当地政府禁止开垦的陡坡地，其行为违法，应当退耕，植树种草；如果属于禁止开垦陡坡以下的坡地，应当视情况采取修建梯田、坡面水系整治、蓄水保土耕作等措施或退耕。

12 哪些区域禁止建畜禽养殖场、养殖小区?

◎ 2009 年 4 月至 2017 年 3 月，包某在担任长春市环保局净月环保分局副局长兼环境监察大队大队长期间，不认真履行监督管理职责，致使辖区内饮用水水源保护区长期存在违规建设养殖场等问题。2017 年 7 月 21 日，包某受到行政警告处分。哪些区域禁止建畜禽养殖场、养殖小区?

根据《畜牧法》第四十条和《畜禽规模养殖污染防治条例》第十一条的规定，以下区域禁止建畜禽养殖场、养殖小区：

（1）生活饮用水的水源保护区、风景名胜区，以及自然保护区的核心区和缓冲区；

（2）城镇居民区、文化教育科学研究区等人口集中区域；

（3）法律、法规规定的其他禁养区域。

13 在禁止养殖区域内建设畜禽养殖场、养殖小区，乡政府是否有权处罚？

◎农民王某在自家承包地里建了养殖场，因粪便露天堆放，周围群众意见很大。村里要求王某整改，王某置之不理，于是村里将此事上报给乡政府。2016 年 2 月 12 日乡政府以王某的养殖场建在生活饮用水的水源保护区为由，责令王某关闭养殖场。请问乡政府的行为有无法律依据？

根据《畜禽规模养殖污染防治条例》第三十七条规定，在禁止区域内建设畜禽养殖场、养殖小区的，应当由县级以上地方人民政府环境保护主管部门责令停止违法行为；拒不停止违法行为的，处 3 万元以上 10 万元以下的罚款，并报县级以上人民政府责令拆除或者关闭。在饮用水水源保护区建设畜禽养殖场、养殖小区的，由县级以上地方人民政府环境保护主管部门责令停止违法行为，处 10 万元以上 50 万元以下的罚款，并报经有批准权的人民政府批准，责令拆除或者关闭。也就是说，对在禁止区域内建养殖场或养殖小区进行处罚的执法机关是县级以上地方人民政府环境保护主管部门。本案中，乡政府没有处罚权。长期以来，我国的行政执法权主要由县级以上政府及其职能部门行使。乡镇政府不具备行政执法的主体资格。虽然《宪法》《地方组织法》中有乡镇政府具有行政执法职能的明确规定，但不能直接作为乡镇政府执法的依据。因为政府作为行政执法主体的条件，一般不是基于《宪法》《地方组织法》关于政府管理事项的概括规定，而是基于单行法律、法规、规章明确作出的具体规定。2021 年 1 月 22 日《行政处罚法》修订，增加规定行政处罚权下放乡镇、街道制度。新《行政处罚法》第二十四条规定："省、自治区、直辖市根据当地实际情况，可以决定将基层管理迫切需要的县级人民政府部门的行政处罚权交由能够有效承接的乡镇人民政府、街道办事处行使，并定期组织评估。决定应当公布。承接行政处罚权的乡镇人民政府、街道办事处应当加强执法能力建设，按照规定范围、依照法定程序实施行政处罚。有关地方人民政府及其部门应当加强组织协调、业务指导、执法监督，建立健全行政处罚协调配合机制，完善评议、考核制度。"新《行政处罚法》2021 年 7 月 15 日起施行。

14 新建、改建、扩建畜禽养殖场、养殖小区需要符合哪些条件？

◎某养殖场地处宜养区，但未落实环保"三同时"要求，仅建有一个容积约30立方米的粪便临时收贮设施，未配套建设与饲养规模相适应的干粪发酵棚、沼气池、沼液贮存池及沼液转运输送消纳体系。粪便临时收贮设施没有排污口，周边没有排污沟渠。养殖场的污水虽不属于故意直排，但由于下雨或是量大时，污水会外溢，确实存在污染，给周边住户造成影响，存在未批先建、擅自开工、污染环境的问题。环保局要求该养殖场立即停止饲养和消除污染源，处罚该养殖场15万元。新建、改建、扩建畜禽养殖场、养殖小区需要符合哪些条件？

根据《畜禽规模养殖污染防治条例》第十二条规定，无论新建、改建、扩建畜禽养殖场、养殖小区都需要符合以下条件：

（1）符合畜牧业发展规划。畜牧业发展规划体现了一定历史时期内国家或地区发展畜牧业的方针、政策。

（2）符合畜禽养殖污染防治规划。畜禽养殖污染防治规划由县级以上人民政府生态环境保护主管部门会同农牧主管部门编制。

（3）满足动物防疫条件。养殖场和养殖小区应符合《动物防疫法》第二十四条规定的防疫条件，并且依法取得动物防疫条件合格证。

（4）进行环境影响评价。对环境可能造成重大影响的大型畜禽养殖场、养殖小区，应当编制环境影响报告书；其他畜禽养殖场、养殖小区应当填报环境影响登记表。

本案中的养殖场未批先建、擅自开工、污染环境。根据《环境影响评价法》第三十一条的规定，建设单位未依法报批建设项目环境影响报告书、报告表，擅自开工建设的，由县级以上生态环境主管部门责令停止建设，根据违法情节和危害后果，处建设项目总投资额百分之一以上百分之五以下的罚款，并可以责令恢复原状。另外，该养殖场还存在违反环境保护设施“三同时”制度的情节，也应进行处罚。

15 动物饲养场应当具备哪些动物防疫条件？

◎ 2021年5月16日，某区农业农村局接到群众反映：该区某乡一养猪场臭味刺鼻，影响周围居民的生产生活，要求尽快查处。经调查，农业农村局发现该养猪场未申请办理“动物防疫条件合格证”，存在着严重的动物防疫条件不达标的违法行为，责令其停业整顿，并处以3万元罚款。养殖场认为处罚过重，申请行政复议。动物饲养场应当具备哪些动物防疫条件？农业农村局对养猪场的处罚是否过重？

根据《动物防疫法》第二十四条的规定，动物饲养场和隔离场所、动物屠宰加工场所以及动物和动物产品无害化处理场所，应当符合下列动物防疫条件：

（1）场所的位置与居民生活区、生活饮用水水源地、学校、医院等公共场所的距离符合国务院农业农村主管部门的规定；

（2）生产经营区域封闭隔离，工程设计和有关流程符合动物防疫要求；

（3）有与其规模相适应的污水、污物处理设施，病死动物、病害动物产品无害化处理设施设备或者冷藏冷冻设施设备，以及清洗消毒设施设备；

（4）有与其规模相适应的执业兽医或者动物防疫技术人员；

（5）有完善的隔离消毒、购销台账、日常巡查等动物防疫制度；

（6）具备国务院农业农村主管部门规定的其他动物防疫条件。

动物和动物产品无害化处理场所除应当符合上述规定的条件外，还应当具有病原检测设备、检测能力和符合动物防疫要求的专用运输车辆。

《动物防疫法》第二十五条规定，开办动物饲养场和隔离场所、动物屠宰加工场所以及动物和动物产品无害化处理场所应依法取得动物防疫条件合格证。未取得动物防疫条件合格证的，根据《动物防疫法》第九十八条的规定，由县级以上地方人民政府农业农村主管部门责令改正，处三千元以上三万元以下罚款；情节严重的，责令停业整顿，并处三万元以上十万元以下罚款。因此，本案中的处罚并不过重。

16 从事畜禽养殖应做好哪些畜禽疫病的防治工作？

◎ 2021 年 5 月 18 日，A 县农业农村局接到一乡镇畜牧兽医站报告，该乡一蛋鸡养殖户刘某以担心蛋鸡出现免疫应激反应为由，拒绝对其养殖的 1 000 只蛋鸡进行高致病性禽流感免疫。县农业农村局调查核实后，于 2021 年 5 月 19 日责令刘某十日内给鸡进行免疫。2021 年 5 月 29 日，刘某仍未进行强制免疫。县农业农村局依法进行立案查处，给予刘某罚款 2 000 元的行政处罚。从事畜禽养殖应做好哪些畜禽疫病的防治工作？农业农村局对刘某案的处理是否妥当？

根据《动物防疫法》的规定，从事畜禽养殖应做好以下畜禽疫病的防治工作：

（1）依照《动物防疫法》和国务院农业农村主管部门的规定，做好免疫、消毒、检测、隔离、净化、消灭、无害化处理等动物防疫工作，承担动物防疫相关责任；

（2）应当履行动物疫病强制免疫义务，按照强制免疫计划和技术规范，对动物实施免疫接种，并按照国家有关规定建立免疫档案、加施畜禽标识，保证可追溯；

（3）应当按照国务院农业农村主管部门的要求，定期开展动物疫病检测，检测不合格的，应当按照国家有关规定处理；

（4）动物、动物产品的运载工具、垫料、包装物、容器等应当符合国务院农业农村主管部门规定的动物防疫要求；

（5）染疫动物及其排泄物、染疫动物产品，运载工具中的动物排泄物以及垫料、包装物、容器等被污染的物品，应当按照国家有关规定处理，不得随意处置；

（6）禁止屠宰、经营、运输不符合国务院农业农村主管部门有关动物防疫规定的动物和动物产品；

（7）发现动物染疫或者疑似染疫的，应当立即向所在地农业农村主管部门或者动物疫病预防控制机构报告，并迅速采取隔离等控制措施，防止动物疫情扩散。

（8）应当协助官方兽医实施检疫；

（9）应当按照国家有关规定做好病死动物、病害动物产品的无害化处理，或者委托动物和动物产品无害化处理场所处理，不得买卖、加工、随意弃置病死动物和病害动物产品。

对饲养的动物未按照动物疫病强制免疫计划或者免疫技术规范实施免疫接种的，按照《动物防疫法》第九十二条的规定，由县级以上地方人民政府农业农村主管部门责令限期改正，可以处一千元以下罚款；逾期不改正的，处一千元以上五千元以下罚款，由县级以上地方人民政府农业农村主管部门委托动物诊疗机构代为处理，所需费用由违法行为人承担。

本案中，刘某不执行动物强制免疫，拒不改正，A 县农业农村主管部门应委托动物诊疗机构代为处理，费用由刘某承担，不能仅仅罚款了之。

17 规模养殖应当配备哪些防污染设施?

◎ 2016 年 3 月 9 日，某区环保分局对位于某村的奶牛养殖专业合作社开展执法检查，发现该养殖场雨污分流不彻底，部分牛粪散落在牛场地面，污染周边环境。环保局责令该养殖场立即停止环境违法行为，进行整改，并作出 3.5 万元的行政处罚。畜禽养殖场、养殖小区应当建设哪些防污染设施?

根据《畜禽规模养殖污染防治条例》第十三条的规定，畜禽养殖场、养殖小区应当根据养殖规模和污染防治需要，建设以下相应设施：

（1）畜禽粪便、污水与雨水分流设施；

（2）畜禽粪便、污水的贮存设施；

（3）粪污厌氧消化和堆沤、有机肥加工、制取沼气、沼渣沼液分离和输送污水处理、畜禽尸体处理等综合利用和无害化处理设施。

已经委托他人对畜禽养殖废弃物代为综合利用和无害化处理的，可以不自行建设综合利用和无害化处理设施。未建设污染防治配套设施、自行建设的配套设施不合格，或者未委托他人对畜禽养殖废弃物进行综合利用和无害化处理的，畜禽养殖场、养殖小区不得投入生产或者使用。畜禽养殖场、养殖小区自行建设污染防治配套设施的，应当确保其正常运行。

《畜禽规模养殖污染防治条例》第三十九条规定："违反本条例规定，未建设污染防治配套设施或自行建设的配套设施不合格，也未委托他人对畜禽养殖废弃物进行综合利用和无害化处理，畜禽养殖场、养殖小区即投入生产、使用，或者建设的污染防治配套设施未正常运行的，由县级以上人民政府环境保护主管部门责令停止生产或使用，可以处 10 万元以下的罚款。"本案中的奶牛养殖专业合作社污水与雨水分流不彻底，表明污水与雨水分流设施不合格。区环境分局对其处罚于法有据。

18 规模养殖处置畜禽养殖废弃物有哪些要求?

◎ 2019 年 5 月 19 日，某市生态环境局开展专项执法检查，现场检查发现某养猪场将养殖废水经沼气渗漏口流出后，通过场外沟渠排入外环境。执法人员当即在该沼气池渗漏口采集了水样。经监测，该水样化学需氧量 4 360 mg/L、氨氮 569 mg/L、总磷 68.7 mg/L，三项指标均超过相关排放标准。市生态环境局责令养殖场立即停止违法排放污染物，同时作出罚款人民币 5 万元的行政处罚。规模养殖处置畜禽养殖废弃物有哪些要求?

根据《畜禽规模养殖污染防治条例》第十八条至二十二条的规定，规模养殖处置畜禽养殖废弃物应当符合以下要求：

（1）将畜禽粪便、污水、沼渣、沼液等用作肥料的，应当与土地的消纳能力相适应，并采取有效措施，消除可能引起传染病的微生物，防止污染环境和传播疫病；

（2）从事畜禽养殖活动和畜禽养殖废弃物处理活动，应当及时对畜禽粪便、畜禽尸体、污水等进行收集、贮存、清运，防止恶臭和畜禽养殖废弃物渗出、泄漏；

（3）向环境排放经过处理的畜禽养殖废弃物，应当符合国家和地方规定的污染物排放标准和总量控制指标，畜禽养殖废弃物未经处理，不得直接向环境排放；

（4）染疫畜禽以及染疫畜禽排泄物、染疫畜禽产品、病死或者死因不明的畜禽尸体等病害畜禽养殖废弃物，应当按照有关法律、法规和国务院农牧主管部门的规定，进行深埋、化制、焚烧等无害化处理，不得随意处置；

（5）畜禽养殖场、养殖小区应当定期将畜禽养殖品种、规模以及畜禽养殖废弃物的产生、排放和综合利用等情况，报县级人民政府生态环境保护主管部门备案。

根据《畜禽规模养殖污染防治条例》第四十一条的规定，国务院机构改革，排放畜禽养殖废弃物不符合国家或地方规定的污染物排放标准或总量控制指标，或者未经无害化处理直接向环境排放畜禽养殖废弃物的，由县级以上人民政府生态环境主管部门可以处5万元以下的罚款。本案处罚于法有据。

19 国家对畜禽养殖场、养殖小区防污染有哪些优惠措施？

◎浙江某公司饲养生猪3万多头，为了处置养殖排泄物，特意建立沼气站，除了处理自家养殖排泄物，还安排8辆车每天出去收集200～300家养殖场的固体排泄物一并处理。沼气站每年可发电800万千瓦·时，除了公司自用以外，其余全部并网，电价为1.05元/千瓦·时（全国电价标准为0.75元/瓦·时），为何电价这么高？原来是省财政给予了防污染补贴。国家对畜禽养殖场、养殖小区防污染有哪些优惠措施？

根据《畜禽规模养殖污染防治条例》第二十六至三十五条的规定，国家对畜禽养殖场、养殖小区防污染有以下优惠措施：

（1）对支出的建设项目环境影响咨询费用，政府给予补助；

（2）要求各级政府采取示范奖励等措施，支持畜禽养殖场、养殖小区进行标准化改造和污染防治设施建设与改造；

（3）建设和改造畜禽养殖废弃物综合利用和污染防治配套设施的，可以申请包括污染治理贷款贴息补助在内的环境保护等相关资金支持；

（4）从事利用畜禽养殖废弃物进行有机肥产品生产经营等畜禽养殖废弃物综合利用活动的，享受国家规定的相关税收优惠政策；

（5）利用畜禽养殖废弃物生产有机肥产品的，享受国家关于化肥运力安排等支持政策；

（6）利用畜禽养殖废弃物进行沼气发电的，依法享受国家规定的上网电价优惠政策；

（7）利用畜禽养殖废弃物制取沼气或进而制取天然气的，依法享受新能源优惠政策；

（8）畜禽养殖场、养殖小区的畜禽养殖污染防治设施运行用电执行农业用电价格；

（9）对染疫畜禽、病死或者死因不明畜禽尸体进行集中无害化处理，按照国家有关规定对处理费用、养殖损失给予适当补助；

（10）对达标排放后自愿签订进一步减排协议的，给予奖励，并优先列入政府安排的环境保护和畜禽养殖发展相关资金扶持范围。

畜禽养殖场、养殖小区之外的养殖户自愿建设配套设施，采取措施减少污染物排放的，也可以享受有关激励扶持政策。

20 撤销养殖户已经取得的生产经营许可，是否应给予补偿？

◎ 2008年12月29日，苏某承包三百多亩土地用于经营养殖场。为此，他先后在税务局、环保局、工商局、质监局分别办理了《税务登记证》《排放污染物许可证》《个体工商户营业执照》以及《组织机构代码证》。2017年3月22日，县政府发布通告，决定将包括涉案土地在内的地区划入畜禽禁养区范围。通告发布后，县环保局以养殖场不符合排污许可证的年审条件为由，不予通过年审，《排放污染物许可证》亦被注销。畜牧局也根据《通告》内容拒不受理动物防疫合格证的年审。苏某的养殖场被迫关闭，损失惨重，苏某能否要求政府给予补偿？

根据《行政许可法》第八条的规定：“公民、法人或者其他组织依法取得的行政许可受法律保护，行政机关不得擅自改变已经生效的行政许可；行政许可所依据的法律、法规、规章修改或者废止，或者准予行政许可所依据的客观情况发生重大变化的，为了公共利益的需要，行政机关可以依法变更或者撤回已经生效的行政许可，但由此给公民、法人或者其他组织造成财产损失的，行政机关应当依法给予补偿。”《畜禽规模养殖污染防治条例》第二十五条规定："因畜牧业发展规划、土地利用总体规划、城乡规划调整以及划定禁止养殖区域，或者因对污染严重的畜禽养殖密集区域进行综合整治，确需关闭或者搬迁现有畜禽养殖场所，致使畜禽养殖者遭受经济损失的，由县级以上地方人民政府依法予以补偿。"根据以上规定，苏某可以要求当地政府给予补偿。

21 畜禽养殖场的养殖档案应载明哪些内容？

◎ 2018 年 6 月 7 日某县畜牧局执法人员到该县二郎坪养鸡场进行日常监督检查，发现该养鸡场 2018 年养殖档案记录不完整，2017 年、2016 年养殖档案也未保存。为此作出罚款 1 300 元的行政处罚。畜禽养殖场的养殖档案应载明哪些内容？保存多久？

根据《畜牧法》第四十一条的规定，畜禽养殖场应当建立养殖档案，载明以下内容：

（1）畜禽的品种、数量、繁殖记录、标识情况、来源和进出场日期；

（2）饲料、饲料添加剂、兽药等投入品的来源、名称、使用对象、时间和用量；

（3）检疫、免疫、消毒情况；

（4）畜禽发病、死亡和无害化处理情况；

（5）国务院畜牧兽医行政主管部门规定的其他内容。

《畜禽标识和养殖档案管理办法》第二十二条规定，商品猪、禽的养殖档案和防疫档案保存时间为 2 年，牛为 20 年，羊为 10 年，种畜禽长期保存。如果畜禽养殖场未建立养殖档案的，或者未按照规定保存养殖档案的，根据《畜牧法》第六十六条的规定，由县级以上人民政府畜牧兽医行政主管部门责令限期改正，可以处一万元以下罚款。本案中，县畜牧局只罚款，未责令养鸡场限期改正的行为不正确。

22 从事畜禽养殖不能有哪些喂养行为？

◎ 2018 年某市排查出非洲猪瘟疫情。经查，谭某将私自从外省市运入的餐厨垃圾未经高温消毒即用于饲喂生猪。2018 年 11 月 16 日该养殖场生猪出现病死，经中国卫生与流行病学中心检验，确诊为非洲猪瘟病毒感染。经有关部门流行病学调查，本次非洲猪瘟疫情的发生与谭某饲喂泔水存在因果关系，谭某被批准逮捕。从事畜禽养殖不能有哪些喂养行为？

根据《畜牧法》第四十三条的规定，从事畜禽养殖，不得有下列行为：

（1）违反法律、行政法规的规定和国家技术规范的强制性要求使用饲料、饲料添加剂、兽药；

（2）使用未经高温处理的餐馆、食堂的泔水饲喂家畜；

（3）在垃圾场或者使用垃圾场中的物质饲养畜禽；

（4）法律、行政法规和国务院畜牧兽医行政主管部门规定的危害人和畜禽健康的其他行为。

如果有上述行为的，《畜牧法》第六十七条规定，依照有关法律、行政法规的规定处罚。本案中谭某的行为引起重大动物疫情，触犯了《中华人民共和国刑法》第三百三十七条规定的妨害动植物防疫罪，因此被批准逮捕。

第四章

农民专业合作社

1 设立农民专业合作社，应当具备什么条件？

◎ 2018 年 10 月 16 日，张某通过虚拟合作社章程、设立大会纪要、理事长任职文件、监事任职文件、成员名册、合作社成员出资清单等文件，利用不正当途径取得宋某、伊某、郑某、苏某的身份证复印件、户籍登记卡等复印件，在宋某等人不知情的情况下，通过伪造宋某等四人的签名办理了合作社的工商登记。后被他人举报，该合作社被依法撤销。该农民合作社的设立是否具备法律规定的条件？

根据《农民专业合作社法》第十二条的规定，设立农民专业合作社应当具备以下几个条件：（1）有五名以上符合本法规定的成员；（2）有符合本法规定的章程；（3）有符合本法规定的组织机构；（4）有符合法律、行政法规规定的名称和章程确定的住所；（5）有符合章程规定的成员出资。本案中的农民专业合作社实质上只有一个成员，不符合设立农民专业合作社的条件。

2 设立农民专业合作社是否必须要经营同类农产品？

◎王家村是个小村庄，大多数农户外出打工。留在村里的十多户，有的从事蔬菜种植，有的从事粮食种植，有的从事禽畜养殖，有的从事农产品加工。村民委员会想把这些农户组织起来成立一家农民专业合作社，但观察前些年邻村成立的合作社都是从事同类农产品生产经营或者是提供同类农业生产经营服务，不知本村这些从事不同农产品生产经营的主体法律是否允许？

我国原来的《农民专业合作社法》规定农民专业合作社是在农村家庭承包经营基础上，同类农产品的生产经营者或者同类农业生产经营服务的提供者、利用者，自愿联合、民主管理的互助性经济组织。但随着农村分工分业的深化和农民分层分化的加快，农民对农民专业合作社提供服务的需求也日益多元，单一的“同类”产品或者“同类”服务的限制，已经不能满足农民专业合作社发展的需要和成员的合作需求。2017 年 12 月 27 日修订的《农民专业合作社法》取消了有关“同类”农产品或者“同类”农业生产经营服务中的“同类”的限制。根据新《农民专业合作社法》第三条的规定，农民专业合作社的业务范围可以是以下一种或多种：农业生产资料的购买、使用；农产品的生产、销售、加工、运输、贮藏及其他相关服务；农村民间工艺及制品、休闲农业和乡村旅游资源的开发经营等；与农业生产经营有关的技术、信息、设施建设运营等服务。因此，王家村这些从事不同农业生产经营的农户是可以组成农民专业合作社的。

3 法律对农民专业合作社成员资格和构成有何要求？

◎某生猪养殖合作社有12个成员，其中有10个成员是农民，另外2个中1个是乡镇兽医站、1个是饲料公司。10位农民中有两个农民情况如下：黄某，现年19岁，无业，精神正常，但生活自理能力极差，完全依赖父母的劳动收入作为其生活来源；李某，17岁，无业，父母早亡，留下巨额存款，靠存款利息足以维持远高于当地一般群众的生活水平。两人在成立农民专业合作社时各出资1 000元取得成员资格。该合作社成员构成是否合法？

根据《农民专业合作社法》第十九条和第二十条的规定，农民专业合作社的成员既可以是具有民事行为能力的公民，也可以是企业、事业单位或者社会组织；如果是企业、事业单位或者社会组织，其所从事的生产经营活动要与农民专业合作社业务直接有关，但具有管理公共事务职能的单位不得加入农民专业合作社；农民专业合作社的成员中，农民至少应当占成员总数的百分之八十，成员总数二十人以下的，可以有一个企业、事业单位或者社会组织成员，成员总数超过二十人的，企业、事业单位和社会组织成员不得超过成员总数的百分之五；无论是公民还是企业、事业单位或者社会组织，要加入农民专业合作社，要能够利用农民专业合作社提供的服务，承认并遵守农民专业合作社章程，履行章程规定的入社手续。在我国年满18周岁的人具有完全民事行为能力，16周岁以上的未成年人，以自己的劳动收入为主要生活来源的，视为完全民事行为能力人。本案中的黄某虽没有劳动收入，但其为完全民事行为能力人，并且在入社时履行了合法出资手续，具备入社的主体资格和程序要件，合法取得成员资格。李某17岁，虽然有利息收入，但是却并非以自己的劳动取得，不能视为完全民事行为能力人，其不能取得合作社成员资格。该合作社总共12个成员，只能有1个企业、事业单位或者社会组织成员，乡镇兽医站是具有管理公共事务职能的单位，法律不允许其加入农民专业合作社。

4 加入已成立的农民专业合作社的程序是什么？

◎ 2010年1月，由杨某等5人发起成立了友谊养猪专业合作社，选举杨某为理事长。2018年10月，杨某向李某介绍合作社是正规的，国家每年给补助，物资是国家给的，要聘用李某为合作社养猪，并从李某处拿走了5万元去买饲料。2019年李某要求合作社返还5万元。合作社认为李某已经是合作社的成员，应按照合作社章程承担合作社的债务。而李某认为本人没有履行任何入社手续，与合作社是借贷关系，于是向法院起诉。法院审理查明，李某未曾提出书面入社申请，合作社也未曾就李某入社召开成员大会或成员代表大会表决，最终判定双方为借贷关系。为什么？

《农民专业合作社法》第二十四条规定："符合本法第十九条、第二十条规定的公民、企业、事业单位或者社会组织，要求加入已成立的农民专业合作社，应当向理事长或者理事会提出书面申请，经成员大会或者成员代表大会表决通过后，成为本社成员。"本案中的李某并没有按照上述法律规定履行入社程序，因此不能认定李某是合作社的成员，应认定为借贷关系。

5 农民专业合作社章程应该载明哪些事项？

◎王某等15位农户准备发起设立一家葡萄种植专业合作社，2018年8月10日他们召开了设立大会，在设立大会上，他们选举了合作社的理事长、理事、执行监事。在拟定合作社章程过程中，发起人对章程的内容有分歧。请问农民专业合作社章程应该载明哪些事项？

根据《农民专业合作社法》第十五条的规定，合作社章程应当载明下列事项：

（1）名称和住所；

（2）业务范围；

（3）成员资格及入社、退社和除名；

（4）成员的权利和义务；

（5）组织机构及其产生办法、职权、任期、议事规则；

（6）成员的出资方式、出资额，成员出资的转让、继承、担保；

（7）财务管理和盈余分配、亏损处理；

（8）章程修改程序；

（9）解散事由和清算办法；

（10）公告事项及发布方式；

（11）附加表决权的设立、行使方式和行使范围；

（12）需要载明的其他事项。

农民专业合作社章程应当由全体设立人一致通过，全体设立人要在章程上签名、盖章。

6 农民专业合作社机构设置有何要求?

◎甲、乙、丙、丁、戊各出资10万元成立了远东种植专业合作社。甲、乙、丙、丁为农民，戊是合作社所在乡农经服务中心主任，负责指导和监督辖区内农民专业合作社的财务管理。在合作社成立时，五人约定因合作社成员人数较少，不设立成员大会；由甲担任合作社的理事长，设立了理事会，戊任理事，还聘任了成员之外的李某担任理事；设立了监事会，乙担任合作社的执行监事，丙为监事并兼任合作社的财务负责人。该合作社的机构设置是否合法?

《农民专业合作社法》第二十九条规定，农民专业合作社成员大会由全体成员组成，是本社的权力机构。第三十二条规定，农民专业合作社成员超过一百五十人的，可以按照章程规定设立成员代表大会。成员代表大会按照章程规定可以行使成员大会的部分或者全部职权。依法设立成员代表大会的，成员代表人数一般为成员总人数的百分之十，最低人数为五十一人。第三十三条规定，农民专业合作社设理事长一名，可以设理事会。理事长为本社的法定代表人。农民专业合作社可以设执行监事或者监事会。理事长、理事、经理和财务会计人员不得兼任监事。理事长、理事、执行监事或者监事会成员，由成员大会从本社成员中选举产生，依照本法和章程的规定行使职权，对成员大会负责。第三十八条规定，执行与农民专业合作社业务有关公务的人员，不得担任农民专业合作社的理事长、理事、监事、经理或者财务会计人员。

根据以上规定，农民专业合作社成员大会作为合作社的权力机构无论成员人数多少都应该有这个机构。理事长和理事会都是合作社的执行机构，理事长是必须设立的，理事会是选择设立的，理事长和理事会可以同时设立。其他机构如成员代表大会、执行监事或者监事会、经理等因为合作社的规模、经营内容等的不同，由合作社根据需要决定。但设立了监事会不能再设执行监事，设立了执行监事不可同时再设监事会。理事长、理事、执行监事或者监事会成员，由成员大会从本社成员中选举产生，而李某非本合作社成员，所以不能担任合作社的理事。农民专业合作社的理事长、理事、经理和财务会计人员不得兼任监事。因此，丙不能既为监事又为财务负责人。戊作为执行与农民专业合作社业务有关公务的人员，虽然可以加入农民专业合作社，但不得担任理事长、理事、监事、经理或者财务会计人员。

7 农民专业合作社的理事长、理事和管理人员不得有哪些行为？

◎郑某为某合作社理事长，法定代表人。2015 年 10 月 20 日郑某在未召开社员大会或者理事会的情况下，以虚假的产业发展项目购买树苗名义将合作社 30 万元资金转入郑某个人账户，一部分用于自己丈夫生意的周转，一部分用于借给杨某偿还贷款。后郑某被法院以挪用资金罪判处 1 年有期徒刑。合作社的理事长、理事和管理人员不得有哪些行为？

根据《农民专业合作社法》第三十六条的规定，农民专业合作社的理事长、理事和管理人员不得有下列行为：（1）侵占、挪用或者私分本社资产；（2）违反章程规定或者未经成员大会同意，将本社资金借贷给他人或者以本社资产为他人提供担保；（3）接受他人与本社交易的佣金归为己有；（4）从事损害本社经济利益的其他活动。理事长、理事和管理人员违反上述规定所得的收入，应当归本社所有；给本社造成损失的，应当承担赔偿责任。本案中，郑某不但要承担刑事责任，如果给合作社造成损失的，还应承担民事赔偿责任。

8 同一人能否兼任两个农民专业合作社理事长、理事、经理？

◎张某既种粮食又养鱼，是村里有名的能人。他参加了村里的两家农民专业合作社，现在两家合作社都选他当理事长。这种情况法律允许吗？

《农民专业合作社法》第三十七条规定：“农民专业合作社的理事长、理事、经理不得兼任业务性质相同的其他农民专业合作社的理事长、理事、监事、经理。”根据以上规定，如果张某加入的两家农民专业合作社业务性质不相同，是可以的。如果两家合作社业务性质相同，张某虽然可以加入两家合作社，但只能当一家合作社的理事长。

9 农民专业合作社成员出资有何要求？

◎农民甲、乙、丙、丁、戊、己、庚、辛想共同出资设立一个农民专业合作社，其中，甲欲以其出色的管理才能作价出资；乙曾经在银行办理了一张信用卡，银行出具了信用良好的记录，欲以其信用出资；丙以货币出资；丁拥有一项专利技术，以其专利技术作价出资；戊说他也没钱，也没啥技术，以自己劳务出资，在合作社干活，不拿工资；己说以自己的注册商权专用权出资；庚说以他家承包地的经营权作价出资；辛说以他家的农用车出资。关于上述出资人的出资，哪些是合法的?

《农民专业合作社法》第十三条规定:“农民专业合作社成员可以用货币出资，也可以用实物、知识产权、土地经营权、林权等可以用货币估价并可以依法转让的非货币财产，以及章程规定的其他方式作价出资;但是，法律、行政法规规定不得作为出资的财产除外。农民专业合作社成员不得以对该社或者其他成员的债权，充抵出资；不得以缴纳的出资，抵销对该社或者其他成员的债务。”《农民专业合作社登记管理条例》第八条规定，成员不得以劳务、信用、自然人姓名、商誉、特许经营权或者设定担保的财产等作价出资。本案例中，农民甲是以其管理才能出资，属于以劳务出资，乙是以信用出资，丙是以货币出资，丁和己是以知识产权出资，戊是以劳务出资，庚是以土地经营权出资，辛是以实物出资。除了丙、丁、己、庚和辛出资合法外，其他都不符合法律规定。

10 设立农民专业合作社，应当向登记机关提交哪些材料?

◎老王等8位农民想设立一专业合作社，听别人说依法设立的农民专业合作社可以享受政府的税收等优惠政策。但老王不知道登记农民专业合作社需要提交哪些材料。您能帮助老王吗?

根据《农民专业合作社登记管理条例》第十一条的规定，申请设立农民专业合作社，应当由全体设立人指定的代表或者委托的代理人向登记机关提交下列文件:

（1）设立登记申请书;

（2）全体设立人签名、盖章的设立大会纪要;

（3）全体设立人签名、盖章的章程;

（4）法定代表人、理事的任职文件和身份证明;

（5）载明成员的姓名或者名称、出资方式、出资额以及成员出资总额，并经全体出资成员签名、盖章予以确认的出资清单;

（6）载明成员的姓名或者名称、居民身份号码或者登记证书号码和住所的成员名册，以及成员身份证明;

（7）能够证明农民专业合作社对其住所享有使用权的住所使用证明;

（8）全体设立人指定代表或者委托代理人的证明。

农民专业合作社的业务范围有属于法律、行政法规或者国务院规定在登记前须经批准的项目的，应当提交有关批准文件。

11 农民专业合作社应当遵循哪些原则?

◎2013年7月16日，张某与黄某、李某等13人发起设立×××农民专业合作社。张某出资10万元，没有参与合作社的经营管理，仅作为一个投资者承担投资风险与享有投资利润。合作社成立三年，张某不能及时获得合作社的财务报表，无从得知经营情况。从2017年10月起，张某多次提出退社申请，都没有收到任何回复。2018年10月18日，张某向法院起诉要求退出该农民专业合作社。法院认为农民专业合作社应遵循入社自愿、退社自由的原则，判决支持了张某的诉讼请求。农民专业合作社应当遵循哪些原则?

根据《农民专业合作社法》第四条的规定，农民专业合作社应当遵循下列原则：

（1）成员以农民为主体。农民专业合作社的成员中，农民至少应当占成员总数的百分之八十；农民专业合作社因成员发生变更，使农民成员低于法定比例的，应当自事由发生之日起6个月内采取吸收新的农民成员入社等方式使农民成员达到法定比例。

（2）以服务成员为宗旨，谋求全体成员的共同利益。

（3）入社自愿、退社自由。但合作社在人民法院受理破产申请时以及因以下原因解散的，不能办理成员退社手续：章程规定的原因解散；成员大会决议解散；因合并或者分立需要解散；依法被吊销营业执照或者被撤销需要解散。

（4）成员地位平等，实行民主管理。

（5）盈余主要按照成员与农民专业合作社的交易量（额）比例返还。可分配盈余按成员与本社的交易量（额）比例返还的总额不得低于可分配盈余的百分之六十。

12 未登记能否以农民专业合作社名义从事经营?

◎甲、乙等5人合伙在郊区开办了一家养殖场，但一直未办理登记，只是自己起名为“××养殖农民专业合作社”。2019年10月，他们以合作社的名义收下了外省一企业2万元定金后。由于行情变化未能按时交货，被对方诉至法庭。法庭在审理中发现，他们的合作社未登记。法院在判令他们承担违约责任的同时，依法向市场监督管理部门提出司法建议。未登记能否以农民专业合作社名义从事经营？

《农民专业合作社登记管理条例》第三条规定，农民专业合作社经登记机关依法登记，领取农民专业合作社法人营业执照，取得法人资格。未经依法登记，不得以农民专业合作社名义从事经营活动。本案中，该养殖场未依法登记，擅自以农民专业合作社的名义对外营业，该行为违反了《农民专业合作社登记管理条例》的规定。

13 农民专业合作社成员有哪些权利？

◎ 2014 年 9 月，由向某、高某、罗某等人发起组建了某杜仲种植农民专业合作社。2015 年 9 月，杨某以能争取到政府财政资金为由入社，并担任合作社理事长。杨某担任理事长后，把本应属于会计管理的财务账本纳于自己的掌控之中，社员要求查阅，杨某以各种理由推脱。杨某的做法是否违法？

根据《农民专业合作社法》第二十一条的规定，农民专业合作社成员享有以下权利：（1）参加成员大会，并享有表决权、选举权和被选举权，按照章程规定对农民专业合作社实行民主管理；（2）利用农民专业合作社提供的服务和生产经营设施；（3）按照章程规定或者成员大会决议分享盈余；（4）查阅农民专业合作社的章程、成员名册、成员大会或者成员代表大会记录、理事会会议决议、监事会会议决议、财务会计报告和会计账簿；（5）其他权利。农民专业合作社章程在同《农民专业合作社法》不抵触的情况下，还可以结合合作社的实际情况规定成员享有的其他权利。本案中杨某的做法违法，侵犯了社员的财务知情权。

14 农民专业合作社成员的表决权是和出资额成正比的吗？

◎某农民专业合作社有 6 位成员，甲出资 10 万，乙出资 5 万，其他 4 位成员各出资 1 万。该合作社章程没有规定附加表决权。有次合作社就一项经营事项开会商讨，甲和其中 1 位成员同意，乙和其他 3 位成员反对。甲认为，自己出资已经超过合作社总出资的 50%，只要自己同意，该项决议就可以通过。合作社的表决权法律是怎样规定的？

《农民专业合作社法》第二十二条规定：“农民专业合作社成员大会选举和表决，实行一人一票制，成员各享有一票的基本表决权。出资额或者与本社交易量（额）较大的成员按照章程规定，可以享有附加表决权。本社的附加表决权总票数，不得超过本社成员基本表决权总票数的百分之二十。享有附加表决权的成员及其享有的附加表决权数，应当在每次成员大会召开时告知出席会议的全体成员。”可见，合作社的表决权并非与出资额成正比。本案中，该合作社没有附加表决权，只有基本表决权，基本表决权一人一票，尽管甲出资已经超过合作社总出资的百分之五十，但只有一票表决权。

15 农民专业合作社成员承担哪些义务？

◎ 2015年1月28日，陶某与某中药材专业合作社签订《天麻种植合同》约定：“陶某加入该合作社发展天麻产业，出资10万元，由于没劳动力参加种植，对产量高低，大额分红都不参与，合作社每年直接付给陶某2万元利润。”后由于合作社没有按期给陶某支付利润，引发纠纷。本案中陶某与合作社是一种什么法律关系？

根据《农民专业合作社法》第二十三条的规定，合作社成员对合作社承担以下主要义务有：（1）执行成员大会、成员代表大会和理事会的决议等；（2）按照章程规定向本社出资；（3）按照章程规定与本社进行交易；（4）按照章程规定承担亏损；（5）章程规定的其他义务。本案中，陶某与合作社签订的《天麻种植合同》中仅约定陶某投资10万元后按每年2万元收取利润，并无陶某按照章程规定与本社进行交易、按照章程规定承担亏损等义务约定，该《天麻种植合同》规定的权利义务与农民专业合作社成员特征明显不符。故双方之间非合作社与成员的关系，而是一种借贷关系。

16 农民专业合作社成员大会有哪些职权？

◎ 2013年8月，王某等10位村民经依法登记设立了某果业合作社，专业种植水果。2017年5月，王某等人准备对成熟水果进行采摘，骆某阻挠。王某等人经查登记档案，方知合作社法定代表人变更为骆某。王某等人向法院起诉要求法院撤销县市场监督管理局于2019年1月10日对某果业专业合作社的变更登记事项。理由是合作社理事长的选举属于成员大会的职权，骆某并未经成员大会选举。合作社的成员大会有哪些职权？

根据《农民专业合作社法》第二十九条的规定，农民专业合作社成员大会由全体成员组成，是合作社的权力机构，行使下列职权：（1）修改章程；（2）选举和罢免理事长、理事、执行监事或者监事会成员；（3）决定重大财产处置、对外投资、对外担保和生产经营活动中的其他重大事项；（4）批准年度业务报告、盈余分配方案、亏损处理方案；（5）对合并、分立、解散、清算，以及设立、加入联合社等作出决议；（6）决定聘用经营管理人员和专业技术人员的数量、资格和任期；（7）听取理事长或者理事会关于成员变动情况的报告，对成员的入社、除名等作出决议；（8）公积金的提取及使用；（9）章程规定的其他职权。根据《农民专业合作社法》第三十二条的规定，农民专业合作社成员超过一百五十人的，可以按照章程规定设立成员代表大会。成员代表大会按照章程规定可以行使成员大会的部分或者全部职权。本案合作社只有10位成员，不存在设立成员代表大会的情况，选举和罢免理事长（法定代表人）只能由成员大会行使，未经成员大会选举产生的法定代表人，合作社有权要求撤销变更登记。

17 农民专业合作社成员大会召开和表决有什么要求？

◎甲合作社共有成员51人，没有附加表决权。2018年12月1日成员大会在合作社办公楼会议室召开，讨论修改合作社章程。此次会议共有成员40人参加。修改议案得到28票支持，理事长宣布修改决议通过。同意决议的成员在会议记录上签了字，不同意的成员未签字。该次会议的召开存在哪些问题？

《农民专业合作社法》第三十条规定：“农民专业合作社召开成员大会，出席人数应当达到成员总数三分之二以上。成员大会选举或者作出决议，应当由本社成员表决权总数过半数通过；作出修改章程或者合并、分立、解散，以及设立、加入联合社的决议应当由本社成员表决权总数的三分之二以上通过，章程对表决权数有较高规定的，从其规定。”第三十四条规定：“农民专业合作社的成员大会、成员代表大会、理事会、监事会，应当将所议事项的决定做成会议记录，出席会议的成员、成员代表、理事、监事应当在会议记录上签名。”本案中，甲合作社的本次成员大会参会人数为成员总数三分之二以上，但修改合作社章程同意票数没有达到表决权总数51票的三分之二，决议未通过。另外，只有同意决议的成员在会议记录上签字，持反对意见的成员未签字，不合法。

18 哪些情况下应召开临时成员大会？

◎2015年11月，龙泉合作社成立，成员共计5人，分别是任某等4位农民和非农民成员徐某。徐某任合作社理事长和经理。2017年7月8日，任某等4人提议召开合作社临时成员大会，并将提议以快递形式邮寄给了徐某，徐某于7月9日签收，但并未理会。2017年8月3日，任某等4人又召开了合作社成员临时大会，4人一致同意并通过了大会决议：一是免除徐某理事长和经理职务；二是选任某为理事长。2017年8月14日，任某将上述决议快递给徐某。徐某以临时成员大会召集程序违法为由，不承认上述决议的法律效力。该合作社临时成员大会召集程序是否违法？

根据《农民专业合作社法》第三十一条的规定，农民专业合作社成员大会每年至少召开一次，会议的召集由章程规定。有下列情形之一的，应当在二十日内召开临时成员大会：（1）百分之三十以上的成员提议；（2）执行监事或者监事会提议；（3）章程规定的其他情形。龙泉合作社5名成员，4名成员提议召开临时成员大会，所以该合作社的临时成员大会召集程序合法。

19 农民专业合作社成员对合作社的债务承担什么样的责任？

◎张三与李四等8位农民各出资1万元设立了一家农民专业合作社，在对合作社的经营管理过程中，欠甲公司货款10万元。两年后，合作社因经营管理不善而关门歇业，剩余财产价值1万元左右。甲公司能否以张三等人为被告来主张债权？

《农民专业合作社法》第五条规定："农民专业合作社依照本法登记，取得法人资格。农民专业合作社对由成员出资、公积金、国家财政直接补助、他人捐赠以及合法取得的其他资产所形成的财产，享有占有、使用和处分的权利，并以上述财产对债务承担责任。"第六条规定："农民专业合作社成员以其账户内记载的出资额和公积金份额为限对农民专业合作社承担责任。"根据以上规定，农民专业合作社是其债务的责任主体，成员以其账户内记载的出资额和公积金份额为限对合作社承担责任，合作社成员对合作社的债务是一种间接责任，有限责任。因此，甲公司不能以张三与李四等出资人为被告主张债权，只能以合作社为被告主张债权。

20 农民专业合作社能否从事与章程规定无关的活动？

◎某果蔬农民专业合作社核准登记的业务范围是统一组织采购、供应社员种植蔬菜和水果所需的生产资料；统一组织销售社员种植的蔬菜和水果；引进新技术、新品种，开展技术培训、技术交流和咨询服务；提供果蔬产品的贮藏、包装服务。执法人员在检查中发现，该合作社主要业务是向非社员农民销售化肥、农药并从中牟利。该合作社的做法是否合法？

根据《农民专业合作社法》第三条的规定，农民专业合作社以其成员为主要服务对象，开展以下一种或者多种业务：（1）农业生产资料的购买、使用；（2）农产品的生产、销售、加工、运输、贮藏及其他相关服务；（3）农村民间工艺及制品、休闲农业和乡村旅游资源的开发经营等；（4）与农业生产经营有关的技术、信息、设施建设运营等服务。具体到某个农民专业合作社开展哪些业务，由合作社章程在法律允许的范围内确定。《农民专业合作社法》第八条规定："农民专业合作社从事生产经营活动，应当遵守法律，遵守社会公德、商业道德，诚实守信，不得从事与章程规定无关的活动。"因此，该合作社做法不合法。根据《农民专业合作社登记管理条例》，农民专业合作社从事业务范围以外的经营活动的，由登记机关责令改正，情节严重的，吊销营业执照。

21 农民专业合作社如何分配盈余？

◎丰田地瓜种植专业合作社，共有社员32户，股金100万元，其中杜某入股20万元，李某入股20万元，其他30户每户2万元。根据账户记载，2018年该社社员与本社的交易总额为200万元，其中杜某45万元，李某20万元，其余每户均为4.5万元；另据该社账据显示，该社分配前公积金共计90万元，财政补助10万元，他人捐赠6万元，无外债。2018年末，该社实现盈余100万元，按照该社章程规定，盈余公积金的提取比例为10%，按出资比例量化到成员账户。经社员大会通过，可分配盈余的60%按照社员与本社交易额的比例返还给社员，其余部分以成员账户中记载的股金和公积金份额，以及国家财政补助和他人捐赠形成的财产平均量化到社员的份额，按比例分配给社员。2018年的盈余杜某、李某以及其他社员各分多少？

《农民专业合作社法》第四十四条规定："在弥补亏损、提取公积金后的当年盈余，为农民专业合作社的可分配盈余。可分配盈余主要按照成员与本社的交易量（额）比例返还。可分配盈余按成员与本社的交易量（额）比例返还的返还总额不得低于可分配盈余的百分之六十；返还后的剩余部分，以成员账户中记载的出资额和公积金份额，以及本社接受国家财政直接补助和他人捐赠形成的财产平均量化到成员的份额，按比例分配给本社成员。经成员大会或者成员代表大会表决同意，可以将全部或者部分可分配盈余转为对农民专业合作社的出资，并记载在成员账户中。具体分配办法按照章程规定或者经成员大会决议确定。”

根据以上规定，农民专业合作社的盈余分配包括以下几步：第一步，弥补亏损、提取公积金。弥补亏损后如有剩余，按照章程或者成员大会规定提取公积金。农民专业合作社是否提取公积金，由其章程或者成员大会决定，不是强制性的规定。如果还有剩余则是当年的可分配盈余。第二步，按照成员与本社的交易量（额）比例返还。这种返还方式是最主要的方式，合作社法要求可分配盈余按成员与本社的交易量（额）比例返还的总额不得低于可分配盈余的百分之六十。第三步，返还后的剩余部分以成员账户中记载的出资额和公积金份额，以及本社接受国家财政直接补助和他人捐赠形成的财产平均量化到成员的份额，按比例分配给本社成员。

上述案例具体分配如下：

（1）按照章程规定的比例提取公积金：100×10%=10（万元）

（2）按成员大会通过的分配方案，将可分配盈余的60%按成员与本社交易额比例返还给社员。

以此种方式返还的总额为：（100－10）×60%=54（万元）

按照成员交易额比例对成员进行返还：

杜某：54×45/200=12.15（万元）

李某：54×20/200=5.4（万元）

其他30户共：54×4.5×30/200=36.45（万元）

（3）剩余盈余按出资额、公积金份额、国家财政补助和他人捐赠形成的财产平均量化到成员的份额，按比例分配给成员。

可分配剩余盈余为：100－10－（12.15+5.4+36.45）=36（万元）

每个社员的公积金份额为：公积金总额为分配前的累计90万元，加上本次按照10%比例提取的公积金10万元，共计100万元。合作社章程规定公积金按成员出资比例量化到成员账户，则每个社员的公积金份额为：

杜某：100×20/100=20（万元）

李某：100×20/100=20（万元）

其他30户共：100×（2×30）/100=60（万元）

国家财政补助和他人捐赠形成的财产平均量化到成员的份额：

（10+6）/32=0.5（万元）

其他30户共15万元。

社员剩余盈余分配的比例为：

杜某：（20+20+0.5）/（100+100+16）×100%=18.75%

李某：（20+20+0.5）/（100+100+16）×100%=18.75%

其他30户共：（60+60+15）/（100+100+16）×100%=62.5%

社员的可分配剩余盈余为：

杜某：36×18.75%=6.75（万元）

李某：36×18.75%=6.75（万元）

其他30户共：36×62.5%=22.5（万元）

（4）每个社员分到的最终盈余总额为：

杜某：12.15+6.75=18.9（万元）

李某：5.4+6.75=12.15（万元）

其他30户每户为：（36.45+22.5）/30=1.965（万元）

22 农民专业合作社成员的除名有何程序要求？

◎ 2016年6月，王某等8人成立了农民专业合作社。合作社理事顾某私自将合作社的物资转让给了他人。合作社通过诉讼要回了物资。诉讼结束后，合作社召开了理事会，经过理事会一致决定对顾某进行除名。顾某想为自己辩解，但理事会认为铁证如山，拒绝给顾某辩解机会。合作社对顾某除名程序合法吗？

《农民专业合作社法》第二十六条规定：“合作社成员不遵守农民专业合作社的章程、成员大会或者成员代表大会的决议，或者严重危害其他成员及农民专业合作社利益的，可以予以除名。成员的除名，应当经成员大会或者成员代表大会表决通过。在实施前款规定时，应当为该成员提供陈述意见的机会。被除名成员的成员资格自会计年度终了时终止。”根据以上规定，除名合作社成员必须召开成员大会或者成员代表大会，经成员大会或者成员代表大会表决通过才可以，理事会、监事会、理事长等无权决定除名合作社成员。另外，除名前拒绝给顾某陈述意见的机会程序上也不合法。

23 农民专业合作社成员退社时间有何规定？

◎ 2013年，马某、杨某、李某、张某及博远公司发起设立博远尚德合作社。经营项目为种植蔬菜、水果，养殖家禽。2018年1月博远公司因业务调整和经营需要，决定撤出农业等相关领域投资，合作社章程对成员退社申请的时间没有作出专门规定。博远公司如果想在 2019 年之前终止成员资格，应当在什么时间提出退社申请？

《农民专业合作社法》第二十五条："农民专业合作社成员要求退社的，应当在会计年度终了的三个月前向理事长或者理事会提出书面申请；其中，企业、事业单位或者社会组织成员退社，应当在会计年度终了的六个月前提出；章程另有规定的，从其规定。"博远公司如果要在 2019 年之前终止成员资格，应当于 2018 年 6 月 30 日之前（包括当天）提出退社申请，如果逾期未提出的，只能到下一个会计年度终了时才能终止成员资格。

24 什么情况下不能办理成员退社手续？

◎ 2013 年 8 月 27 日，唐某等 5 人注册成立宏达葡萄种植专业合作社。合作社章程在第四十条规定了合作社的解散事由，其中事由之一就是本社成员人数少于 5 人。2018 年唐某提出退社申请，合作社回复不能办理退社手续。合作社的回复合法吗？

《农民专业合作社法》第五十一条规定："农民专业合作社因本法第四十八条第一款的原因解散，或者人民法院受理破产申请时，不能办理成员退社手续。"第四十八条第一款规定："农民专业合作社因下列原因解散：（一）章程规定的解散事由出现；（二）成员大会决议解散；（三）因合并或者分立需要解散；（四）依法被吊销营业执照或者被撤销。"本案中，唐某要求退社，进而合作社成员不足 5 人，章程规定的解散事由发生。此种情况下法律不允许办理成员退社手续。根据《农民专业合作社法》第四十八条第二款规定，此种情况应当在解散事由出现之日起十五日内由成员大会推举成员组成清算组，开始解散清算。逾期不能组成清算组的，唐某可以向人民法院申请指定成员组成清算组进行清算。人民法院应当受理该申请，并及时指定成员组成清算组进行清算。故合作社不能办理退社手续的回复合法。

25 不同情况成员资格终止时间一样吗？

◎甲、乙、丙、丁、戊均为某农民专业合作社的成员。甲在 2015 年 6 月 1 日提出退社申请。乙在 2016 年 6 月 5 日因车祸死亡。丙在 2014 年 2 月外出后杳无音讯，其妻子于 2020 年 3 月 5 日向法院申请宣告其死亡，法院在 2021 年 4 月 2 日宣告丙死亡。丁 2015 年 1 月受刺激后行为怪异，2015 年 2 月重伤他人，2016 年 1 月 20 日被法院终审宣告不负刑事责任。戊 2018 年 9

月 8 日被合作社除名。以上合作社成员资格分别终止于什么时间?

根据《农民专业合作社法》第二十五条"退社成员的成员资格自会计年度终了时终止"的规定和《会计法》第十一条"会计年度自公历 1 月 1 日起至 12 月 31 日止"的规定,甲资格终止于 2015 年 12 月 31 日。乙系自然死亡,其死亡的 2016 年 6 月 5 日就是其资格终止之日。丙系宣告死亡,《民法典》四十八条规定:"被宣告死亡的人,人民法院宣告死亡的判决作出之日视为其死亡的日期;因意外事件下落不明宣告死亡的,意外事件发生之日视为其死亡的日期。"丙并非意外事件下落不明而被宣告死亡,因此,法院宣告其死亡之日 2021 年 4 月 2 日就是其资格终止之日。丁系丧失行为能力,自法院宣告其不负刑事责任之日起资格终止。戊系被除名,根据《农民专业合作社法》第二十六条"被除名成员的成员资格自会计年度终了时终止"的规定,戊资格终止于 2018 年 12 月 31 日。

26 农民专业合作社如何处理其与退社成员的财产关系?

◎某养殖专业合作社成立于 2011 年,有 20 个成员。2014 年合作社有 3 位成员要求退社,合作社成立之初所有成员都与合作社签有为期 5 年的养殖产品交给合作社销售的合同。这 3 位退社成员想知道这些合同还是否需要履行。另外,退社前的债务自己要不要分摊?

根据《农民专业合作社法》第二十七条的规定,成员在其资格终止前与农民专业合作社已订立的合同,合作社和退社成员双方均应当继续履行。农民专业合作社章程另有规定的,或者退社成员与本社另有约定的除外。为保障资格终止成员的合法权益,《农民专业合作社法》第二十八条规定,成员资格终止的,农民专业合作社应当按照章程规定的方式和期限,退还记载在该成员账户内的出资额和公积金份额;对成员资格终止前的可分配盈余,依照本法第四十四条的规定向其返还。同时为了保障仍然留在合作社中的成员的权益,第二十八条还规定,资格终止的成员应当按照章程规定分摊资格终止前本社的亏损及债务。本案中,如果合作社章程对合同履行有规定的,从其规定;没有规定的,合作社也可以和退社成员协商确定,如不能协商或协商不成,双方均应当继承履行合同。至于 3 位成员资格终止前的合作社债务,3 位成员当然有义务分摊。

27 国家财政补助量化的财产份额是否属于合作社成员?

◎王某等 10 人 2010 年 3 月 29 日设立鲜切花合作社。2018 年 4 月 7 日,政府给该合作社30万元扶持资金。2020年7月王某因与合作社理事长发生矛盾无法调和提出退社申请，要求合作社返还自己账户中的出资额和公积金份额以及国家财政直接补助量化到自己的份额。王某的哪些要求合法？

根据《农民专业合作社法》第二十八条的规定，成员资格终止的，农民专业合作社应当按照章程规定的方式和期限，退还记载在该成员账户内的出资额和公积金份额。国家财政补助是国家为农民专业合作社发展，提高合作社的服务水平和竞争力，使成员通过合作社获得更多收入，让成员充分分享合作社利益而发放的，而不是补助合作社的某个成员。根据《农民专业合作社法》的规定，国家财政直接补助形成的财产不能分配给成员。平均量化到每个成员的国家财政直接补助形成的财产份额，只是作为合作社盈余分配的依据，合作社成员对这部分财产没有所有权。成员在中途退社时不能带走这部分资金形成的财产。在合作社解散、破产清算时，由国家财政直接补助形成的财产，亦不得作为可分配剩余资产分配给成员。财政部和农业农村部制定的《农民专业合作社解散、破产清算时接受国家财政直接补助形成的财产处置暂行办法》规定，农民专业合作社解散、破产清算时，在清偿债务后如有剩余财产，剩余财产中国家财政直接补助形成的财产，应当优先划转至原农民专业合作社所在地的其他农民专业合作社，也可划转至原农民专业合作社所在地的村集体经济组织或者代行村集体经济组织职能的村民委员会。因农业结构调整、生态环境保护等原因导致农民专业合作社解散、破产清算的，剩余财产中国家财政直接补助形成的财产，应当优先划转至原农民专业合作社成员新建农民专业合作社，促进转产转业。因此，王某要求退还其账户内的出资额和公积金份额合法，要求分割国家财政补助金不合法。

28 成员退社后，农民的比例低于80%的，如何处理？

◎某农民专业合作社有10个成员，后来相继有农民退社，导致农民的比例低于成员总数的80%。理事长听说一定期限内不改变这种情况，合作社的营业执照可能会被吊销，是这样吗？

如果情节严重，会被吊销营业执照。《农民专业合作社法》规定，农民专业合作社的成员中，农民至少应当占成员总数的80%。根据《农民专业合作社登记管理条例》的规定，农民专业合作社因成员发生变更，使农民成员低于法定比例的，应当自事由发生之日起6个月内采取吸收新的农民成员入社等方式使农民成员达到法定比例。如果满6个月没有使农民成员达到法定比例的，由登记机关责令改正，情节严重的，吊销营业执照。

29 国家对农民专业合作社有哪些扶持政策？

◎2019年2月19日，中央农办、农业农村部、市场监管总局、发展改革委、财政部、水利部、税务总局、银保监会、林草局、供销合作总社、国务院扶贫办等部门联合印发了《开展农民专业合作社“空壳社”专项清理工作方案》的通知，要求各地开展农民专业合作社“空壳社”专项清理工作。“空壳社”形成的主要原因之一是一些主体为了套取国家项目资金、获得税收优惠等。国家对农民专业合作社有哪些扶持政策呢？

根据《农民专业合作社法》及农业农村部、财政部、国家税务总局的相关政策，国家对农民专业合作社有以下扶持政策：

（1）产业政策倾斜。国家支持发展农业和农村经济的建设项目，可以委托和安排有条件的有关农民专业合作社实施。

（2）财政扶持。中央和地方财政应当分别安排资金，支持农民专业合作社开展信息、培训、农产品标准与认证、农业生产基础设施建设、市场营销和技术推广等服务。国家对革命老区、民族地区、边疆地区和贫困地区的农民专业合作社给予优先扶助。

（3）金融支持。国家政策性金融机构应当采取多种形式，为农民专业合作社提供多渠道的资金支持，具体支持政策由国务院规定。国家鼓励商业性金融机构采取多种形式，为农民专业合作社及其成员提供金融服务。国家鼓励保险机构为农民专业合作社提供多种形式的农业保险服务，鼓励农民专业合作社依法开展互助保险。

（4）税收优惠。对农民专业合作社销售本社成员生产的农业产品，视同农业生产者销售自产农业产品，免征增值税。增值税一般纳税人从农民专业合作社购进的免税农业产品，可按13%的扣除率计算抵扣增值税进项税额。对农民专业合作社向本社成员销售的农膜、种子、种苗、化肥、农药、农机，免征增值税。对农民专业合作社与本社成员签订的农业产品和农业生产资料购销合同，免征印花税。农民专业合作社从事灌溉、农产品初加工、兽医、农技推广、农机作业和维修等农、林、牧、渔服务业项目，免征企业所得税。

（5）用电价格及用地支持。农民专业合作社从事农产品初加工用电执行农业生产用电价格，农民专业合作社生产性配套辅助设施用地按农用地管理。

30 法律对农民专业合作社联社有何规定？

◎某县盛产中药材，各个乡镇都有若干个中药材种植专业合作社。但是单个的合作社种植品种单一，种植土地有限，应对瞬息万变的市场有很大压力，很难迅速做出反应。某农民企业家就想组建中药材种植合作社联社，这样就可以使种植面积成倍扩大，合作社联社可以依据市场进行统一管理，能够更灵活地安排中草药种植的品种和数量，有效节约生产成本，提高合作社应对市场风险的能力，也可以大幅提高合作社的经济利润。法律对合作社联社有何规定？

《农民专业合作社法》对合作社联社有以下专门规定：

（1）三个以上的农民专业合作社在自愿的基础上设立，应当有自己的名称、组织机构和住所，由联合社全体成员制定并承认的章程，以及符合章程规定的成员出资。

（2）农民专业合作社联合社依照《农民专业合作社法》登记，取得法人资格，领取营业执照，登记类型为农民专业合作社联合社。

（3）农民专业合作社联合社以其全部财产对该社的债务承担责任；农民专业合作社联合社的成员以其出资额为限对农民专业合作社联合社承担责任。

（4）农民专业合作社联合社应当设立由全体成员参加的成员大会，其职权包括修改农民专业合作社联合社章程，选举和罢免农民专业合作社联合社理事长、理事和监事，决定农民专业合作社联合社的经营方案及盈余分配，决定对外投资和担保方案等重大事项。农民专业合作社联合社不设成员代表大会，可以根据需要设立理事会、监事会或者执行监事。理事长、理事应当由成员社选派的人员担任。

（5）农民专业合作社联合社的成员大会选举和表决，实行一社一票。

（6）农民专业合作社联合社可分配盈余的分配办法，按照《农民专业合作社法》规定的原则由农民专业合作社联合社章程规定。

（7）农民专业合作社联合社成员退社，应当在会计年度终了的六个月前以书面形式向理事会提出。退社成员的成员资格自会计年度终了时终止。

（8）以上没有涉及的，适用《农民专业合作社法》关于农民专业合作社的规定。

31 农民专业合作社解散的法定事由有哪些?

◎ 2013 年 5 月 22 日，某合作社成立，法定代表人为黄某，合作社其他成员为蒋某、甘某、何某甲、何某乙。该合作社成员的股份总共六股，甘某持有 1 股，何某甲持有 1 股，何某乙持有 1.5 股，黄某持有 1.5 股，蒋某持有 1 股，没有附加表决权。2018 年 9 月 1 日合作社 3 人召开成员大会，一致决议解散合作社。农民专业合作社解散的法定事由有哪些？该解散决议是否有效？

根据《农民专业合作社法》第四十八条第一款的规定，农民专业合作社解散有四种原因：

（1）章程规定的解散事由出现。章程规定的解散事由出现，如果此时不想解散，可以通过修改章程的办法，使合作社继续存续，但这种情况应当办理变更登记。

（2）成员大会决议解散。成员大会作出解散合作社的决议应当由本社成员表决权总数的三分之二以上通过，章程对表决权数有较高规定的，从其规定。

（3）因合并或者分立需要解散。合作社的合并、分立应由成员大会做出决议，须由本社成员表决权总数的三分之二以上通过，章程对表决权数有较高规定的，从其规定。

（4）依法被吊销营业执照或者被撤销。

本案中的合作社没有附加表决权，只有基本表决权，基本表决权一人一票，和持股多少无关。虽然，何某甲、何某乙、甘某决议解散合作社，但表决票没有达到本社成员表决权总数的三分之二以上。因此，该解散决议无效。

32 农民专业合作社解散，清算组如何产生?

◎ 2005 年 12 月 26 日，毛某等 5 人共同成立一农民专业合作社。2018 年 8 月底该合作社经成员大会决议终止。终止后没有及时成立清算组对合作社经营期间的债权债务、剩余资产、盈余利润等事项进行清算，该合作社登记也未注销。2019 年 4 月 12 日，合作社委托某会计师事务所对合作社经营期间的账目进行审计清算。该合作社清算组产生是否合法?

根据《农民专业合作社法》第四十八条规定，合作社因章程规定的解散事由出现、因成员大会决议解散、因合作社依法被吊销营业执照或者被撤销等三种原因解散的，应当在解散事由出现之日起十五日内由成员大会推举成员组成清算组，开始解散清算。逾期不能组成清算组的，成员、债权人可以向人民法院申请指定成员组成清算组进行清算。人民法院应当受理该申请，并及时指定成员组成清算组进行清算。根据以上规定，合作社成员大会决议原因解散，清算组只能由合作社成员构成，产生方式是由成员大会推举产生；解散事由出现之日起十五日内，成员大会不能推举成员组成清算组的，只能由法院指定。本案中，2018 年 8 月底成员大会决议解散合作社，2018 年 9 月 15 日以后只能由法院指定成员组成清算组，而不能由合作社委托其他主体进行清算。

33 清算组成员因过错给债权人造成损失的，是否应当承担赔偿责任?

◎某农民种植专业合作社成立于 2011 年。2018 年 8 月 10 日经成员大会决议解散合作社，成员大会推举张某等 5 位发起人组成清算组。清算组在 2018 年 9 月 15 日刊登注销合作社公告，同日提交了清算报告和申请书申请注销，向工商部门提交的注销清算报告中载明“无债权的清收和债务的清偿”。2018 年 9 月 25 合作社被注销。2018 年 10 月 20 日，王某向法院起诉张某等清算人，以未接到申报债权通知为由，要求张某等人偿还合作社拖欠的货款 10 万元。如果王某所诉属实，张某等人是否应当对王某的损失承担责任?

《农民专业合作社法》第五十条规定：“清算组应当自成立之日起十日内通知农民专业合作社成员和债权人，并于六十日内在报纸上公告。债权人应当自接到通知之日起三十日内，未接到通知的自公告之日起四十五日内，向清算组申报债权。如果在规定期间内全部成员、债权人均已收到通知，免除清算组的公告义务。债权人申报债权，应当说明债权的有关事项，并提供证明材料。清算组应当对债权进行审查、登记。在申报债权期间，清算组不得对债权人进行清偿。”第五十四条规定：“清算组成员应当忠于职守，依法履行清算义务，因故意或者重大过失给农民专业合作社成员及债权人造成损失的，应当承担赔偿责任。”本案中清算组未通知债权人王某，而公告至合作社被注销不满四十五日，清算组成员存在重大过错，给王某造成损失，应当承担赔偿责任。

34 农民专业合作社被注销后，清算组能否代表合作社参与诉讼？

◎众望养殖合作社2011年6月7日依法成立。2018年3月3日，为加强当地生态环境保护，镇政府与众望养殖合作社协商达成协议：众望养殖合作社在2018年7月31日前自行将存栏畜禽处置完毕，并拆除畜禽养殖圈舍，镇政府给予众望养殖合作社一次性补偿200万元。协议签订后众望养殖合作社成立清算组进行清算，把合作社资产包括协议中的补偿款分配结算至成员名下。2018年8月10日众望养殖合作社被注销。后因镇政府部分补偿资金没到位，2018年10月，众望养殖专业合作社清算组向法院起诉镇政府。法院以原告不具备诉讼主体资格予以驳回，为什么？

根据《农民专业合作社法》第四十九条“清算组自成立之日起接管农民专业合作社，负责处理与清算有关未了结业务，清理财产和债权、债务，分配清偿债务后的剩余财产，代表农民专业合作社参与诉讼、仲裁或者其他法律程序，并在清算结束时办理注销登记。”的规定，在农民专业合作社清算期间，清算组作为诉讼代表人，代表农民专业合作社参与诉讼；在清算结束，办理农民专业合作社注销登记后，清算组也因完成清算不再执行与清算有关的业务，包括代表农民专业合作社参与诉讼。本案中，众望养殖合作社于2018年8月10日进行了注销登记，故众望养殖合作社不再具有诉讼主体资格，其清算组也不能代表众望养殖合作社参与诉讼。清算时合作社有关的资产包括镇政府给众望养殖合作社补偿款分配结算至各成员名下，有权提起诉讼的应当是原众望养殖合作社各成员。

35 什么情况下农民专业合作社会被撤销登记或吊销营业执照？

◎ 2015年1月20日，李某牵头成立了某农民专业合作社。该合作社的成员名册和成员出资清单将王某登记在名册上，以货币500元为出资额，并将成员名册报送登记机构登记注册。王某的企业在2018年11月24日向银行贷款时，被银行征信系统查出为失信被执行人，由此王某才知道自己被注册到某合作社成员中。2018年12月，王某向工商部门提出申请，请求撤销该合作社的登记。

根据《农民专业合作社法》及《农民专业合作社登记管理条例》的规定，农民专业合作社向登记机关提供虚假登记材料或者采取其他欺诈手段取得登记的，情节严重的，撤销登记。农民专业合作社有下列行为之一的，吊销营业执照：（1）农民专业合作社连续两年未从事经营活动的；（2）登记事项发生变更，未申请变更登记的，情节严重的；（3）因成员发生变更，使农民成员低于法定比例满 6 个月的，情节严重的；（4）从事业务范围以外的经营活动的，情节严重；（5）变造、出租、出借、转让营业执照的，情节严重的。本案中，该合作社通过提供虚假登记材料取得登记，情节严重，应当予以撤销登记。

第五章

婚姻、家庭与继承

1 什么是事实婚姻？

◎林某与肖某 1999 年认识，林某为了与肖某在一起与妻子离婚，年幼的孩子由林某的父母照管。林某的父母对肖某这种破坏他人家庭的行为很反感，威胁林某胆敢与肖某结婚就死给他看。为了照顾父母情绪，林某与肖某没有结婚，但在外地悄悄同居。2021 年，林某因意外事故去世，留下大量遗产。林某的父母认为肖某没有继承权，但肖某认为自己和林某一起生活二十几年，是事实婚姻，有权以配偶的身份继承林某的遗产。什么是事实婚姻？

所谓事实婚姻，是指男女双方未经结婚登记，便以夫妻名义共同生活，群众也认为其是夫妻的两性结合。事实婚姻具有以下几个特征：（1）双方应无配偶；（2）当事人具有婚姻的目的；（3）双方公开以夫妻名义共同生活，为周围的群众所公认；（4）未履行结婚登记手续。根据《最高人民法院关于适用〈中华人民共和国民法典〉婚姻家庭编的解释（一）》第七条的规定，未依据民法典第一千零四十九条规定办理结婚登记而以夫妻名义共同生活的男女，如果在 1994 年 2 月 1 日民政部《婚姻登记管理条例》公布实施以前，男女双方已经符合结婚实质要件的，按事实婚姻处理。如果在 1994 年 2 月 1 日民政部《婚姻登记管理条例》公布实施以后，男女双方符合结婚实质要件的，未补办结婚登记的，按同居关系处理。尽管 1994 年 2 月 1 日民政部《婚姻登记管理条例》公布实施以后，男女双方符合结婚实质要件的，未补办结婚登记的，在民事方面不再承认其为事实婚姻，但有配偶而与他人形成事实婚姻或明知他人有配偶而与其形成事实婚姻，即使没有进行结婚登记，仍然可以认定为重婚。本案中，林某和肖某的同居行为发生在 1994 年 2 月 1 日以后，又未补办结婚登记，应按同居关系处理。因此，肖某只能请求依法分割二人同居期间的财产，但不能继承属于林某的那一部分遗产。

2 什么是无效婚姻，哪些情形会导致婚姻无效？

◎杨某与邱某于 1990 年登记结婚，育有一子。1998 年，二人因感情不和分开，但未办理离婚手续。2004 年，邱某又与陈某登记结婚。2021 年，邱某死亡，留下大量遗产，杨某与陈某均以配偶的身份要求继承遗产。杨某认为陈某与邱某之间虽然也办理了结婚登记，但属于无效婚姻，自己才是邱某唯一的合法配偶。陈某与邱某之间的婚姻是否有效？

无效婚姻是因欠缺婚姻的成立条件，不具有法律效力的婚姻。根据《民法典》第一千零五十一条的规定，有下列情形之一的，婚姻无效：（1）重婚；（2）有禁止结婚的亲属关系；（3）未达到法定婚龄。婚姻无效仅限于以上三种情形，根据《最高人民法院关于适用〈中华人民共和国民法典〉婚姻家庭编的解释（一）》第十七条的规定，当事人如果以上述三种情形以外的情形请求确认婚姻无效的，人民法院应当判决驳回当事人的诉讼请求。本案中，邱某在没有解除原合法婚姻的情况下，再次登记结婚，系重婚，其与陈某的婚姻因重婚而无效，陈某无权以配偶身份继承邱某的遗产。

3 哪些情形会构成重婚？

◎ 2004 年 7 月，刘某与朱某在江苏登记结婚。2011 年 3 月起，刘某在未离婚的情况下与陈某在上海以夫妻名义共同生活，并孕育了一个孩子。朱某知道后向法院提起自诉，请求追究刘某的重婚罪。刘某辩称，自己与陈某并未登记，不构成重婚。刘某的行为是否构成重婚？

重婚是指当事人有两个或两个以上的婚姻关系。尽管我国民事法律对 1994 年 2 月 1 日以后未登记却以夫妻名义共同生活的不再按事实婚姻对待，但在刑事法律上，事实婚姻是可以构成重婚的。重婚分为五种情形：（1）与配偶登记结婚，因与他人又登记结婚而重婚，即两个法律婚的重婚；（2）与原配偶登记结婚，与他人没有登记却以夫妻名义共同生活而重婚，此为先法律婚后事实婚重婚；（3）与配偶和他人都未登记结婚，但与配偶和他人曾先后或同时以夫妻名义同居而重婚，此即两个事实婚的重婚；（4）与原配偶未登记却以夫妻名义共同生活，后又与他人登记结婚而重婚，此即先事实婚后法律婚重婚；（5）没有配偶，但明知对方有配偶而与其登记结婚或未登记却以夫妻名义共同生活而重婚。本案中的刘某属于第二种情形，因此，刘某的行为构成重婚。

4 哪些亲属关系禁止结婚？

◎易某与陈某于 2016 年 2 月经双方长辈说合同居生活，2017 年生育一子，易某的奶奶与陈某的奶奶属同胞姐妹。因给孩子办户口需要结婚证，易某与陈某打算办理结婚登记。但邻居告诉他们说，他们有血缘关系可能无法办理结婚登记。易某与陈某的亲属关系是否影响二人的结婚登记？

《民法典》第一千零四十八条规定：“直系血亲或者三代以内的旁系血亲禁止结婚。”直系血亲是指与自己有直接血缘关系的亲属，即生育自己和自己生育的上下各代亲属，包括父母与子女之间，祖父母、外祖父母与孙子女、外孙子女之间。旁系血亲是指与自己有间接血缘关系的亲属，即除直系血亲以外，在血缘上与自己出于同源的亲属，如自己的同胞兄弟姐妹、堂兄弟姐妹、叔、伯、姑、舅、姨等。三代以内旁系血亲是指从自己算起往上数三代的血亲，包括：同源于父母的兄弟姐妹（含同父异母、同母异父的兄弟姐妹）；同源于祖父母的堂兄弟姐妹或姑表兄弟姐妹；同源于外祖父母的姨表或舅表兄弟姐妹；不同辈的叔、伯、姑、舅、姨与侄（侄女）、甥（甥女）。本案中的两个人属于四代旁系血亲，是可以结婚的。

5 哪些主体可以提起婚姻无效之诉？

1995年9月21日，李某的母亲去世。2001年12月28日，李某的父亲李某某与周某登记结婚。2021年李某某去世，李某与周某发生继承纠纷。李某了解得知：周某原来的丈夫是朱某，双方结婚几十年，育有多名子女。周某与李某某登记结婚时，其丈夫朱某依然健在。周某隐瞒了其丈夫健在的事实，以其丧偶为由，骗取了民政部门的结婚登记。李某认为，周某与父亲之间的婚姻因重婚而无效，周某无权享受李某某配偶的待遇。为此，李某诉至法院，请求判决周某与父亲的婚姻无效。周某认为李某不是婚姻关系的当事人，无权主张自己的婚姻无效。李某是否有权主张周某与父亲的婚姻无效？

《最高人民法院关于适用〈中华人民共和国民法典〉婚姻家庭编的解释（一）》第九条规定，有权依据民法典第一千零五十一条规定向人民法院就已办理结婚登记的婚姻请求确认婚姻无效的主体，包括婚姻当事人及利害关系人。其中，利害关系人包括：（1）以重婚为由的，为当事人的近亲属及基层组织；（2）以未到法定婚龄为由的，为未到法定婚龄者的近亲属；（3）以有禁止结婚的亲属关系为由的，为当事人的近亲属。《最高人民法院关于适用〈中华人民共和国民法典〉婚姻家庭编的解释（一）》第十四条规定，夫妻一方或者双方死亡后，生存一方或者利害关系人依据民法典第一千零五十一条的规定请求确认婚姻无效的，人民法院应当受理。根据以上规定，李某作为李某某的近亲属有权主张周某与李某某的婚姻无效。

6 起诉时法定的无效情形已经消失，婚姻还会被判无效吗？

王某与李某2015年6月通过虚假的证明材料办理了结婚登记，当时李某只有19岁。二人婚后一直未生育，后经医院检查确认李某无法生育。王某想离婚，李某坚决不同意。王某为了尽快结束婚姻，于2021年3月以结婚登记时李某未达到法定婚龄为由，请求法院宣告二人的婚姻无效。王某的诉求能否得到法院的支持？

《民法典》第一千零四十七条规定："结婚年龄，男不得早于二十二周岁，女不得早于二十周岁。" 未达到法定婚龄是法定的婚姻无效情形之一，虽然李某结婚登记时未到法定婚龄，但《最高人民法院关于适用〈中华人民共和国民法典〉婚姻家庭编的解释（一）》第十条规定："当事人依据民法典第一千零五十一条规定向人民法院请求确认婚姻无效，法定的无效婚姻情形在提起诉讼时已经消失的，人民法院不予支持。"本案中，王某起诉时李某已经达到法定婚龄，婚姻无效的情形已经消失，法院不会支持王某婚姻无效的诉求。在李某不同意离婚的情况下，王某想结束婚姻，只能提起离婚之诉。

7 一方婚前患有重大疾病未告知对方，是否影响婚姻的效力？

◎小强和小丽从小青梅竹马，高中毕业后小强考上了大学，小丽落榜外出打工。小强家庭条件不好，大学期间的生活费主要靠小丽提供，二人打算2021年结婚。2020年，小丽发现自己感染上了肺结核，在犹豫要不要把自己生病的事情告知小强。如果小丽婚前不告知小强，会不会影响二人婚姻的效力？

《民法典》第一千零五十三条规定："一方患有重大疾病的，应当在结婚登记前如实告知另一方；不如实告知的，另一方可以向人民法院请求撤销婚姻。请求撤销婚姻的，应当自知道或者应当知道撤销事由之日起一年内提出。"《婚姻法》曾将患有医学上禁止结婚的疾病规定为无效婚姻。《民法典》取消了禁止结婚的疾病条件，并将疾病婚纳入可撤销婚姻的范围，尊重男女双方的婚姻自由。本案中，如果小丽结婚前未告知小强自己患病情况，小强知道后自主决定是否撤销婚姻。如果小强要撤销婚姻，必须在知道或应当知道小丽患病之日起一年内提出。

8 被胁迫结婚，婚姻效力如何？

◎米某提出和张某结婚，张某予以拒绝。米某向张某发出两份电子邮件，第一份邮件正文为："今天跟你说的话好好考虑一下吧，如果不跟我结婚我就把这些艳照发到网上去"，附件是两张张某的不雅照片。第二份邮件正文为："还有，我还会把这些相片发给你朋友，跟他们说你结过婚的"，附件为米某通过电脑合成的张某与他人的结婚照。张某被迫与米某登记结婚。张某和米某的婚姻效力如何？

《民法典》第一千零四十六条规定："结婚应当男女双方完全自愿，禁止任何一方对另一方加以强迫，禁止任何组织或者个人加以干涉。"第一千零五十二条第一款规定："因胁迫结婚的，受胁迫的一方可以向人民法院请求撤销婚姻。"本案中，张某因胁迫结婚，可以请求法院撤销婚姻。如果张某不申请撤销婚姻，或者未在法定期限提出撤销申请的，该婚姻有效。

9 被胁迫结婚的，请求撤销婚姻的时效是多久？

◎尉某与荆某经人介绍相识，经过一段时间了解后，荆某开始追求尉某，并要求与尉某登记结婚。尉某不同意，荆某就对尉某无理纠缠，并频频打电话、发微信威胁尉某，扬言如果不与其结婚，就要伤害尉某及其家人。在荆某威胁下，双方于2019年3月2日办理了结婚登记。婚后一年，荆某因车祸瘫痪，荆某瘫痪后尉某向法院起诉离婚，法院考虑到荆某的身体状况判决不准离婚。朋友告诉尉某，她当初是被胁迫结婚的，如果受胁迫的证据还在，就可以向法院申请撤销婚姻。尉某结婚快两年了，还能否申请撤销婚姻？

《民法典》第一千零五十二条规定："因胁迫结婚的，受胁迫的一方可以向人民法院请求撤销婚姻。请求撤销婚姻的，应当自胁迫行为终止之日起一年内提出。被非法限制人身自由的当事人请求撤销婚姻的，应当自恢复人身自由之日起一年内提出。"《婚姻法》曾规定胁迫婚姻的撤销请求应当自结婚登记之日起一年内提出。《民法典》为更好地保护受胁迫方的权益，把受胁迫的一方撤销婚姻的请求时间延长至"胁迫行为终止之日起一年内"。根据《民法典》第一千零五十四条的规定，被撤销的婚姻自始没有法律约束力，当事人不具有夫妻的权利和义务。婚姻被撤销的，无过错方有权请求损害赔偿。本案中，虽然尉某结婚已经快两年了，但只要从荆某终止胁迫之日起没超过一年，就可以向法院请求撤销婚姻。被撤销的婚姻自始没有法律约束力，尉某不但不用承担照顾荆某的义务，还可以要求荆某进行损害赔偿。

10 哪些财产属于夫妻一方的财产？

◎沈某在下班途中遭遇交通事故，造成右腿截肢。肇事方一次性赔偿给沈某26万元，由于沈某行走不便，这笔钱被丈夫李某领走。随后李某提出离婚，沈某虽然心中难过，但同意离婚。在财产分割问题上，李某主张26万元伤害赔偿款一人一半。他认为这笔钱是二人婚姻关系存续期间所得钱款，属于夫妻共同财产，理当分给自己一半。李某有没有权利分割这笔赔偿金？

根据《民法典》第一千零六十三条的规定，下列财产为夫妻一方的个人财产：（1）一方的婚前财产；（2）一方因受到人身损害获得的赔偿或者补偿；（3）遗嘱或者赠与合同中确定只归一方的财产；（4）一方专用的生活用品；（5）其他应当归一方的财产。本案中的钱款属于沈某因人身损害获得的赔偿，是沈某一方的个人财产，不是夫妻共同财产，李某无权分割。

11 哪些财产属于夫妻共同财产？

◎刘某与冯某是再婚夫妻，2000 年 7 月登记结婚的。2006 年二人购买了一套房屋，因为所有的买房手续是冯某去办理的，产权证上的权属人登记为冯某。买房后没几年刘某就查出癌症，辞职在家疗养。基于自己身体状况，刘某要求冯某在房屋产权证上加自己的姓名。冯某担心房子会落到刘某和前妻生的儿子手里，不同意。婚内购买，但只有一方名字的房产是否属于夫妻共同财产？

根据《民法典》第一千零六十二条的规定，夫妻在婚姻关系存续期间所得的下列财产，为夫妻的共同财产，归夫妻共同所有：（1）工资、奖金、劳务报酬；（2）生产、经营、投资的收益；（3）知识产权的收益；（4）继承或者受赠的财产，但是遗嘱或者赠与合同中确定只归一方的财产除外；（5）其他应当归共同所有的财产。《最高人民法院关于适用〈中华人民共和国民法典〉婚姻家庭编的解释（一）》第二十五条规定，婚姻关系存续期间，下列财产属于民法典第一千零六十二条规定的“其他应当归共同所有的财产”：（1）一方以个人财产投资取得的收益；（2）男女双方实际取得或者应当取得的住房补贴、住房公积金；（3）男女双方实际取得或者应当取得的基本养老金、破产安置补偿费。本案中的房产是二人在婚姻关系存续期间共同购置，如果夫妻双方对婚内财产归属没有书面约定，即使房产证上只有冯某一人的名字，仍然属于夫妻共同财产。

12 婚前财产会变成夫妻共同财产吗？

◎小明的舅舅是一家加工厂的老板，年底要结婚。舅舅的邻居是一位退休很多年的国家干部，他告诉小明的舅舅，婚前财产最好去公证一下，要不然结婚满八年就成为夫妻共同财产。邻居的说法是否正确？

1993 年公布的《最高人民法院关于人民法院审理离婚案件处理财产分割问题的若干具体意见》第六条确实曾规定，一方婚前个人所有的财产，婚后由双方共同使用、经营、管理的，房屋和其他价值较大的生产资料经过八年，贵重的生活资料经过四年，可视为夫妻共同财产。2001 年 12 月 27 日，《最高人民法院关于适用〈中华人民共和国婚姻法〉若干问题的解释（一）》开始实施，《最高人民法院关于人民法院审理离婚案件处理财产分割问题的若干具体意见》第六条因与《最高人民法院关于适用〈中华人民共和国婚姻法〉若干问题的解释（一）》第十九条的内容相抵触而实际失效。2021 年 1 月 1 日，《最高人民法院关于人民法院审理离婚案件处理财产分割问题的若干具体意见》被最高法院明文废止。同日实施的《最高人民法院关于适用〈中华人民共和国民法典〉婚姻家庭编的解释（一）》第三十一条规定，民法典第一千零六十三条规定为夫妻一方的个人财产，不因婚姻关系的延续而转化为夫妻共同财产。但当事人另有约定的除外。《民法典》第一千零六十五条规定，男女双方可以约定婚姻关系存续期间所得的财产以及婚前财产归各自所有、共同所有或者部分各自所有、部分共同所有。约定应当采用书面形式。本案中，如果小明舅舅和舅妈没有书面约定婚前财产归夫妻共同所有的话，小明舅舅的婚前财产婚后仍属于个人财产，不会因为婚姻持续年限变为夫妻共同财产。因此，邻居的说法不正确。

13 夫妻财产约定有何要求?

◎小娟是一个生活非常节俭的人，而丈夫阿勇花钱大手大脚，夫妻经常为消费问题发生矛盾。二人口头约定，等孩子考上大学就去离婚，离婚前各人管各人的工资，家庭消费 AA 制。2020 年 7 月，孩子终于考上了大学，小娟要求协议离婚，阿勇总是以各种理由拖延。2021 年 3 月小娟向法院起诉离婚。庭审中阿勇同意离婚，但要求分割小娟账户里的 80 000 多元存款。小娟说该存款是她个人财产，因为双方曾有约定，阿勇否认约定的存在。因为小娟对自己的说法拿不出任何证据证明，法院最终判决该存款属于夫妻共同财产。

根据《民法典》第一千零六十五条第一款的规定，夫妻财产约定应当采用书面形式。夫妻没有约定或者约定不明确的，适用《民法典》第一千零六十二条、第一千零六十三条关于夫妻法定财产制的规定。本案中，小娟和阿勇婚内财产约定没有以书面形式进行，阿勇否认，小娟又拿不出任何证据证明。由于是婚姻存续期间所得的财产，法院只能判决为夫妻共同财产。

14 一方婚前财产的婚后收益属于个人财产还是夫妻共同财产?

◎ 小张婚前花了 40 万买了一套 80 平方米的房子，婚后又和妻子小李共同买了一套房子，小张婚前的那套就出租给他人，每年有 4 万的租金。后夫妻二人因生活琐事不断争吵，感情破裂，准备协议离婚。双方对其他财产分割没有争议，唯独关于小张婚前那套 80 平方米房屋婚后租金和增值归属发生争议。小张认为房子既然属于自己婚前个人财产，那么关于房子所有收益也都归自己。小李认为，房子虽然属于小张的婚前个人财产，但租金是在婚姻关系存续期间取得的，属于夫妻共同财产；另外，这套房子目前市值 100 多万，增值产生于婚后，也属于夫妻共同财产。他们谁的主张合法？

《最高人民法院关于适用〈中华人民共和国民法典〉婚姻家庭编的解释（一）》第二十六条规定：“夫妻一方个人财产在婚后产生的收益，除孳息和自然增值外，应认定为夫妻共同财产。”本案中，租金属于婚姻关系存续期间的经营性收入，房屋的增值属于自然增值，如果夫妻双方没有书面约定归属的话，租金属于夫妻共同财产，房屋增值部分属于小张个人财产。

15 判断是个人债务还是夫妻共同债务的标准是什么？

◎ 2020 年 4 月 2 日，韩某向来某出具借条一份，确认因贩卖茶叶缺乏资金向来某借款 40 万元，并承诺半年后归还。然而韩某并未按期归还借款，韩某与杜某系夫妻关系，韩某自 2017 年离家，不尽家庭义务，来某找不着韩某，以夫妻共同债务为由向法院起诉杜某，要求杜某还债。该笔债务是夫妻共同债务还是韩某个人债务？

《民法典》第一千零六十四条规定：“夫妻双方共同签名或者夫妻一方事后追认等共同意思表示所负的债务，以及夫妻一方在婚姻关系存续期间以个人名义为家庭日常生活需要所负的债务，属于夫妻共同债务。夫妻一方在婚姻关系存续期间以个人名义超出家庭日常生活需要所负的债务，不属于夫妻共同债务；但是，债权人能够证明该债务用于夫妻共同生活、共同生产经营或者基于夫妻双方共同意思表示的除外。”本案中，借条是韩某一人所签，韩某在借款之前就离家，不尽家庭义务，因此借款并非用于家庭日常生活所需。如果来某要杜某偿还债务，应当就借款系用于夫妻共同生活、共同生产经营或者基于夫妻双方共同意思表示承担举证责任。

16 哪些情况法院应当准予离婚？

◎赵某与陈某 2000 年登记结婚，婚后生育一女已成年独立生活。赵某与陈某因性格不合，经常为生活琐事争吵，争吵中陈某多次对赵某实施家暴，公安机关对陈某的行为曾予以治安拘留，但其屡教不改。赵某决定起诉离婚，陈某不愿意离婚，承诺以后绝不对赵某实施家暴，但赵某对陈某已经绝望，坚持要离婚。法院是否应当判决离婚？

根据《民法典》第一千零七十九条的规定，人民法院审理离婚案件有下列情形之一，调解无效的，应当准予离婚：（1）重婚或者与他人同居；（2）实施家庭暴力或者虐待、遗弃家庭成员；（3）有赌博、吸毒等恶习屡教不改；（4）因感情不和分居满二年；（5）其他导致夫妻感情破裂的情形。一方被宣告失踪，另一方提起离婚诉讼的，应当准予离婚。经人民法院判决不准离婚后，双方又分居满一年，一方再次提起离婚诉讼的，应当准予离婚。本案中，陈某对赵某实施家庭暴力，法院在调解无效的情况下，应当准予离婚。

17 协议离婚需具备什么条件？

◎朱某与王某系夫妻关系，婚内生育一女。婚姻关系存续期间，朱某患上了精神分裂症，虽经多次治疗，但未能治愈。2019 年 11 月，王某带着朱某到婚姻登记部门填写了离婚登记申请书，双方订立了离婚协议书，取得了离婚证。朱某的父母知道后以朱某离婚时不具备完全民事行为能力为由，代朱某提起诉讼，请求撤销朱某与王某的离婚登记。协议离婚需要具备什么条件？

离婚分为协议离婚与诉讼离婚两种方式，协议离婚是男女双方通过共同到婚姻登记机关办理离婚登记手续而离婚的离婚方式。根据《民法典》及《婚姻登记条例》的规定，协议离婚必须符合以下几个条件：（1）男女双方是合法登记的夫妻，未办理结婚登记的事实婚姻不适用协议离婚方式；（2）夫妻双方必须具备完全民事行为能力；（3）双方确系自愿离婚；（4）已经对子女抚养、财产以及债务处理等事项协商一致；（5）双方亲自到婚姻登记机关申请离婚登记。本案中，朱某不具备完全民事行为能力，不符合协议离婚的条件，离婚登记应当予以撤销。

18 什么是离婚冷静期？

◎王某与张某由于家庭矛盾导致夫妻关系紧张。王某想离婚，但张某以为了孩子有个完整的家为由不同意，王某就找亲朋好友做张某的思想工作，张某终于答应了。王某怕张某反悔，担心夜长梦多，赶紧拉着张某去民政局办理离婚登记。但民政局并未当天给他们颁发离婚证，为什么？

《民法典》规定了离婚冷静期，该法第一千零七十七条规定：“自婚姻登记机关收到离婚登记申请之日起三十日内，任何一方不愿意离婚的，可以向婚姻登记机关撤回离婚登记申请。前款规定期限届满后三十日内，双方应当亲自到婚姻登记机关申请发给离婚证；未申请的，视为撤回离婚登记申请。”离婚冷静期是法律强制要求双方对离婚再思考的期限，只适用于协议离婚，不适用于诉讼离婚。

19 男方在哪些情形下不得提出离婚?

◎李某与王某系夫妻，二人2017年11月生了一对双胞胎。3年后妻子李某又怀孕了，王某觉着经济负担太重，建议妻子打掉胎儿，妻子不同意。王某说如果不打掉就离婚，李某说就是离婚也要把孩子生出来。王某能否在妻子怀孕期间提出离婚?

《民法典》第一千零八十二条规定：“女方在怀孕期间、分娩后一年内或者终止妊娠后六个月内，男方不得提出离婚；但是，女方提出离婚或者人民法院认为确有必要受理男方离婚请求的除外。”上述怀孕期间不包括女方与他人发生性关系而导致的怀孕；分娩后一年之内，只要女方有分娩的事实，无论婴儿是否活着出生，也不论出生后是否死亡；终止妊娠包括自然终止妊娠和人工终止妊娠。本案中，李某尚处于怀孕期间，王某是不能提出离婚的，除非法院认为确有必要受理王某的离婚请求外，但本案中并没有体现出确有必要的特殊情况。

20 现役军人的配偶要求离婚，应当征得军人同意吗?

◎胡某系现役军人，一直在外地服役。妻子李某承担了所有家务，并且还要照顾生病的婆婆和年幼的孩子，负担很重。李某多次要求胡某尽快转业，但按照部队的规定，转业不太可能。胡家的邻居王某经常给予李某帮助，在与王某的多次接触中，李某的感情渐渐发生了转移，要求与胡某离婚。胡某不同意，李某能否离婚?

《民法典》第一千零八十一条规定：“现役军人的配偶要求离婚，应当征得军人同意，但是军人一方有重大过错的除外。”《最高人民法院关于适用〈中华人民共和国法典〉婚姻家庭编的解释（一）》规定，“军人一方有重大过错”主要指有以下情形：重婚或者与他人同居的，实施家庭暴力或虐待、遗弃家庭成员的，有赌博、吸毒等恶习屡教不改的，有其他重大过错导致夫妻感情破裂的情形。本案中，胡某作为现役军人，在没有重大过错的情况下，其不同意离婚，李某是不能离婚的。

21 什么情况下，婚姻中的无过错一方可以请求损害赔偿？

◎李某与朱某原系夫妻关系，李某在国外务工。朱某于 2018 年 1 月起与余某同居，导致夫妻感情破裂。2021 年，李某向法院起诉要求离婚，并要求朱某支付其 5 万元损害赔偿。哪些情况下，婚姻中的无过错方可以请求损害赔偿？

根据《民法典》第一千零九十一条规定，有下列情形之一，导致离婚的，无过错方有权请求损害赔偿：（1）重婚；（2）与他人同居；（3）实施家庭暴力；（4）虐待、遗弃家庭成员；（5）有其他重大过错。《最高人民法院关于适用〈中华人民共和国民法典〉婚姻家庭编的解释（一）》规定，夫妻双方均有民法典第一千零九十一条规定的过错情形，一方或者双方向对方提出离婚损害赔偿请求的，人民法院不予支持。另外，《民法典》第一千零五十四条第二款规定："婚姻无效或者被撤销的，无过错方有权请求损害赔偿。"本案中，由于朱某在婚姻关系存续期间与余某同居，导致夫妻感情破裂离婚，作为无过错一方的李某可以向朱某主张损害赔偿。

22 离婚损害赔偿应当在什么时候提起？

◎田某与桓某于 2000 年 12 月 30 日登记结婚，双方未生育子女。在田某与桓某婚姻关系存续期间，桓某结识张某，后与其同居并生下一女。田某曾于 2018 年 6 月 29 日诉至法院要求和桓某离婚，后撤回对桓某的离婚诉讼请求。桓某也曾于 2020 年 5 月 4 日诉至法院要求与田某离婚，法院于 2020 年 6 月 18 日判决驳回桓某的离婚诉讼请求。2021 年，桓某再次起诉田某要求离婚，在该案审理中田某未到庭也未发表答辩意见，法院判决田某与桓某离婚，双方均未上诉，判决已生效。判决生效后，田某向法院起诉要求桓某进行离婚损害赔偿，理由是桓某在婚姻存续期间，有配偶而与他人同居并生育子女，是造成夫妻感情破裂的原因。桓某认为离婚损害赔偿应当在离婚时提起，离婚以后不能提起。离婚损害赔偿应当在什么时候提起？

根据《最高人民法院关于适用〈中华人民共和国民法典〉婚姻家庭编的解释（一）》第八十八条的规定，人民法院受理离婚案件时，应当将《民法典》第一千零九十一条等规定中当事人的有关权利义务，书面告知当事人。在适用《民法典》第一千零九十一条时，应当区分以下不同情况：（1）符合《民法典》第一千零九十一条规定的无过错方作为原告基于该条规定向人民法院提起损害赔偿请求的，必须在离婚诉讼的同时提出；（2）符合《民法典》第一千零九十一条规定的无过错方作为被告的离婚诉讼案件，如果被告不同意离婚也不基于该条规定提起损害赔偿请求的，可以就此单独提起诉讼；（3）无过错方作为被告的离婚诉讼案件，一审时被告未基于《民法典》第一千零九十一条规定提出损害赔偿请求，二审期间提出的，人民法院应当进行调解；调解不成的，告知当事人另行起诉。双方当事人同意由第二审人民法院一并审理的，第二审人民法院可以一并裁判。本案中作为离婚诉讼被告方的田某，属于无过错方，在离婚案件中未到庭且未发表答辩意见，离婚后可以就婚姻期间的损害赔偿单独提起诉讼。

23 由第三者介入导致离婚的，无过错方能否向第三者主张损害赔偿？

◎施甲在外务工，施甲的妻子与邻居施乙长期保持不正当关系。施甲得知后向法院起诉离婚，并以施乙多次诱骗妻子与其保持不正当性关系使自己精神遭受损害为由，要求施乙赔偿其精神损失费 5 万元。施甲的诉讼请求有无法律依据？

《最高人民法院关于适用〈中华人民共和国民法典〉婚姻家庭编的解释（一）》第八十七条规定，承担《民法典》第一千零九十一条规定的损害赔偿责任的主体，为离婚诉讼当事人中无过错方的配偶。因此，施甲针对施乙提出的损害赔偿请求无法律依据。

24 事实婚姻是否需要离婚？

◎胡某和杜某经人介绍相识，1990 年初，已达到法定婚龄的二人依本地风俗举行结婚仪式并共同生活，生有 2 个子女。胡某猜疑心重，长期怀疑杜某有外遇，二人从 2015 年起分开居住。2017 年，杜某打算和丁某结婚，朋友告诫杜某，说他和胡某是事实婚姻，得先离婚然后才可以再婚。杜某认为，自己和胡某根本没有办理结婚登记，因此不需要离婚。事实婚姻需要办理离婚手续吗？

本案中的二人以夫妻名义同居时间发生在 1994 年 2 月 1 日之前，同居时符合结婚要件，可认定为事实婚姻。受法律认可的事实婚姻，结束夫妻关系是需要办理离婚手续的。离婚有协议离婚和诉讼离婚两种方式，事实婚姻是不能通过协议离婚的方式离婚的，只能通过诉讼的方式离婚。

25 离婚未成年子女抚养权归属应考虑哪些因素？

◎ 2010 年，杨某与朱某登记结婚。2019 年起二人开始分居，除为孩子的事偶有联系外，形同陌路。分居两年后朱某起诉离婚，要求女儿小涵（9 岁）的抚养权归自己。杨某认为女儿小涵从出生一直生活在茂名，适应了茂名的环境，如由女方抚养，将会被带回辽阳居住生活，南北生活环境的改变将给女儿造成严重的不适应，影响其健康成长。而且自己工作稳定，收入较高，具备较好的抚养女儿的经济能力。朱某认为女儿逐渐长大，与母亲一起生活更方便。小涵的抚养权法院该怎么判？

根据《民法典》第一千零八十四条和《最高人民法院关于适用〈中华人民共和国民法典〉婚姻家庭编的解释（一）》第四十四条至四十八条的规定，男女双方离婚后，未成年子女抚养权归属根据子女年龄段的不同分三种情况：

不满两周岁的子女，以由母亲直接抚养为原则，但母亲有下列情形之一，父亲请求直接抚养的，人民法院应予支持：（1）患有久治不愈的传染性疾病或者其他严重疾病，子女不宜与其共同生活；（2）有抚养条件不尽抚养义务，而父亲要求子女随其生活；（3）因其他原因，子女确不宜随母亲生活。如果父母双方协议不满两周岁子女由父亲直接抚养，并对子女健康成长无不利影响的，人民法院应予支持。

已满两周岁的子女，父母双方对抚养问题协议不成的，由人民法院根据双方的具体情况，按照最有利于未成年子女的原则判决。父母均要求直接抚养，一方有下列情形之一的，可予优先考虑：（1）已做绝育手术或者因其他原因丧失生育能力；（2）子女随其生活时间较长，改变生活环境对子女健康成长明显不利；（3）无其他子女，而另一方有其他子女；（4）子女随其生活，对子女成长有利，而另一方患有久治不愈的传染性疾病或者其他严重疾病，或者有其他不利于子女身心健康的情形，不宜与子女共同生活。父母抚养子女的条件基本相同，双方均要求直接抚养子女，但子女单独随祖父母或者外祖父母共同生活多年，且祖父母或者外祖父母要求并且有能力帮助子女照顾孙子女或者外孙子女的，可以作为父或者母直接抚养子女的优先条件予以考虑。在有利于保护子女利益的前提下，父母双方协议轮流直接抚养子女的，人民法院应予支持。

子女已满八周岁的，应当尊重其真实意愿。本案中的小涵已经 9 岁，应当尊重小涵的真实意愿。

26 离婚子女抚养费的数额有标准吗？

◎桑某、李某 2017 年 8 月结婚，2019 年 7 月 28 日生育一女。2021 年 3 月双方因感情问题协商离婚，女儿抚养权归桑某。桑某认为女儿尚小，自己带孩子就无法工作，要求李某每月支付 4 000 元的抚养费。李某认为在当地抚养一个小孩每月 2 000 元足够。离婚子女抚养费的数额有无标准？

《最高人民法院关于适用〈中华人民共和国民法典〉婚姻家庭编的解释（一）》第四十九条规定：“抚养费的数额，可以根据子女的实际需要、父母双方的负担能力和当地的实际生活水平确定。有固定收入的，抚养费一般可以按其月总收入的百分之二十至三十的比例给付。负担两个以上子女抚养费的，比例可以适当提高，但一般不得超过月总收入的百分之五十。无固定收入的，抚养费的数额可以依据当年总收入或者同行业平均收入，参照上述比例确定。有特殊情况的，可以适当提高或者降低上述比例。”

27 物价上涨，抚养子女的一方能否要求另一方增加抚养费？

◎徐某与张某经法院调解达成离婚调解协议。调解书载明二人的婚生女明明由张某抚养，徐某自离婚当月起每月支付 1 000 元生活费，直至明明能独立生活为止。离婚 5 年后，张某以物价上涨为由要求徐某把生活费追加到 2 000 元，徐某不同意，坚持按照调解协议确定的标准执行。于是，张某代明明向法院起诉。双方协议或者法院判决确定的子女抚养费是否可以变更？

《最高人民法院关于适用〈中华人民共和国民法典〉婚姻家庭编的解释（一）》第五十八条规定，具有下列情形之一，子女要求有负担能力的父或者母增加抚养费的，人民法院应予支持：（1）原定抚养费数额不足以维持当地实际生活水平；（2）因子女患病、上学，实际需要已超过原定数额；（3）有其他正当理由应当增加。本案中，如果确因物价上涨等原因导致原定的抚养费数额不足以满足子女实际生活需要的，子女是可以要求增加的。至于增加多少，由双方协商，协商不成的，可由法院结合子女需要和徐某的给付能力判决。

28 什么才算不能独立生活的成年子女？

◎张某、王某于 1999 年登记结婚，2000 年生育女儿张某某。2010 年二人协议离婚，张某某由王某抚养，张某按每月 1 000 元标准支付张某某自 2010 年 5 月起至其 18 周岁时止的抚养费。2018 年 6 月张某某年满 18 周岁，同年 9 月张某某进入大学就读，张某认为张某某已经成年，自己已经再婚，妻子刚怀孕，无力再支付张某某的抚养费。张某某认为虽然自己已成年，但由于在上学，属于不能独立生活的成年子女，张某应继续支付抚养费直到自己大学毕业。张某是否有义务继续支付张某某抚养费？

《民法典》第一千零六十七条规定，父母不履行抚养义务的，未成年子女或者不能独立生活的成年子女，有要求父母给付抚养费的权利。《最高人民法院关于适用〈中华人民共和国民法典〉婚姻家庭编的解释（一）》第四十一条规定，尚在校接受高中及其以下学历教育，或者丧失、部分丧失劳动能力等非因主观原因而无法维持正常生活的成年子女，可以认定为民法典第一千零六十七条规定的“不能独立生活的成年子女”。根据上述规定，对于尚在校就读的大专及以上学历的成年子女，如果不是因丧失或部分丧失劳动能力等非主观原因导致不能正常生活，父母即使有支付能力，已不再负有继续抚养的义务。本案中，张某没有义务继续支付张某某抚养费。

29 对家庭付出义务较多的一方离婚时可否要求另一方给予补偿？

◎赖某与司某婚后生育一儿一女。婚后第三年赖某被单位派到外地工作，对家里照顾很少。此后的十多年，司某独自挑起家庭重担，一面工作，一面照顾老人和孩子。十多年的分居生活使夫妻感情淡漠，孩子们上大学后，司某决定离婚，赖某同意。司某认为自己对家庭付出的义务多，如果平分财产不公平，要求赖某进行家务补偿，赖某拒绝。离婚时，尽家庭义务多的一方可否向对方主张经济补偿？

《民法典》第一千零八十八条规定：“夫妻一方因抚育子女、照料老年人、协助另一方工作等负担较多义务的，离婚时有权向另一方请求补偿，另一方应当给予补偿。具体办法由双方协议；协议不成的，由人民法院判决。”原《婚姻法》对一方因抚育子女、照料老人、协助另一方工作等付出较多义务的，离婚时请求另一方补偿的条件是“夫妻书面约定婚姻关系存续期间所得的财产归各自所有”，《民法典》取消了这一限制条件。也就是说无论婚后财产归各自所有还是共同所有，在家庭中负担较多义务的一方离婚时就有补偿请求权，另一方有义务补偿。本案中，司某负担了较多的家庭义务，既然要求赖某补偿，赖某就应当补偿。

30 不离婚的情况下，可以请求法院分割夫妻共同财产吗？

◎黄某结婚多年一直在家照看孩子、料理家务，家里的经济来源主要靠丈夫。2019 年黄某的母亲患重病，黄某想为母亲治病，但家里的存款一直都由丈夫保管，黄某的丈夫拒绝出钱给岳母看病。黄某认为尽管钱是丈夫一人挣的，但自己也为家庭做出了贡献，有权处分家里的财产。于是向丈夫提出分割财产的要求，丈夫不同意，黄某向法院起诉请求依法分割夫妻共同财产。在不离婚的情况下，可否请求法院分割夫妻共同财产？

在婚姻关系未解除前，夫妻一方请求分割共同财产的，人民法院一般不予支持。但存在《民法典》第一千零六十六条规定的以下情形之一的，夫妻一方可以向人民法院请求分割共同财产：（1）一方有隐藏、转移、变卖、毁损、挥霍夫妻共同财产或者伪造夫妻共同债务等严重损害夫妻共同财产利益的行为；（2）一方负有法定扶养义务的人患重大疾病需要医治，另一方不同意支付相关医疗费用。根据以上法律规定，黄某可以在不离婚的情况下请求法院分割夫妻共同财产。

31 婚前父母为双方购置房屋出资，离婚时房产如何分割？

◎ 2016 年武某和女友张某打算在武汉买房结婚，由于二人工作时间不长，积蓄不多，武某的父母就给了 50 万元。2017 年 10 月 10 日，武某和张某登记结婚。后双方因为是否生孩子问题产生矛盾，2021 年 1 月武某起诉离婚。张某认为离婚可以，但要平分财产。武某认为分割房屋时必须扣除自己父母的那 50 万元。张某认为当初武某父母并没有说是借款给二人，因此应当属于赠与。武某认为当初二人并未结婚，即使是赠与也是赠给自己的。张某能否分割该 50 万？

《最高人民法院关于适用〈中华人民共和国民法典〉婚姻家庭编的解释（一）》第二十九条第一款规定：“当事人结婚前，父母为双方购置房屋出资的，该出资应当认定为对自己子女个人的赠与，但父母明确表示赠与双方的除外。”本案中，如果张某拿不出证据证明武某父母明确表示赠与双方，则该出资视为对武某个人的赠与，张某无权分割。

32 婚后父母为双方购置房屋出资，离婚时如何分割？

◎ 2017 年刘某夫妇打算在工作单位附近买一套房，刘某的父母资助了他们 70 万，占整个房产价值的三分之一。2021 年刘某夫妻感情破裂离婚，在分割房产时，刘某认为房产中属于父母出资的三分之一妻子不能分割，而刘某妻子则认为，当时刘某父母给的70万是对夫妻二人的赠与，自己有权分得该房屋的二分之一。该房屋如何分割？

《最高人民法院关于适用〈中华人民共和国民法典〉婚姻家庭编的解释（一）》第二十九条第二款规定，当事人结婚后，父母为双方购置房屋出资的，依照约定处理；没有约定或者约定不明确的，按照《民法典》第一千零六十二条第一款第四项规定的原则处理。《民法典》第一千零六十二条第一款规定，夫妻在婚姻关系存续期间所得的下列财产，为夫妻的共同财产，归夫妻共同所有，其中第四项规定，继承或者受赠的财产，除非赠与合同中确定只赠给一方。本案中，刘某父母出资的70万元如有约定，按照约定处理。约定内容可以为：归自己子女个人所有，或子女与配偶共同共有，或双方按份共有等，如果没有约定或约定不明，归刘某夫妻共同共有，刘某妻子有权获得其二分之一。

33 什么情况下要求返还彩礼会得到法院的支持？

◎王某与吴某2020年12月份登记结婚，结婚仅十余天，吴某便离家出走，拒不回王家。王某在多次恳求无果的情况下起诉与其离婚，并要求吴家返还10万元的彩礼。吴某同意离婚但不同意返还彩礼。法院审理查明：王某身患残疾，父亲年迈多病，家中仅靠种地生活，没有其他经济来源，为了结婚，家中已经举债。吴家是否应当返还王某彩礼？

根据《最高人民法院关于适用〈中华人民共和国民法典〉婚姻家庭编的解释（一）》第五条的规定，当事人请求返还按照习俗给付的彩礼的，如果查明属于以下情形，人民法院应当予以支持：（1）双方未办理结婚登记手续；（2）双方办理结婚登记手续但确未共同生活；（3）婚前给付并导致给付人生活困难。适用后两种情况应当以双方离婚为条件。本案中的吴某结婚十余天就离家出走，二人共同生活的时间短，而且王某为了结婚已经举债，家庭生活困难，如果双方离婚，吴某应返还一部分彩礼。

34 孩子姓氏是否可以随心所欲？

◎吕某、张某夫妇共同决定给女儿取名“北雁云依”，“北雁”为姓，“云依”为名，该姓氏系自创姓氏。2009年2月，吕某前往派出所为女儿申请办理户口登记，结果被派出所驳回。公民能否想姓什么就姓什么？

根据《民法典》第一千零一十五条的规定，自然人应当随父姓或者母姓，但是有下列情形之一的，可以在父姓和母姓之外选取姓氏：（1）选取其他直系长辈血亲的姓氏；（2）因由法定扶养人以外的人扶养而选取扶养人姓氏；（3）有不违背公序良俗的其他正当理由。少数民族自然人的姓氏可以遵从本民族的文化传统和风俗习惯。本案中，吕某用“北雁”这个自创姓氏给女儿登记户口、注册身份会不利于社会的有效管理，是违背公序的。因为，相对严格的姓氏制度便于行政机关和其他社会成员对姓氏使用人的主要社会关系进行初步判断，有利于提高社会管理的效率，反之，则在一定程度上会增加社会管理的风险性和不确定性。除开派出所户口登记，每一个公民的姓名权还是得到了充分保障，比如，你可以给自己起笔名、艺名、网名，只要不侵害他人权益，法律不会干涉。

35 未成年人的监护人有顺序吗？

◎李某与王某 2015 年离婚，他们 5 岁的女儿小萱在父母离婚后一直随父亲王某及奶奶共同生活。2020 年，王某遭遇车祸去世，肇事方赔偿 60 万，其中包括赔给小萱的 20 万。王某去世后，李某以小萱监护人的身份向小萱的奶奶主张赔偿金和小萱的抚养权。小萱的奶奶以李某与王某离婚时双方约定小萱的抚养权归王某为由坚决不答应。本案中，谁是小萱的监护人？

根据《民法典》第二十七条的规定，未成年人的父母是未成年人的监护人。当未成年人的父母死亡或者失去监护能力时，其他有监护能力的人按照法律规定的顺序担任监护人。其中第一顺序是祖父母和外祖父母，第二顺序是兄、姐，第三顺序是其他愿意担任监护人的个人或者组织，但是须经未成年人住所地的居民委员会、村民委员会或者民政部门同意。父母是未成年子女的法定监护人，父母离婚后无论子女归哪方抚养，父母双方都是子女的监护人，在父母死亡或者失去监护能力的情况下，其他人才可以当监护人。本案中，小萱的父亲死亡，在小萱的母亲具有监护能力的情况下，奶奶不是小萱的监护人，小萱的母亲作为小萱的监护人有权主张赔偿金和抚养权。

36 特殊成年人的监护人顺序是什么？

◎梁某系精神病人，一日在路上行走时被车撞伤，梁某的儿子小车以母亲法定代理人的身份向法院起诉肇事者。法院受理后查明：梁某的丈夫老车，55 岁，身体健康，精神正常，具有监护能力。法院以小车不具法定代理人身份驳回其起诉。为什么小车不是母亲的法定代理人？

根据《民法典》第二十八条的规定，无民事行为能力或者限制民事行为能力的成年人的监护人应该具备两个条件：其一，具备监护能力；其二，符合监护人的顺序要求。第一顺序是配偶，第二顺序是父母、子女，第三顺序是除第一、二顺序以外的其他近亲属。第四顺序是其他愿意担任监护人的个人或者有关组织，但该顺序的监护人须经被监护人住所地的居民委员会、村民委员会或者民政部门同意。本案中，梁某的配偶老车是梁某的第一顺序监护人，在其具备监护能力的情况下，小车不能当然是母亲的监护人，除非双方协议确定小车是监护人或小车被有关机构指定为监护人。《民法典》第二十三条规定："无民事行为能力人、限制民事行为能力人的监护人是其法定代理人。"因此，梁某的法定代理人应当是老车而不是小车，小车无权以母亲法定代理人的身份起诉。

37 监护人确定有争议，如何解决？

◎张某离异后精神受到强烈刺激而患上了精神病，属于限制民事行为能力人。她的父母均已过世，两个未成年子女由前夫抚养。张某的单位给张某办理了病退，每月有病退工资。尽管如此，张某的弟弟、妹妹们都以有困难为由相互推脱，不愿意承担张某的监护责任。张某的监护人如何确定？

张某作为限制民事行为能力的成年人，在没有配偶、父母，子女尚未成年的情况下，理应由其具有监护能力的弟弟、妹妹做监护人。《民法典》第三十条规定："依法具有监护资格的人之间可以协议确定监护人。协议确定监护人应当尊重被监护人的真实意愿。"第三十一条第一款规定："对监护人的确定有争议的，由被监护人住所地的居民委员会、村民委员会或者民政部门指定监护人，有关当事人对指定不服的，可以向人民法院申请指定监护人；有关当事人也可以直接向人民法院申请指定监护人。居民委员会、村民委员会、民政部门或者人民法院应当尊重被监护人的真实意愿，按照最有利于被监护人的原则在依法具有监护资格的人中指定监护人。"本案中，可由张某住所地的居民委员会（村民委员会）或者民政部门在尊重张某真实意愿的前提下，按照最有利于张某的原则在其弟弟、妹妹中指定监护人，当事人对指定不服的，可以向法院申请重新指定，也可以由有关当事人直接申请法院指定。

38 紧急情况下，监护人暂时无法履行监护职责，谁有义务为被监护人提供必要的临时照料？

◎ 2020 年 1 月，在武汉打工的鄢某带着两个儿子回到老家过年，鄢某在

3天后出现发热症状。因为怀疑被感染新冠病毒，鄢某和小儿子被送到集中定点收治场所，其17岁的大儿子独自在家。鄢某的大儿子患有脑瘫，鄢某被隔离6天后，鄢某的大儿子莫名在家中死亡。

2020年5月28日通过的《民法典》针对上述疫情防控过程中暴露的问题，提出了针对性举措。该法第三十四条第五款规定："因发生突发事件等紧急情况，监护人暂时无法履行监护职责，被监护人的生活处于无人照料状态的，被监护人住所地的居民委员会、村民委员会或者民政部门应当为被监护人安排必要的临时生活照料措施。"从而明确了在紧急情况，监护人暂时无法履行监护职责时，为被监护人安排必要临时生活照料措施的义务主体是被监护人住所地的居民委员会、村民委员会和民政部门。

39 在什么情况下可以撤销监护人资格？

◎林某多次使用菜刀割伤9岁儿子小龙的后背、双臂，用火钳鞭打小龙的双腿，并经常让小龙挨饿。当地镇政府、村委会干部及派出所民警多次对林某进行批评教育，但林某拒不悔改。村民委员会以林某长期对小龙的虐待已严重影响小龙的身心健康为由，请求法院依法撤销林某对小龙的监护人资格。法院经审理，依法撤销了林某的监护人资格，并指定该村民委员会担任小龙的监护人。监护人有哪些情形，可以撤销其监护人资格？

根据《民法典》第三十六条第一款的规定，监护人有下列情形之一的，人民法院根据有关个人或者组织的申请，撤销其监护人资格，安排必要的临时监护措施，并按照最有利于被监护人的原则依法指定监护人：（1）实施严重损害被监护人身心健康的行为；（2）怠于履行监护职责，或者无法履行监护职责且拒绝将监护职责部分或者全部委托给他人，导致被监护人处于危困状态；（3）实施严重侵害被监护人合法权益的其他行为。本案中，林某作为小龙的监护人，实施了严重损害小龙身心健康的行为，人民法院基于村民委员会的申请撤销其监护人资格合情合法。《民法典》第三十七条规定："依法负担被监护人抚养费、赡养费、扶养费的父母、子女、配偶等，被人民法院撤销监护人资格后，应当继续履行负担的义务。"因此，尽管林某被撤销监护人资格，但其应当继续履行负担小龙抚养费的义务。

40 哪些主体有权申请撤销监护人资格？

◎邵某从女儿两岁开始独自带着孩子生活，其长期殴打、虐待，甚至强奸女儿，被法院判处有期徒刑 11 年。当地民政局向法院申请撤销邵某的监护人资格，获得法院支持，并指定民政局作为孩子的监护人。哪些主体有权申请撤销监护人资格？

根据《民法典》第三十六条的规定，有权申请撤销监护人资格的主体有其他依法具有监护资格的人、居民委员会、村民委员会、学校、医疗机构、妇女联合会、残疾人联合会、未成年人保护组织、依法设立的老年人组织和民政部门等。为了更好地保护被监护人的利益，《民法典》规定，上述个人和民政部门以外的组织未及时向人民法院申请撤销监护人资格的，民政部门应当向人民法院申请。因此，对民政部门来说，对严重侵害被监护人合法权益的监护人，申请撤销其监护人资格，不仅是权利也是义务。

41 监护人资格的恢复需要满足什么条件？

◎ 2014 年 6 月，年仅 10 岁的小玲竟然被亲生父亲性侵。这个灭绝人伦的父亲被判刑，小玲的生母居然也对小玲不闻不问。针对这种情况，区民政局向法院提起申请，请求撤销小玲父母的监护人资格，另行指定合适监护人。假如小玲的父亲出狱后小玲尚未成年，他确有悔改表现，能否向法院申请恢复其监护人资格？

《民法典》第三十八条规定："被监护人的父母或者子女被人民法院撤销监护人资格后，除对被监护人实施故意犯罪的外，确有悔改表现的，经其申请，人民法院可以在尊重被监护人真实意愿的前提下，视情况恢复其监护人资格，人民法院指定的监护人与被监护人的监护关系同时终止。"根据以上规定，恢复监护人资格需要满足以下条件：（1）只限于被监护人父母或子女，不适用于其他监护人；（2）确有悔改表现，但对被监护人曾实施故意犯罪的除外；（3）尊重被监护人真实意愿；（4）本人提出申请；（5）由法院视情况确定。本案中，小玲的父亲对小玲实施故意犯罪，即使其确有悔改表现，也不能恢复其监护人资格。

42 老人有经济能力是不是子女拒绝赡养的法定理由？

◎陈某的 3 名子女已经成年，2016 年 1 月陈某的妻子去世，2016 年 5 月陈某经他人介绍与离异的王某登记结婚。婚后陈某对王某的孩子百般疼爱，这让 3 个亲生子女非常不满，时常与父亲发生矛盾。2018 年陈某生病住院，3 个子女也不去探望，陈某一气之下，向法院起诉，要求 3 个亲生子女履行赡养义务。子女答辩说父亲系退休教师，每月退休金 4 000 元，又有医保，不需要子女赡养。老人有经济能力是不是子女拒绝赡养的法定理由?

《老年人权益保障法》第十四条第一款规定："赡养人应当履行对老年人经济上供养、生活上照料和精神上慰藉的义务，照顾老年人的特殊需要。"第十九条规定："赡养人不得以放弃继承权或者其他理由，拒绝履行赡养义务。赡养人不履行赡养义务，老年人有要求赡养人付给赡养费等权利。"第二十一条规定："老年人的婚姻自由受法律保护。子女或者其他亲属不得干涉老年人离婚、再婚及婚后的生活。赡养人的赡养义务不因老年人的婚姻关系变化而消除。"从以上规定可以看出，对老人的赡养不纯粹是经济上的赡养，还包括生活上照料和精神上慰藉。子女对老人的赡养不因老年人的婚姻关系变化而消除，子女不得以放弃继承权或者其他理由，拒绝履行赡养义务。本案中，陈某的子女应对陈某履行生活上照料和精神上的慰藉义务，照顾陈某的特殊需要。

43 夫妻间的扶养义务能否因为分居而免除?

◎李某与王某系夫妻，两人多年以来感情不和，从 2000 年开始就已经分居。2020 年李某患上乳腺癌，需要大笔医疗费，多次联系丈夫，要求他回归家庭并承担自己的医疗费。但王某坚决不回，认为二人分居多年互不来往，虽然没办理离婚登记手续，但夫妻关系早已是名存实亡。李某将王某告上法庭，要求其给付扶养费。王某有没有义务扶养李某?

《民法典》第一千零五十九条规定："夫妻有相互扶养的义务。需要扶养的一方，在另一方不履行扶养义务时，有要求其给付扶养费的权利。"夫妻扶养义务作为法定的强制义务，无论婚姻的实际情况如何，也不论夫妻双方感情状况怎样，分居并不能构成一方不履行扶养义务的合法理由。只有在出现夫妻解除婚姻关系，或夫妻一方死亡、扶养人一方丧失扶养能力等情况后才会被免除。如果没有上述情况发生，扶养义务人拒不履行扶养义务，情节严重的，可构成遗弃罪，将承担刑事法律责任。本案中，王某与李某虽然分居，但并未离婚，王某在李某生病需要扶养的情况下，不履行丈夫的扶养义务。李某有要求其支付扶养费的权利。

44 祖辈与孙辈之间在什么情况下应履行抚养、赡养义务?

◎杨某夫妇有两个儿子，长子赵甲和次子赵乙。赵甲已去世，赵乙现年 50 岁，每月有 6 000 多元的工资。赵甲有儿子赵某华和赵某国，赵乙有儿子赵某中、赵某仁。杨某夫妇在80岁之前能自食其力，80岁后全靠次子赵乙父子赡养。赵某华和赵某国十多年从未对杨某夫妇进行赡养。2020年12月4日，杨某的丈夫过世，赵某华和赵某国既不参加祖父丧礼，也未支付任何丧葬开支。杨某请求人民法院依法判令赵某华和赵某国履行赡养义务。孙子女对祖父母有没有赡养义务？

《民法典》第一千零六十七条规定："父母不履行抚养义务的，未成年子女或者不能独立生活的成年子女，有要求父母给付抚养费的权利。成年子女不履行赡养义务的，缺乏劳动能力或者生活困难的父母，有要求成年子女给付赡养费的权利。"也就是说抚养子女是父母的义务，赡养父母是子女的义务。但在特殊情况下，祖父母、外祖父母对孙子女、外孙子女有抚养义务，孙子女、外孙子女对祖父母、外祖父母有赡养义务。《民法典》第一千零七十四条规定："有负担能力的祖父母、外祖父母，对于父母已经死亡或者父母无力抚养的未成年孙子女、外孙子女，有抚养的义务。有负担能力的孙子女、外孙子女，对于子女已经死亡或者子女无力赡养的祖父母、外祖父母，有赡养的义务。"按照该条规定，祖父母、外祖父母对孙子女、外孙子女履行抚养义务的条件是：（1）祖父母、外祖父母有负担能力；（2）孙子女、外孙子女未成年；（3）孙子女、外孙子女的父母已经死亡或父母无力抚养。孙子女、外孙子女对祖父母、外祖父母履行赡养义务的条件是：（1）孙子女、外孙子女有负担能力；（2）祖父母、外祖父母子女已经死亡或子女无力赡养。本案中，杨某的二儿子赵乙具有赡养能力，在此情况下，赵某华和赵某国对祖母不负有赡养义务。

45 兄弟姐妹之间在什么情况下具有扶养义务？

◎周甲、周乙、周丙系亲兄弟，大哥周甲天生重度残疾。父母在世的时候周甲一直由父母照顾。2015年父母都过世后，周甲由同在本村生活的周丙照管，在外地工作的周乙每月邮寄生活费。从2020年12月开始，周乙不再邮寄生活费，周丙无力承受，鼓动周甲起诉周乙。周乙有没有义务承担周甲的扶养费？

根据《民法典》第一千零七十五条的规定，兄、姐对弟、妹履行法定扶养义务的条件是：（1）弟、妹未成年；（2）父母已经死亡或无力抚养；（3）兄、姐有负担能力。弟、妹对兄、姐履行法定扶养义务的条件是：（1）弟、妹由兄、姐扶养长大，是指弟、妹长期依靠兄、姐提供全部或主要生活费用，直到以自己的收入作为主要生活来源；（2）弟、妹有负担能力；（3）兄、姐缺乏劳动能力又缺乏生活来源。本案中，周甲天生重度残疾，并没有扶养周乙、周丙，因此，弟弟们对周甲没有法定扶养义务。

46 什么是家庭暴力？

◎郑某与倪某于2019年2月11日登记结婚，2020年5月7日生育儿子倪某某。在郑某与倪某共同生活期间，倪某经常击打一个用白布包裹的篮球，上面写着“我要打死、打死郑某”的字句。郑某认为倪某的行为已经构成家庭暴力，但倪某认为自己并未对郑某实施暴力。请问倪某的行为是否构成家庭暴力？

所谓家庭暴力，是指发生在家庭成员之间的暴力。家庭成员包括配偶、父母、子女和其他共同生活的近亲属。近亲属包括配偶、父母、子女、兄弟姐妹、祖父母、外祖父母、孙子女、外孙子女。家庭暴力主要包括身体暴力和精神暴力。身体暴力主要表现为殴打、捆绑、残害，限制人身自由，以饿冻、有病不给治疗等方式虐待、遗弃没有独立生活能力的儿童、老人、残疾人、重病患者，在家庭教育中以暴力方式管教儿童等。精神暴力主要表现为对受害人进行侮辱、谩骂、诽谤、宣扬隐私、无端指责、人格贬损、恐吓、威胁、骚扰等，使受害人产生自卑、恐惧、焦虑、抑郁等心理、精神方面的伤害。本案中，倪某的行为从视觉上折磨郑某，使郑某产生恐惧感，该行为构成精神暴力，而且倪某是郑某的家庭成员，所以倪某的行为构成对郑某的家庭暴力。

47 遭遇家庭暴力寻求救济的途径有哪些？

◎黄某1948年出生，与丈夫曾某育有一子曾某甲、一女曾某乙，曾某于2013年去世。曾某甲离异后一直与黄某共同居住生活，多次因家庭琐事殴打黄某，致使黄某头痛、心悸，身体多处出现不适。后来在女儿的帮助下黄某申请了人身安全保护令才摆脱了儿子的家暴。遭受家庭暴力有哪些救济途径？

遭遇家庭暴力，可以通过以下途径救济：

（1）向加害人或受害人所在单位、居民委员会、村民委员会、工会、共产主义青年团、妇女联合会、残疾人联合会等单位投诉、反映或寻求帮助；

（2）向公安机关报案；

（3）向相关家庭暴力临时庇护场所寻求庇护和临时生活帮助；

（4）向法律援助机构寻求法律援助；

（5）向法院申请人身安全保护令；

（6）受害者为无民事行为能力人或者限制民事行为能力人的，还可以向学校、幼儿园、医疗机构、救助管理机构、福利机构求助；

（7）监护人实施家庭暴力的，受害者近亲属、居民委员会、村民委员会、县级人民政府民政部门可以申请人民法院撤销监护人资格，另行指定监护人。

48 能够证明家庭暴力的证据有哪些？

（1）施暴方的悔过书、保证书等；

（2）公安机关的出警记录、讯问笔录、询问笔录、接警记录、报警回执、家庭暴力告诫书、行政处罚决定书等；

（3）记录家庭暴力发生或者解决过程的录音、录像等；

（4）施暴方与受害方或者其近亲属之间有关家庭暴力的短信、即时通讯信息、电子邮件等；

（5）受害方就医的诊疗记录；

（6）当事人所在单位、民政部门、居民委员会、村民委员会、妇女联合会、残疾人联合会、未成年人保护组织、依法设立的老年人组织、救助管理机构、反家暴社会公益机构等单位收到关于家庭暴力的投诉、反映或者求助的记录；

（7）未成年子女提供的与其年龄、智力相适应的证言或者其他亲友、邻居等的证言；

（8）相关鉴定机构对受害方所做的伤情鉴定意见；

（9）其他能够证明家庭暴力的证据。

49 什么是强制报告？

◎鹏鹏是个 8 岁的小学生，经常鼻青脸肿地来上学，身上青一块紫一块的。老师问过多次，鹏鹏要么不回答，要么就说自己不小心碰伤的。鹏鹏的邻居小华说鹏鹏的后妈经常打鹏鹏。在此情况下，鹏鹏的老师该怎么做？

鹏鹏的老师应当向公安机关报案，这是法律规定的强制报告义务。强制报告指的是法律规定的主体，在工作中发现特定人群遭受或者疑似遭受家庭暴力时，必须向公安机关报案的义务，否则将承担相应的法律责任。根据《反家庭暴力法》第十四条规定，强制报告的对象是针对某些特定人群的家庭暴力，即针对无民事行为能力人和限制民事行为能力人的家庭暴力。根据我国《民法典》的规定，无民事行为能力人和限制民事行为能力人包括未成年人和不能辨认或不能完全辨认自己行为的成年人。强制报告的义务主体是特定的单位和人员，包括学校、幼儿园、医疗机构、居民委员会、村民委员会、社会工作服务机构、救助管理机构、福利机构及其工作人员。强制报告的条件是在工作中发现无民事行为能力人、限制民事行为能力人遭受或者疑似遭受家庭暴力的，如果是在工作之外了解到的，就不必承担强制报告责任。另外，不仅仅是遭受家庭暴力，在疑似遭受家庭暴力的情况下也要向公安机关报案。负有强制报告义务的主体未及时报告造成严重后果的，由上级主管部门或者本单位对直接负责的主管人员和其他直接责任人员依法给予处分。

50 什么是人身安全保护令？谁可以申请？

◎李某与王某2013年结婚，生育一儿一女。王某经常殴打李某，甚至多次严重殴打致使李某住院治疗。为了孩子们能有一个家，李某一直默默忍受。李某的母亲多次劝李某离婚，李某不离。李某的母亲听说对遭受家庭暴力的人可以向法院申请人身安全保护令，于是她向法院提出了申请。但是法院的工作人员告诉李某的母亲应当由李某本人申请。为什么？

人身安全保护令是一种民事强制措施，是人民法院为保护家庭暴力受害人及其特定亲属的人身安全而作出的民事裁定。根据《反家庭暴力法》第二十三条的规定，申请人身安全保护令的条件是当事人因遭受家庭暴力或者面临家庭暴力的现实危险。申请必须由家庭暴力受害人本人提出，如果受害人是无民事行为能力人、限制民事行为能力人，或者因受到强制、威吓等原因无法申请的，受害人近亲属、公安机关、妇联、村民委员会、居民委员会、救助管理机构可以代受害人向法院提出人身安全保护令申请。本案中，李某是完全民事行为能力人，也并非因受到强制、威吓等原因无法申请，不符合他人代申请的情形。

51 作出人身安全保护令应当具备什么条件？

◎林某和丈夫王某婚后感情不和经常打架，林某一气之下外出租房居住。王某跑到林某住处打砸东西，打伤林某的头部、脸部，并威胁要杀害林某的父母。林某曾多次报警，但王某仍然对其进行殴打、威胁，林某于是向法院申请人身安全保护令。法院作出人身安全保护令，应当具备什么条件？

根据《反家庭暴力法》第二十七条规定，法院作出人身安全保护令，应当具备下列条件：

（1）有明确的被申请人。申请人提交的人身安全保护令申请中应当有明确的被申请人姓名、通讯住址或单位。

（2）有具体的请求。这些请求包括禁止被申请人实施家庭暴力、禁止被申请人骚扰、跟踪、接触申请人及其相关近亲属，责令被申请人迁出申请人住所以及保护申请人人身安全的其他措施。

（3）有遭受家庭暴力或者面临家庭暴力现实危险的情形。申请人应当提交有遭受家庭暴力或者面临家庭暴力现实危险情形的证据。这些证据，可以是受伤害照片、报警证明、证人证言、社会机构的相关记录或者证明、加害人保证书、加害人带有威胁内容的短信等。

52 人身安全保护令如何保护申请人？

◎周某、李某系夫妻，李某时常殴打周某，致使周某长期生活在恐惧之中。周某多次向公安机关报案，公安机关工作人员也曾到场教育李某，甚至曾对其处以行政拘留，但李某毫不收敛。2018 年 5 月，周某女儿面临升学考试，她想为给女儿创造一个健康安全的环境，于是向法院申请人身安全保护令。人身安全保护令有哪些措施可以保护周某和其女儿？

根据《反家庭暴力法》第二十九条规定，人身安全保护令可以通过下列措施保护被害人的人身安全：

（1）禁止被申请人实施家庭暴力；

（2）禁止被申请人骚扰、跟踪、接触申请人及其相关近亲属；

（3）责令被申请人迁出申请人住所；

（4）保护申请人人身安全的其他措施。

周某可以根据保护自己和女儿的需要，请求法院对李某采取以上一项或多项措施。

53 村民委员会在反家庭暴力工作中有什么职责？

◎小林在父母离婚后一直和母亲王某生活，父亲林某下落不明。王某因生活不如意，常常拿 8 岁的小林撒气，多次用木棍打小林的双腿，并经常让小林挨饿。村民委员会多次对王某进行批评教育，但王某拒不悔改。村民委员会认为王某的行为已经构成家庭暴力，出面干预。但王某认为，即使自己的行为构成家庭暴力，也归公安局和法院管，村民委员会无权干涉。村民委员会认为阻止家庭暴力是其职责所在。村民委员会在反家庭暴力工作中有什么职责？

根据《反家庭暴力法》和《民法典》的规定，村民委员会在反家庭暴力工作中具有以下职责：

（1）配合与协助乡镇人民政府开展家庭暴力预防工作；

（2）接受家庭暴力投诉、反映或求助后，给予帮助、处理和劝阻；

（3）在工作中发现无民事行为能力人、限制民事行为能力人遭受或者疑似遭受家庭暴力的，应当及时向公安机关报案；

（4）发现监护人实施家庭暴力严重侵害被监护人合法权益的，申请依法撤销其监护人资格，另行指定监护人；

（5）受害人是无民事行为能力人、限制民事行为能力人，或者因受到强制、威吓等原因无法申请人身安全保护令的，可以代为申请人身安全保护令；

（6）对收到告诫书的加害人、受害人进行查访，监督加害人不再实施家庭暴力；

（7）对实施家庭暴力的加害人进行法治教育，必要时可以对加害人、受害人进行心理辅导。

54 什么是遗产？

◎白某因交通事故死亡，肇事方赔偿白某父母死亡赔偿金50万元。白某生前欠苏某5万元，苏某要求白某的父母用赔偿款还债。但白某父母认为这些钱是赔给老两口的，老两口要用来养老，儿子去世没有留下遗产，老两口没有义务偿还儿子的债务。死亡赔偿金是否属于白某的遗产？

《民法典》第一千一百二十二条规定："遗产是自然人死亡时遗留的个人合法财产。依照法律规定或者根据其性质不得继承的遗产，不得继承。"死亡赔偿金，也称死亡补偿费，是指受害人因各种非正常事故死亡，由相关责任人按照一定的标准给予死者家属的一定数量的赔偿，既包括死者丧葬费用也包括其亲属的精神抚恤金等各种赔偿，死亡赔偿金不属于死者的遗产。根据《民法典》的规定，继承人在遗产价值范围内承担偿还被继承人债务的责任。本案中的白某如果确实没留下遗产，那白某的父母就没有义务偿还白某的债务。

55 继承从什么时候开始？

◎张某五年前外出讨债一直未归，杳无音讯，亲属遍寻不着。子女认为父亲五年不回家，应该是遭遇了某种意外去世了，于是着手分割张某的"遗产"。张某的"遗产"继承开始了吗？

《民法典》第一千一百二十一条第一款规定："继承从被继承人死亡时

开始。”被继承人死亡的具体起算时间，因生理死亡和被宣告死亡而有所不同。被继承人生理死亡的，从被继承人生命结束之时开始；被继承人被宣告死亡的，人民法院宣告死亡的判决作出之日视为其死亡的日期，因意外事件下落不明宣告死亡的，意外事件发生之日视为其死亡的日期。宣告死亡制度是我国民事法律确立的一项制度，根据《民法典》第四十六条的规定，自然人下落不明满四年或因意外事件下落不明满两年，其利害关系人可以向人民法院申请宣告该自然人死亡，如因意外事件下落不明，经有关机关证明该自然人不可能生存的，申请宣告死亡不受两年时间的限制。本案中的张某虽然下落不明五年，但没有证据证明其的确死亡，其利害关系人也没有向法院申请宣告张某死亡。因此，张某的“遗产”继承尚未开始。

56 遗嘱有哪些形式?

◎老王邻居的几个子女为了父母的遗产对簿公堂。老王想到自己家庭情况比较复杂，为了防止子女们日后也为遗产起纠纷，老王和老伴商量后决定生前立好遗嘱，使自己的财产合理分配给子女。但老王不知道法律允许的遗嘱形式有哪些，你能告诉他吗?

遗嘱是遗嘱人对自己的财产或其他事项所作的处理，根据《民法典》的规定，遗嘱的形式有自书遗嘱、代书遗嘱、打印遗嘱、口头遗嘱、录音录像遗嘱和公证遗嘱。

57 口头遗嘱适用什么情形?

◎老黄患重病需要做手术，担心就此撒手人寰，在家人和医护人员在场的情况立下口头遗嘱：由大儿子接管自己经营的农场和林场，县城的房子归小儿子。老黄手术后最终恢复了健康，老黄所立的口头遗嘱还算数吗?

《民法典》第一千一百三十八条规定：“遗嘱人在危急情况下，可以立口头遗嘱。口头遗嘱应当有两个以上见证人在场见证。危急情况消除后，遗嘱人能够以书面或者录音录像形式立遗嘱的，所立的口头遗嘱无效。”本案中，老黄手术后恢复了健康，能通过书面或者录音录像形式立遗嘱，当初所立口头遗嘱无效。

58 代书遗嘱有何要求?

◎王某有四个子女，王某去世后，王某的大儿子手持遗嘱要求一个人继承遗产，其他几个子女认为大儿子的遗嘱无效，主张兄妹四人平分父亲的遗产。原来大儿子手里的遗嘱并非父亲亲笔所写，而是由他人代写的。这份遗 嘱既无见证人签名，也无执笔人签名，但有王某在遗嘱下方的签名。该代书遗嘱是否有效？

遗嘱应当由遗嘱人自己完成，遗嘱人不识字或因生病等不能书写，或者不愿意自己书写的，可以委托他人代写遗嘱。根据《民法典》第一千一百三十五条的规定，代书遗嘱应当有两个以上见证人在场见证，由其中一人代书，并由遗嘱人、代书人和其他见证人签名，注明年、月、日。本案中，王某大儿子出具的代书遗嘱因无见证人签名和执笔人签名而无效。

59 打印遗嘱有何要求？

◎王某有两个儿子王甲和王乙，王甲对王某很孝顺，王乙在外地工作，长年累月对王某不闻不问。王某身体日渐衰弱，打算去世后把财产留给王甲。于是打印了一份遗嘱，该遗嘱共两页，下方有王某亲笔签署的名字和日期。王某的这份打印遗嘱形式是否合法？

原来的《继承法》对公证遗嘱、自书遗嘱、代书遗嘱、口头遗嘱、录音遗嘱等遗嘱形式作出了明确规定，但未对打印遗嘱作出规定。《民法典》明确认可了打印遗嘱，并对打印遗嘱的形式作了具体的规定。《民法典》第一千一百三十六条规定：“打印遗嘱应当有两个以上见证人在场见证。遗嘱人和见证人应当在遗嘱每一页签名，注明年、月、日。”本案中，王某的打印遗嘱因缺少两位以上见证人以及没有在每页上签名而形式不合法。

60 录音录像遗嘱有何要求？

◎许老太有三个儿子，平时和二儿子一起生活。为了表彰二儿子的孝心，许老太决定将房子留给二儿子。为了防止自己去世后其他儿子有争议，许老太在表述意愿时还专门让二儿子录了像。果然，许老太去世后，大儿子和小儿子要求分割房产，二儿子拿出母亲生前的录像。但大儿子和小儿子认为该录像遗嘱不符合法律规定的要件，不算数。法律对录音录像遗嘱有何要求？

《民法典》第一千一百三十七条规定：“以录音录像形式立的遗嘱，应当有两个以上见证人在场见证。遗嘱人和见证人应当在录音录像中记录其姓名或者肖像，以及年、月、日。”根据以上法律规定，录音录像遗嘱不仅要求两个以上的见证人在场见证，而且还要求在录音录像中记录见证人姓名或者肖像。本案中的录像遗嘱因缺少见证人而无效。

61 遗嘱见证人有何要求？

◎杨某某在某村入有股份，按村内规定该股份不受去世影响。杨某某因病于2019年2月7日立下遗嘱，表明去世之后自己名下的股份由小儿子继承，其他子女不得干涉。杨某某2020年9月病故，年底村里按规定分红，小儿子将分红领走。其他子女要求与小儿子平分，小儿子以母亲遗嘱为由拒绝平分。其他几个子女认为母亲遗嘱上的三个见证人中两个都与大哥有利害关系，遗嘱因形式不合法而无效。杨某某的遗嘱是否有效？

除自书遗嘱和公证遗嘱外，代书遗嘱、打印遗嘱、录音录像、口头遗嘱都需要两名以上的见证人到场见证。并非所有的人都可以做遗嘱见证人，根据《民法典》第一千一百四十条的规定，下列人员不能作为遗嘱见证人：（1）无民事行为能力人、限制民事行为能力人以及其他不具有见证能力的人；（2）继承人、受遗赠人；（3）与继承人、受遗赠人有利害关系的人。本案中，继承人是小儿子，不论遗嘱见证人与大儿子是否有利害关系都不影响，因为大儿子并非本案继承人，故杨某某所立遗嘱有效。

62 几份内容相冲突的遗嘱，以哪个为准？

◎马某早年丧夫，20多年来一个人拉扯三个女儿长大，非常不容易。马某60多岁时瘫痪，三个女儿都很孝顺，轮流照顾母亲。2021年1月，母亲去世，三个女儿发现姐妹三人手里竟然都有一份母亲立的遗嘱，但对财产的分割却差得很多，三姐妹因此闹得不愉快。三份遗嘱中，三女儿手里的遗嘱是公证过的，其他两份为母亲亲笔书写的自书遗嘱。这种情况下应以哪份遗嘱为准？

《民法典》第一千一百四十二条第三款规定："立有数份遗嘱，内容相抵触的，以最后的遗嘱为准。"原来的《继承法》曾规定公证遗嘱优先，但《民法典》取消了公证遗嘱的优先效力。本案应以最后的遗嘱为准。

63 以遗嘱处分财产，没有为老年配偶保留必要的份额是否合法？

◎孙某与妻子育有一子，孙某65岁那年妻子过世，妻子去世后一年，孙某与比自己小3岁的保姆李某再婚。78岁时，孙某因病去世，去世前留下遗嘱，自己的财产都留给孙女。孙某去世后，孙某的儿子要求李某腾房搬家。李某不同意，说自己无处可去，而且照顾孙某十多年，就这样被驱赶不甘心。孙某的遗嘱没有为老年的李某保留遗产份额是否合法？

《老年人权益保障法》第二十二条第三款规定:“老年人以遗嘱处分财产,应当依法为老年配偶保留必要的份额。”《民法典》第一千一百四十一条也规定:“遗嘱应当为缺乏劳动能力又没有生活来源的继承人保留必要的遗产份额。”本案中,孙某去世时,李某已经75岁,缺乏劳动能力又没有生活来源,孙某的遗嘱没有为李某保留必要的遗产份额不合法。遗产处理时,应当为李某留下必要的遗产,剩余的部分才由孙某的孙女继承。

64 无行为能力人立的遗嘱是否有效?

◎马某患有精神疾病,系无民事行为能力人。2016年10月,马某立下遗嘱,死后将其全部财产留给女儿马甲。2017年8月,马某经医院治疗,其精神疾病被彻底治愈,马某精神康复后未对以前的遗嘱效力进行表态。几年后马某因肝病去世。马甲按照遗嘱欲继承马某的遗产。马某的儿子马乙以母亲立遗嘱时系无民事行为能力人为由主张遗嘱无效,阻碍马甲继承遗产。马某所立的遗嘱是否有效?

《民法典》第一千一百四十三条第一款规定:“无民事行为能力人或者限制民事行为能力人所立的遗嘱无效。”《最高人民法院关于适用〈中华人民共和国民法典〉继承编的解释(一)》第二十八条规定:“遗嘱人立遗嘱时必须具有完全民事行为能力。无民事行为能力人或者限制民事行为能力人所立的遗嘱,即使其本人后来具有完全民事行为能力,仍属无效遗嘱。遗嘱人立遗嘱时具有完全民事行为能力,后来成为无民事行为能力人或者限制民事行为能力人的,不影响遗嘱的效力。”本案中,马某在立遗嘱时系无行为能力人,该遗嘱属无效遗嘱。

65 伪造、篡改遗嘱会有何法律后果?

◎老王是海员,经常出海几个月才能回一次家。有一次老王在出海期间接到母亲去世的消息。老王赶回家后大哥拿出一份声称是母亲的遗嘱,称母亲已把她名下一套产权房过户给自己。老王大吃一惊,母亲的产权证一直由自己保管,怎会已经办理过户?经过调查,老王发现大哥在母亲去世后冒充母亲名义办理了产权证挂失、领到新产权证后通过买卖把房子过户到他自己名下。老王没想到亲大哥竟用如此卑劣手段争遗产,一气之下告到法院,大哥在法庭上迫于压力,最终承认母亲遗嘱是其伪造。大哥还能否得到母亲的遗产?

根据《民法典》第一千一百四十三条和第一千一百二十五条的规定,伪造的遗嘱无效，遗嘱被篡改的，篡改的内容无效。继承人伪造、篡改、隐匿或者销毁遗嘱，情节严重的，丧失继承权。本案中，大哥拿出的遗嘱系伪造的，因此，该遗嘱无效。至于大哥是否丧失继承权，取决于大哥的行为是否构成“情节严重”。根据《最高人民法院关于适用〈中华人民共和国民法典〉继承编的解释（一）》第九条的规定，继承人伪造、篡改、隐匿或者销毁遗嘱，侵害了缺乏劳动能力又无生活来源的继承人的利益，并造成其生活困难的，应当认定为《民法典》第一千一百二十五条规定的“情节严重”。而本案中的老王既有劳动能力又有生活来源，同时生活并不困难，故老王大哥的行为无法认定为“情节严重”。本案应该按照法定继承来处理，鉴于大哥有伪造遗嘱的行为，可以酌情减少其应继承的份额。

66 什么是遗赠，和遗嘱继承有何区别？

◎小王的爷爷生前曾写下一份遗嘱，表明自己死后所有的遗产归小王。爷爷去世后小王看到了这份遗嘱，但小王没有任何表态。爷爷去世半年后，小王着手办理遗产转移手续。但小王的叔叔认为小王因为没有在法定期限内表示接受遗赠而应视为放弃，父亲的遗产按照法定继承方式由自己和小王的父亲来继承，小王是不能获得遗产的。本案中，小王能否获得爷爷的遗产？

按照《民法典》的规定，孙子女、外孙子女不属于祖父母、外祖父母的法定继承人，因此，小王爷爷的行为在法律性质上属于遗赠。遗赠与遗嘱继承都是被继承人处分财产的方式，这两种方式在形式上有许多相似之处，但也有明显区别：（1）主体不同，遗嘱继承人只能是法定继承人中的一人或是数人，遗赠的受遗赠人可以是国家、集体或法定继承人以外的组织、个人；（2）能否适用继承宽宥制度不同，继承人曾具有某些或某个法定丧失继承权事由时，如其确有悔改表现，被继承人表示宽恕或者事后在遗嘱中将其列为继承人的，该继承人不丧失继承权，但受遗赠人有同样事由的，丧失受遗赠权；（3）作为接受表示的要求不同，遗嘱继承人只要在遗产处理前不表示放弃的，视为接受，受遗赠人在知道受遗赠后60日没有作出接受的意思表示，视为放弃。本案中，小王作为受遗赠人，在知道受遗赠后60日内未明确作出接受的意思表示，视为放弃受遗赠，不能获得爷爷的遗产。

67 什么是遗赠扶养协议？

◎曲某是一位孤寡老人，为了使自己的晚年有人照顾，在村民委员会主任的见证下与王某订立一份协议。该协议约定：王某承担曲某的生养死葬义务，曲某百年之后其包括房屋在内的所有财产归王某所有。曲某在王某照料 3 年后去世。曲某的妹妹得知曲某去世的消息后要求继承曲某的遗产。王某不答应，曲某的妹妹向法院起诉。曲某的妹妹能否继承曲某的遗产？

曲某和王某签订的协议属于遗赠扶养协议。所谓遗赠扶养协议，是自然人与继承人以外的组织或者个人签订的协议，按照协议，该组织或者个人承担该自然人生养死葬的义务，享有受遗赠的权利。按照我国《民法典》第一千一百二十三条的规定，继承开始后，按照法定继承办理；有遗嘱的，按照遗嘱继承或者遗赠办理；有遗赠扶养协议的，按照协议办理。本案中，因遗赠扶养协议的存在，而不能适用法定继承。遗赠扶养协议未处分的遗产适用以法定继承方式来继承，但曲某在遗赠扶养协议中处分了所有财产。因此，曲某的妹妹不能继承曲某的遗产。

68 遗赠扶养协议与遗嘱冲突怎么办？

◎张某兄弟三人，张甲系张某三弟之女，在其出生不久由张某收养。张乙系张某二弟之子。张某一直未结婚，2007 年 10 月张甲出嫁邻县。2018 年 4 月 12 日，张某与张乙签订遗赠扶养协议，约定张某去世后所有遗产都给张乙，由张乙负责张某的生养死葬。协议签订后，张乙按约定照料张某日常生活，张甲也定期回来探望张某。2020 年 12 月 20 日，张某去世，张甲和张乙一起安葬了张某。张某去世后，张甲拿出了张某 2016 年 8 月 7 日所立遗嘱一份，遗嘱内容为张某的一切遗产归女儿张甲。张甲与张乙因张某的遗产起了纠纷，张乙起诉。张某的遗产应该按遗赠扶养协议处理还是按遗嘱处理？

《最高人民法院关于适用〈中华人民共和国民法典〉继承编的解释（一）》第三条规定：“被继承人生前与他人订有遗赠扶养协议，同时又立有遗嘱的，继承开始后，如果遗赠扶养协议与遗嘱没有抵触，遗产分别按协议和遗嘱处理；如果有抵触，按协议处理，与协议抵触的遗嘱全部或者部分无效。”本案中的遗嘱与遗赠扶养协议有抵触，遗嘱无效，应按遗赠扶养协议处理张某的遗产。

69 什么情况下适用法定继承？

◎李某和刘某有一儿一女。1998 年，夫妇二人在农村建了 8 间房屋。2017 年 6 月，儿子结婚，由于婆媳关系不好，儿子一家搬出去居住。2018 年 2 月，李某因病去世，去世前曾留下李某一人签名的遗嘱：将来 8 间房屋都留给女儿。李某去世后没几年，刘某也去世了。他们的子女因遗产起了纠纷。女儿认为根据父亲遗嘱，房产全部归自己。儿子认为父亲的遗嘱无效，因为父亲无权处分母亲的财产，父母的遗产应该按照法定继承来继承。什么情况下适用法定继承？

法定继承是遗嘱继承以外的依照法律的直接规定将遗产转移给继承人的一种继承方式。在法定继承中，可参加继承的继承人、继承人参加继承的顺序、继承人应继承的遗产份额以及遗产的分配原则，都是由法律直接规定的。根据《民法典》第一千一百五十四条的规定，有下列情形之一的，遗产中的有关部分按照法定继承办理：（1）遗嘱继承人放弃继承或者受遗赠人放弃受遗赠；（2）遗嘱继承人丧失继承权或者受遗赠人丧失受遗赠权；（3）遗嘱继承人、受遗赠人先于遗嘱人死亡或者终止；（4）遗嘱无效部分所涉及的遗产；（5）遗嘱未处分的遗产。本案中，李某夫妇的房屋属于夫妻共同财产，李某无权处分属于刘某的 4 间房屋，因此李某的遗嘱部分有效，部分无效。属于刘某份额的房屋由于刘某没有立遗嘱，适用法定继承。

70 法定继承人的顺序是怎样的？

◎王某向律师咨询，说自己的父亲因遭遇交通事故意外身亡。因事发突然，父亲生前没有立遗嘱，他们家人准备按照法定继承继承遗产，想知道法定继承人的顺序是怎样的？

根据《民法典》第一千一百二十七条的规定，法定继承人分为第一顺序和第二顺序。第一顺序法定继承人包括配偶、子女、父母。子女，包括婚生子女、非婚生子女、养子女和有扶养关系的继子女。父母，包括生父母、养父母和有扶养关系的继父母。第二顺序法定继承人包括兄弟姐妹、祖父母、外祖父母。兄弟姐妹，包括同父母的兄弟姐妹、同父异母或者同母异父的兄弟姐妹、养兄弟姐妹、有扶养关系的继兄弟姐妹。继承开始后，由第一顺序继承人继承，第二顺序继承人不继承；没有第一顺序继承人继承的，由第二顺序继承人继承。

71 儿媳能继承公婆的遗产吗？

◎张母早年丧夫，一个人把儿子张某抚养长大。张某后来与李某结婚，1995 年，张某不幸亡故，张母就一直和李某生活。2005 年，李某改嫁到邻村，但经常回来探望张母，给张母买衣服，买营养品、给零花钱，张母生病也是李某出医疗费、侍奉。2020 年 9 月，张母去世，后事也是李某张罗的。张母去世后李某就把张母生前的房屋卖给了其他村民。张母同母异父的弟弟后来知道了李某卖房的事，向法院起诉李某。理由是李某已经改嫁，无权继承前婆婆的遗产，自己是姐姐唯一的法定继承人，遗产应该归自己。李某有没有资格继承前婆婆的遗产？

儿媳和女婿一般情况下不是继承人，但《民法典》第一千一百二十九条规定："丧偶儿媳对公婆，丧偶女婿对岳父母，尽了主要赡养义务的，作为第一顺序继承人。"丧偶儿媳无论是否改嫁，丧偶女婿无论是否再婚，也无论他们是否与公婆或岳父母生活在一起，只要对公婆或岳父母的生活提供了主要经济来源，或者在劳务等方面给予了主要扶助的，就算尽了主要赡养义务。本案中，李某作为丧偶儿媳，对张母尽了主要赡养义务，作为第一顺序继承人，在其没有放弃继承权的情况下，张母的弟弟作为第二顺序继承人是无权取得遗产的。

72 同一顺序的法定继承人继承份额一定是均等的吗？

◎关老太去世后，两个子女为关老太的两处房产的归属问题产生了严重分歧。女儿认为既然母亲未留有遗嘱，自己和哥哥都属于第一顺序的法定继承人，继承份额是均等的。而其哥哥认为妹妹自出嫁后很少关心母亲，未尽到赡养母亲的义务，自己主动承担起照顾母亲衣食起居的责任，母亲住院的医疗费用以及办理丧事的费用全都由他一个人承担，因此就应该多分遗产。本案中谁的主张合法？

《民法典》第一千一百三十条规定："同一顺序继承人继承遗产的份额，一般应当均等。对生活有特殊困难又缺乏劳动能力的继承人，分配遗产时，应当予以照顾。对被继承人尽了主要扶养义务或者与被继承人共同生活的继承人，分配遗产时，可以多分。有扶养能力和有扶养条件的继承人，不尽扶养义务的，分配遗产时，应当不分或者少分。继承人协商同意的，也可以不均等。"本案中的哥哥对母亲尽了主要赡养义务且与母亲共同生活，可以多分。但并不是说继承人有扶养能力和扶养条件，没尽扶养义务，就一定少分或不分，或者与被继承人共同生活的就一定多分。《最高人民法院关于适用〈中华人民共和国民法典〉继承编的解释（一）》第二十二条规定，继承人有扶养能力和扶养条件，愿意尽扶养义务，但被继承人因有固定收入和劳动能力，明确表示不要求其扶养的，分配遗产时，一般不应因此而影响其继承份额。该解释第二十三条规定，有扶养能力和扶养条件的继承人虽然与被继承人共同生活，但对需要扶养的被继承人不尽扶养义务，分配遗产时，可以少分或者不分。

73 同一事件中死亡，无法确定死亡顺序怎么办？

◎老黄的父母和老伴均已过世，5个子女都已成家。老黄身体硬朗，一人独自生活。有一天小儿子带着老黄外出旅游，因为意外事故，父子俩双双丧命，不能确定死亡顺序，且都没有留下遗嘱。老黄生前有40万元存款，关于这40万的分割，小儿媳和老王其他几个子女发生争议。其他几个子女认为，弟弟已经去世，没有留下子女，父亲的法定继承人只剩下自己兄妹4人。但小儿媳认为丈夫是公公的法定继承人，自己有权取得丈夫该得的遗产份额。小儿媳能否得到老黄的一部分遗产？

小儿媳能否获得老黄的遗产，取决于老黄与小儿子的死亡顺序。如果小儿子先于老黄去世，小儿媳不能得到老黄的遗产，如果小儿子后于老黄死亡，小儿媳通过转继承可以得到老黄的遗产，本案中父子俩的死亡顺序难以确定。《民法典》第一千一百二十一条规定："继承从被继承人死亡时开始，在同一事件中，相互有继承关系的数人在同一事件中死亡，难以确定死亡时间的，推定没有其他继承人的人先死亡。都有其他继承人，辈分不同的，推定长辈先死亡；辈分相同的，推定同时死亡，相互不发生继承。"本案中，老黄和小儿子都有其他继承人，推定老黄先死亡。老黄死亡后小儿子作为法定继承人是可以分得遗产的。《民法典》第一千一百五十二条规定，继承开始后，继承人于遗产分割前死亡，并没有放弃继承的，该继承人应当继承的遗产转给其继承人，但是遗嘱另有安排的除外。小儿子也没有留下遗嘱，因此，该小儿子继承的遗产份额转给小儿子的法定继承人小儿媳。

74 在没有遗嘱的情况下，孙子能否继承爷爷的遗产？

◎小明的爷爷去世了，爷爷有五个子女，小明的父亲是老大，小明是父亲的独子，父亲在爷爷去世前就因病过世了。爷爷去世留下20万元的遗产，但是没有留下任何遗嘱。几个叔叔、姑姑分遗产的时候，小明的妈妈认为爷爷的遗产应该有小明的一份，但小明的叔叔、姑姑认为小明不属于爷爷的法定继承人，无权继承爷爷的遗产。小明可以继承爷爷的遗产吗？

《民法典》第一千一百二十八条规定："被继承人的子女先于被继承人死亡的，由被继承人的子女的直系晚辈血亲代位继承。被继承人的兄弟姐妹先于被继承人死亡的，由被继承人的兄弟姐妹的子女代位继承。代位继承人一般只能继承被代位继承人有权继承的遗产份额。”原《继承法》规定的代位继承只适用于被继承人的子女先于被继承人去世。《民法典》扩大了代位继承的范围，增加规定如被继承人的兄弟姐妹先于被继承人死亡的，由被继承人的兄弟姐妹的子女代位继承。本案中，小明的爷爷没有留下遗嘱，其遗产适用法定继承。由于父亲先于爷爷去世，爷爷遗产中该父亲继承的份额由小明代位继承。因此，小明是可以继承爷爷的一部分遗产的。

75 丧偶儿媳的继承权是否受子女代位继承的影响?

◎孙某夫妇有一子一女，女儿远嫁，孙某夫妇就一直和儿子一家生活在一起。2011 年，儿子小孙因病去世，孙某夫妇的生活就由儿媳肖某照顾。2018 年底，孙某夫妇在一次意外中丧生。留下现金 15 万元和一套红木家具。在分割遗产时，肖某认为公婆的遗产应一分为三，丈夫先于公婆去世，该丈夫继承的份额由儿子代位继承，自己对公婆尽了主要赡养义务，是第一顺序法定继承人，单独继承一份。但小姑子认为侄子代位继承后嫂子就不能继承。丧偶儿媳的继承权是否受子女代位继承的影响?

《民法典》第一千一百二十九条规定：“丧偶儿媳对公婆，丧偶女婿对岳父母，尽了主要赡养义务的，作为第一顺序继承人。”《妇女权益保障法》第三十五条规定：“丧偶妇女对公、婆尽了主要赡养义务的，作为公、婆的第一顺序法定继承人，其继承权不受子女代位继承的影响。”本案中，小孙先于父母去世，父母去世后该小孙继承的那部分遗产由其子女代位继承。肖某作为丧偶儿媳对公婆尽了主要赡养义务，作为公婆第一顺序继承人的继承权不受子女代位继承的影响。

76 胎儿是否有权继承遗产?

◎赵某因意外当场死亡，留下遗产 24 万元，赵某的妻子王某和赵某父母经过协商，每人继承了 8 万元。分割完遗产的一个月后，王某因身体不适前往医院检查，被确诊怀孕三个月。后王某产下一名女婴，由于女婴身体虚弱，仅存活了一个星期便死亡了。王某认为，该女婴是赵某的女儿，有权继承赵某的遗产，要求赵某父母各扣回 2 万元给自己。但是，赵某的父母认为，该女婴已死亡，不存在继承赵某遗产的问题。双方为此发生争执，王某将赵某父母告上法庭。胎儿是否有权继承遗产?

根据《民法典》第十六条的规定，胎儿是有继承权的。《民法典》第一千一百五十五条规定："遗产分割时，应当保留胎儿的继承份额。胎儿娩出时是死体的，保留的份额按照法定继承办理。"《最高人民法院关于适用〈中华人民共和国民法典〉继承编的解释（一）》第三十一条规定："应当为胎儿保留的遗产份额没有保留的，应从继承人所继承的遗产中扣回。为胎儿保留的遗产份额，如胎儿出生后死亡的，由其继承人继承；如胎儿娩出时是死体的，由被继承人的继承人继承。"本案中，在分割赵某的遗产时，没有为胎儿保留其应继承的份额，故应当从继承人王某、赵某父母所继承的遗产中扣回。由于胎儿为一人，故应当从王某、赵某父母所继承的遗产中各扣回 2 万元。胎儿出生一星期后死亡，为胎儿保留的继承份额 6 万元成为死亡婴儿的遗产，王某作为其唯一的第一顺序法定继承人，有权继承该遗产。

77 继承人在哪种情况下将丧失继承权？

◎沈某、陈某系夫妻。2000 年，陈某生病，生活不能自理，沈某离家出走。陈某由父母和两个哥哥照顾并承担医疗费。2012 年陈某所在的村子拆迁，陈某得到了一套安置房，2020 年陈某去世，生前没有留下任何遗嘱。陈某去世后，沈某回到家里，以配偶的身份要求继承陈某的遗产。陈某的父母和哥哥则认为沈某遗弃陈某，丧失继承权。继承人在什么情况下丧失继承权？

根据《民法典》第一千一百二十五条第一款的规定，继承人有下列行为之一的，丧失继承权：（1）故意杀害被继承人；（2）为争夺遗产而杀害其他继承人；（3）遗弃被继承人，或者虐待被继承人情节严重；（4）伪造、篡改、隐匿或者销毁遗嘱，情节严重；（5）以欺诈、胁迫手段迫使或者妨碍被继承人设立、变更或者撤回遗嘱，情节严重。丧失继承权是一项很重大的行为，一般只能由人民法院确认。根据《民法典》的规定，夫妻之间有扶养的义务，本案中，沈某在陈某患病的二十多年期间不履行扶养义务，情节严重，构成对陈某的遗弃，可由法院确认其丧失继承权。

78 什么是继承宽恕制度？

◎陈某曾搞工程承包，积攒大量财富，其有一儿一女，女儿外嫁。老年的陈某起先和儿子一家生活在一起，由于经常受到儿子的虐待就搬去和女儿一家生活。陈某去世后，陈某的女儿和儿子因为遗产继承发生纠纷，陈某的女儿认为父亲和哥哥生活期间，哥哥曾对父亲有严重的虐待行为，从而丧失继承权。但陈某的儿子认为，自从不和父亲一起生活后，父子之间再也没发生过矛盾，父亲和妹妹生活的这几年，自己也经常去看望父亲，父亲早已宽恕了自己，自己并不会因当初的行为丧失继承权。陈某的儿子是否丧失继承权？

根据《民法典》第一千一百二十五条的规定，继承人有下列行为之一的，丧失继承权：（1）故意杀害被继承人；（2）为争夺遗产而杀害其他继承人；（3）遗弃被继承人，或者虐待被继承人情节严重；（4）伪造、篡改、隐匿或者销毁遗嘱，情节严重；（5）以欺诈、胁迫手段迫使或者妨碍被继承人设立、变更或者撤回遗嘱，情节严重。继承人有前款第（3）项至第（5）项行为，确有悔改表现，被继承人表示宽恕或者事后在遗嘱中将其列为继承人的，该继承人不丧失继承权。受遗赠人有上述任意一种行为的，丧失受遗赠权。《民法典》的以上规定表明，继承宽恕制度只适用于继承人，并不适用于受遗赠人，但并非继承人所有的行为都能得到宽恕，如果继承人有故意杀害被继承人或者为争夺遗产而杀害其他继承人这两种行为，不适用继承宽恕制度，如果被继承人以遗嘱将遗产指定由该继承人继承的，可以确认遗嘱无效，并确认该继承人丧失继承权。本案中，陈某的儿子作为陈某的继承人虽曾虐待陈某，但其确有悔改表现，也得到了陈某的宽恕，不丧失继承权。

79 父债子还有法律依据吗？

◎彭某与蒋某系朋友关系。蒋某因做生意向彭某两次借款，共计人民币8万元。因为生意失败，双方口头商定所借款项待蒋某生意好转后再归还。后蒋某因交通事故死亡，彭某向蒋某的儿子小蒋（与父亲经济分开）提起借款之事，小蒋说因父亲的债务比较多，也没有留下多少钱，只能给一部分，先给了6万元，其余的以后偿还。后彭某再次找到小蒋说起此事时，小蒋以自己放弃继承为由拒绝偿还。小蒋是否有义务替父亲还债？

《民法典》第一千一百六十一条规定：“继承人以所得遗产实际价值为限清偿被继承人依法应当缴纳的税款和债务。超过遗产实际价值部分，继承人自愿偿还的不在此限。继承人放弃继承的，对被继承人依法应当缴纳的税款和债务可以不负清偿责任。”本案中，小蒋如果放弃对父亲遗产的继承，不负有替父还债的义务。即使不放弃继承，对超出父亲遗产价值范围的债务不负偿还的义务，但其自愿偿还的不在此限。

80 无人继承和受遗赠的遗产归谁?

◎奚某系巢湖村村民，生前为孤寡老人，没有直系血亲和三代以内的旁系血亲。奚某无劳动能力，生活起居、医疗均由巢湖村村民委员会安排并支付费用。奚某去世，生前未立遗嘱，其遗产归谁?

《民法典》第一千一百六十条规定：“无人继承又无人受遗赠的遗产，归国家所有，用于公益事业；死者生前是集体所有制组织成员的，归所在集体所有制组织所有。”本案中，奚某的遗产属于无人继承又无人受遗赠的遗产，由于奚某属于巢湖村村民，其遗产归巢湖村所有。

81 继承人以外的人能否分得遗产?

◎李某（女）与麦某（男）夫妇没有生育也没有收养子女，早年二人在城里做生意，老年后回到老家生活。2016年，麦某去世，李某一病不起，起居、饮食、医疗均由麦某的侄子小麦负责。如果李某没有与小麦签订遗赠扶养协议，也没有留下遗嘱，小麦能否继承婶婶李某的遗产?

本案中若李某没有留下遗嘱，也没有与小麦签订遗赠扶养协议，则其遗产适用法定继承。在配偶去世又无子女的情况下，李某如果还有其他法定继承人，如兄弟姐妹等，则由李某的其他法定继承人继承。由于小麦对婶婶尽了较多扶养义务，根据《民法典》第一千一百三十一条“继承人以外的对被继承人扶养较多的人，可以分给适当的遗产”的规定，小麦可以分得适当遗产。《最高人民法院关于适用〈中华人民共和国民法典〉继承编的解释（一）》第二十条规定：“依照民法典第一千一百三十一条规定可以分给适当遗产的人，分给他们遗产时，按具体情况可以多于或者少于继承人。” 如果李某没有其他法定继承人，根据《民法典》第一千一百六十条“无人继承又无人受遗赠的遗产，归国家所有，用于公益事业；死者生前是集体所有制组织成员的，归所在集体所有制组织所有”的规定及《最高人民法院关于适用〈中华人民共和国民法典〉继承编的解释（一）》第四十一条“ 遗产因无人继承又无人受遗赠归国家或者集体所有制组织所有时，按照民法典第一千一百三十一条规定可以分给适当遗产的人提出取得遗产的诉讼请求，人民法院应当视情况适当分给遗产”的规定，小麦也可以分得适当的遗产。

第六章

邻里关系

1 一方能否私自封堵历史形成的通道？

◎唐某与王某住宅之间有一条历史上形成的宽约1米的便道，一直以来，王某和附近村民可以从此便道取近通行到集镇。2021年4月3日，王某与唐某发生纠纷，唐某用石头封堵了该便道，后又在该便道前后砌墙，致使王某等村民无法通行。唐某做法是否合法？

《民法典》第二百八十八条规定："不动产的相邻权利人应当按照有利生产、方便生活、团结互助、公平合理的原则，正确处理相邻关系。"唐某与王某房屋之间的通道已经形成多年，一直以来村民从此通道通行。对于村民之间已经形成的通行习惯，只要不损害国家利益、社会公共利益和他人合法权益，均应予以必要的尊重和保护，非因法定原因不应被限制。本案中，唐某私自封堵便道妨碍他人通行的行为，违反了不动产相邻各方应遵循的原则，其应当依法排除妨碍。

2 法院能依照习惯判案吗？

◎魏某与田某是邻居，魏某居西，田某居东。该村的建房习惯是最东头一家拥有东山墙和西山墙，其余住户仅有西山墙，没有东山墙。魏某在建房时，田某同意他在自己的西山墙内建造烟道。于是，魏某东间的火炕一直使用该烟道。后来，田某将房屋转让给了王某，王某在西间盘了一铺火炕，也要使用西山墙内的烟道。因此，王某与魏某发生了纠纷，且无法达成一致，诉至法院。法院在考虑本村建房的习惯及魏某与田某的约定后，判决魏某有权继续使用该烟道。法院能否依照习惯判案？

《民法典》第十条规定："处理民事纠纷，应当依照法律；法律没有规定的，可以适用习惯，但是不得违背公序良俗。"第二百八十九条规定："对相邻权纠纷法律、法规有规定的，依照其规定；法律、法规没有规定的，可以按照当地习惯。"本案涉及的纠纷没有相应的明确法律、法规规定，在该村的建房习惯不违背公序良俗的情况下，法院在处理该案时是可以按照当地的习惯来判的。

3 邻居家的雨水通过我家流出，我能不能堵死？

◎李甲和李乙的祖父是亲兄弟，他们的祖屋有一个天井，祖父们分家时为了区分房屋的界至，在天井中间砌了间墙作为双方房屋的界至。整个天井双方各占一半，李甲家的天井稍高于李乙家的天井。该天井的一个功能是排水，天井自然流水走向是从李甲家天井流经间墙的排水口至李乙家天井排水口排出，是人为设计也是自然形成的排水事实。后李乙堵死了间墙排水口，不准李甲家的水流入自己家的天井，从而引发纠纷。李乙的做法是否合法？

《民法典》第二百九十条规定：“不动产权利人应当为相邻权利人用水、排水提供必要的便利。对自然流水的利用，应当在不动产的相邻权利人之间合理分配。对自然流水的排放，应当尊重自然流向。”本案中，李甲家的水通过李乙家的天井排出，既是人为设计也是自然形成的排水事实，李乙应当尊重雨水的自然流向，不应封堵。

4 通行必须使用邻居的地，邻居不答应可以吗？

◎孙某与刘某是同村人。20 世纪 80 年代土地承包时，孙某承包了位于坡子洼的集体耕地一块。孙某去其坡子洼耕地从事农业生产须经刘某耕地沟沿边小路。该小路宽窄不一，宽处约 1.5 米，窄处仅能过行人。孙某要用农机就必须使用刘某的耕地，刘某不允许可以吗？

《民法典》第二百九十一条规定：“不动产权利人对相邻权利人因通行等必须利用其土地的，应当提供必要的便利。”本案中，由于孙某去坡子洼耕地进行农业生产，须经刘某耕地边小路，在不损害刘某权益的情况下，孙某使用农机具时从刘某耕地通行，刘某应予允许。或者即使损害刘某权益，孙某也可以从其耕地通行，但对刘某造成的经济损失，孙某应予以补偿。

5 邻居为抄近路而从我家土地上通行，我有权阻止吗？

◎王某和刘某两家的土地相邻，王某去自己的承包地可以走生产大道，也可以通过刘某家的地抄近道，刘某不愿意让王某经过，王某说法律规定不动产权利人对相邻权利人因通行等利用其土地的，应当提供必要的便利。是这样吗？

根据《民法典》第二百九十一条的规定，在相邻关系构成要件中，因通行使用对方土地，前提是“必须”。“必须”体现了相邻关系的实质是对一方权利的适当扩展和另一方权利的适当限制。这种限制要求不动产的所有人或使用人要负担一定的容忍义务，即容忍邻人对自己不动产的利用。如果有其他路可走，并非必须使用邻居的土地时，邻居有权阻止。本案中王某去自己的承包地非必须经过刘某的地，刘某有权阻止。

6 邻居粉刷外墙必须利用我家土地，我家应为其提供方便吗？

◎周某的旧房被镇政府列入危房改造计划。周某准备动工放线时与邻居王某就两家的土地界线达成一致，即以周某家房屋东墙向西70厘米为基准点。房屋主体工程竣工后，在建筑工人欲搭跳板对东墙外墙进行粉刷时，王某要求工人不得将跳板搭到界线以外，因跳板支架的宽度大于70厘米，致周某家的东墙不能粉刷。王某要求跳板只能搭在70厘米界线以内的主张是否有法律依据？

《民法典》第二百九十二条规定："不动产权利人因建造、修缮建筑物以及铺设电线、电缆、水管、暖气和燃气管线等必须利用相邻土地、建筑物的，该土地、建筑物的权利人应当提供必要的便利。"本案中，王某为70厘米界线以外土地的权利人，其在周某为粉刷外墙而必须利用其土地时，应当提供必要的便利。王某关于跳板只能搭在70厘米界线以内的主张没有法律依据。

7 判断邻居是否妨碍自己家通风、采光和日照的标准是什么？

◎何某与张某系邻居，张某在其居住附楼一层之上用彩钢瓦搭建了坐南向北的三间房屋。该彩钢瓦房屋与何某的主楼二层相邻，该彩钢瓦房顶部距离何某主楼二层房屋的下沿间距为50厘米左右，何某认为对自己主楼采光有一定影响。于是向法院提起诉讼，请求法院判令张某拆除三间彩钢瓦房及门楼附属设施。判断邻居是否妨碍自己家通风、采光和日照的标准是什么？

《民法典》第二百九十三条规定："建造建筑物，不得违反国家有关工程建设标准，不得妨碍相邻建筑物的通风、采光和日照。"《民法典》对筑物的通风、采光和日照没有规定，目前我国界定是否构成侵犯采光权和通风权是以《民用建筑设计统一标准》（GB 50352—2019）和《城市居住区规划设计标准》进行判断，这些文件对住宅的日照、天然通风、自然采光等问题都有明确要求。本案中何某是否有权要求张某拆除涉案建筑物，主要取决于其住宅的日照是否低于民用建筑设计统一标准确定的日照标准。如果不低于，即使对何某家的采光有一定影响，何某也无权要求拆除。

8 可以阻止邻居排放污染物吗？

◎吉某经营"亚练人家便餐店"，李某经营"四妹小吃店"，郑某居住的房屋与吉某经营的“亚练人家便餐店”店面相连，与李某经营的“四妹小吃店”中间间隔“亚练人家便餐店”。郑某认为吉某、李某自2011年起燃烧煤气，向大气排放二氧化硫等有毒有害气体，并且还向大气排放油烟，自己因长期吸入其排放的有毒有害气体，会导致身体受到损害。要求吉某、李某采取防治污染措施。郑某有这个权利吗?

《民法典》第二百八十八条规定：“不动产的相邻权利人应当按照有利生产、方便生活、团结互助、公平合理的原则，正确处理相邻关系。”第二百九十四条规定：“不动产权利人不得违反国家规定弃置固体废物，排放大气污染物、水污染物、土壤污染物、噪声、光辐射、电磁辐射等有害物质。”相邻关系的不动产权利人在利用不动产的过程中，相互给对方造成一定影响在所难免，因此权利人之间存在容忍义务；如造成的影响超出容忍义务的范围，则构成侵权。在国家规定的标准以内应当容忍，如果超过国家规定的标准，受害的不动产权利人有权要求侵害人停止侵害、消除危险、排除妨害以及赔偿损失。本案中，郑某是否有权要求吉某、李某采取防治污染措施，取决于吉、李两家排放是否超过国家标准。

9 建房能危及邻居房屋安全吗?

◎方某于2005年建了一层砖混房屋，后于2019年2月在一层平房的基础上加盖两层。赵某于2019年4月开始建盖房屋，于2019年10月下旬五层房屋封顶。赵某在2020年7月发现方某房屋靠拢自己家房屋，后双方进行协商，因协商未果诉至法院。经专业机构鉴定，方某房屋倾斜既有自身房屋基础不均匀沉降的原因也有赵某房屋建盖的原因。故此，法院判决赵某对方某房屋的倾斜进行适当的补偿。不动产权利人建造建筑物等有何防免义务?

《民法典》第二百九十五条规定：“不动产权利人挖掘土地、建造建筑物、铺设管线以及安装设备等，不得危及相邻不动产的安全。”该条是关于维护相邻不动产安全的规定。本案中赵某的建房行为对方某的房屋倾斜有一定影响，当然应当承担一定的补偿责任。

10 邻居家的大树遮阴，影响我家菜园蔬菜生长怎么办?

◎杨某与胡某是邻居，杨某在房后的空地上栽了几株法国梧桐。梧桐树长势快，枝丫特别发达，不到五六年，杨某的法国梧桐长到十米有余，枝繁叶茂、郁郁葱葱，是夏日纳凉的好去处。胡某利用屋后空地种菜，胡某的菜园随着杨某的梧桐迅速生长日照面积与日缩小，再加上梧桐树根须不断向菜园伸延，致使胡某菜园里的蔬菜产量一年不如一年。胡某要求杨某砍掉梧桐树，杨某却认为在自己的土地上栽植梧桐树与胡某种菜是井水不犯河水，胡某无权要求自己砍树。胡某是否有权要求杨某砍树？

杨某虽然在自家房后空地上栽树，但对胡某的菜园造成影响，根据《民法典》不动产的相邻权利人应当按照有利生产、方便生活、团结互助、公平合理的原则，正确处理相邻关系的规定，胡某有权要求杨某对梧桐采取整枝，限制其生长高度，对越界的枝丫和根须予以切除，但无权强求杨某砍树。

11 相邻排水应遵循什么原则？

◎张某、王某是坡上坡下的邻居，张某的房子在坡上面，王某的房子在坡下面。两家之间有一条公用巷道，几十年来一直保持雨水从王某房屋后面排水口排水。2020 年 9 月 19 日，王某以护屋为由在双方房屋之间砌了一面围墙，把排水封死，不给张某排水，下雨天张家屋前的雨水无法流出。张王两家由此发生纠纷。张某是否有权要求王某恢复原状？

《民法典》第二百九十条规定："不动产权利人应当为相邻权利人用水、排水提供必要的便利。对自然流水的利用，应当在不动产的相邻权利人之间合理分配。对自然流水的排放，应当尊重自然流向。"本案中，张某的房屋在坡上，王某的房屋在坡下，张某家的雨水自上往下流经王某的屋后系自然流向，而且已经几十年都这样，王某擅自在双方房屋之间加墙，阻碍自然流水的排放，侵害了张某的排水权益。张某有权要求王某停止侵权、排除妨碍并恢复原状。

12 相邻权人对自然流水的利用有何要求？

◎王塘村与黄岭村都位于鸡公山水库的下游。鸡公山上有常年不息的自然泉水流入水库，水库下游的几个自然村一直共用该水源，多年来相安无事。有一年当地逢大旱，水库干涸，王塘村村民生活用水发生困难。因鸡公山有一条天然形成的水沟通往水库，水沟里的水并未受干旱影响，依然长流不息，黄岭村于几年前在该天然水沟里埋设取水管道供其村民生活用水；王塘村为改善村民生活用水，也决定在该水沟距黄岭村取水点下方数百米处埋设取水管道取水，但黄岭村对王塘村的取水行为进行阻挠、干扰，导致王塘村无法进行施工取水。王塘村向法院起诉，请求依法判令黄岭村停止阻挠、干扰行为。王塘村诉求的法律依据是什么？

《民法典》第二百九十条第二款规定："对自然流水的利用，应当在不动产的相邻权利人之间合理分配。对自然流水的排放，应当尊重自然流向。"水资源属于国家所有，跨行政区域的自然流水的使用要遵从政府的行政调配。不跨行政区域的自然流水的利用要适用《民法典》第二百九十条第二款的规定，应当在不动产的相邻权利人之间合理分配。王塘村与黄岭村毗邻而居，且属同一水系，对自然流水的利用，应当合理分配。黄岭村对王塘村的取水行为进行阻挠、干扰实属不当。

第七章

民间借贷纠纷

1 什么是民间借贷?

◎ 2020 年 12 月 21 日，岳某从某小额贷款公司贷款 100 万元，约定借贷期限为 1 个月，月息 2%，若迟延还款则加倍付息。后岳某没能按期还本付息，小额贷款公司在催要无果的情况下于 2021 年 2 月 1 日向法院起诉，请求法院判决岳某按贷款合同约定还本付息。岳某在法庭中抗辩说：根据《最高人民法院关于审理民间借贷案件适用法律若干问题的规定》，民间借贷无论是约定的借期内利息还是迟延还款的逾期利息，都不能超过合同成立时一年期贷款市场报价利率的四倍。本借款合同成立于 2020 年 12 月 21 日，当时的一年期贷款市场报价利率是 3.85%，四倍是 15.4%，而合同约定的月息是 2%，折合年息是 24%，超过了 15.4% 的上限，超过部分不应给予保护。本案是否属于民间借贷？能否适用《最高人民法院关于审理民间借贷案件适用法律若干问题的规定》？

《最高人民法院关于审理民间借贷案件适用法律若干问题的规定》第一条规定："本规定所称的民间借贷，是指自然人、法人和非法人组织之间进行资金融通的行为。经金融监管部门批准设立的从事贷款业务的金融机构及其分支机构，因发放贷款等相关金融业务引发的纠纷，不适用本规定。"2020 年 12 月 29 日，最高人民法院在对广东省高级人民法院的《关于新民间借贷司法解释适用范围问题的批复》中表示，由地方金融监管部门监管的小额贷款公司、融资担保公司、区域性股权市场、典当行、融资租赁公司、商业保理公司、地方资产管理公司等七类地方金融组织，属于经金融监管部门批准设立的金融机构，其因从事相关金融业务引发的纠纷，不适用新民间借贷司法解释。该批复自 2021 年 1 月 1 日起施行。因此，本案不属于民间借贷，不适用《最高人民法院关于审理民间借贷案件适用法律若干问题的规定》。

2 自然人之间的借款合同何时成立?

◎甲为经营建筑材料向乙借款，双方订立一份借款合同。合同约定：乙借给甲 20 万元，于 10 日后将借款交给甲，借款期限为 3 个月，利息按同期银行贷款利率计算。10 日后甲要求乙提供借款。乙则说：我的资金也周转不开，不能借给你。无奈，甲又向丙借款 20 万元，但丙提出的利率为银行同期借款利率的两倍。事后，甲认为因乙不履行借款合同，而使自己多付利息，要求乙赔偿其利息损失。而乙认为双方之间的借款合同并未成立，其不应承担责任。甲乙之间的借款合同是否成立？

《民法典》第六百七十九条规定："自然人之间的借款合同，自贷款人提供借款时成立。" 根据《最高人民法院关于审理民间借贷案件适用法律若干问题的规定》第九条的规定，自然人之间的借款合同具有下列情形之一的，可以视为合同成立：（1）以现金支付的，自借款人收到借款时；（2）以银行转账、网上电子汇款等形式支付的，自资金到达借款人账户时；（3）以票据交付的，自借款人依法取得票据权利时；（4）出借人将特定资金账户支配权授权给借款人的，自借款人取得对该账户实际支配权时；（5）出借人以与借款人约定的其他方式提供借款并实际履行完成时。本案中，甲乙都是自然人，虽然双方就借款达成意思一致，但借款交付之前，合同并没有成立，因此乙不需要向甲承担违约责任。

3 民间借贷约定利率有何要求？

◎ 2020 年 8 月 27 日，于某向黄某借款，黄某通过银行向于某转账 20 万元，于某给黄某出具了一张 20 万元的借条。同时二人口头约定，借款期限为一年，年利率为 20%。双方约定的利息能否得到法律的保护？

《最高人民法院关于审理民间借贷案件适用法律若干问题的规定》第二十五条规定："出借人请求借款人按照合同约定利率支付利息的，人民法院应予支持，但是双方约定的利率超过合同成立时一年期贷款市场报价利率四倍的除外。前款所称'一年期贷款市场报价利率'，是指中国人民银行授权全国银行间同业拆借中心自 2019 年 8 月 20 日起每月发布的一年期贷款市场报价利率。"本案借款合同成立于 2020 年 8 月 27 日，中国人民银行授权全国银行间同业拆借中心 2020 年 8 月 20 日公布的一年期贷款市场利率为 3.85%。因此，该案借款合同中超过 15.4% 部分的利息不受法律保护。

4 借贷双方没有约定利息如何处理？

◎张某与王某系好友，王某向张某借款 15 万元，并写了一张借条，约定 1 年内归还，但对是否支付利息未作出约定。借款一年后张某持借条要求王某偿还 15 万元借款，王某多次拖延不还，张某遂起诉王某，要求王某归还 15 万元借款，并按银行同期贷款利率偿付自出借日起至实际归还日止的利息。王某表示只愿偿还本金而不愿负担任何利息。王某是否必须向张某支付利息？

《民法典》第六百八十条第二款规定:“借款合同对支付利息没有约定的，视为没有利息。” 本案中，双方对借款利息未约定，视为没有利息。但《民法典》第六百七十六条规定：“借款人未按照约定的期限返还借款的，应当按照约定或者国家有关规定支付逾期利息。”因此，张某有权要求王某按照国家有关规定支付迟延还款期间的利息。

5 借贷双方对利息约定不明如何处理?

◎ 2020 年 3 月张某因周转需要向某涉农企业借款 5 万元，期限一年，约定期满后张某应当还本付息。2021 年 3 月借款期限届满，张某认为双方对利息约定不明，视为不支付利息。但涉农企业认为张某应该按当时的市场利率还本付息。双方争执不下，涉农企业起诉到法院。本案该如何处理?

根据《最高人民法院关于审理民间借贷案件适用法律若干问题的规定》第二十四条第二款的规定，自然人之间借贷对利息约定不明，出借人主张支付利息的，人民法院不予支持。除自然人之间借贷的外，借贷双方对借贷利息约定不明，出借人主张利息的，人民法院应当结合民间借贷合同的内容，并根据当地或者当事人的交易方式、交易习惯、市场报价利率等因素确定利息。本案并非自然人之间的借贷，双方对利息约定不明，出借人涉农企业主张利息，应当由法院结合合同的内容，并根据当地或者当事人的交易方式、交易习惯、市场报价利率等因素确定利息。

6 口头约定的利息有效吗?

◎ 2020 年 6 月 8 日，孔某向徐某出具借条一份，载明从徐某处借款 80 万元，借期一年。后孔某于 2020 年 7 月、8 月、9 月每月中旬给徐某支付 8 000 元，2020 年 9 月 9 日孔某归还 30 万元，从 2020 年 10 月至 2021 年 4 月中旬，孔某每月给徐某支付 5 000 元，以后再没有支付。2021 年 6 月，合同约定的还款期限届满，徐某要求孔某偿还剩余的 51 万，孔某认为借条中没有写明利息，视为无息借款，自己已经偿还了徐某 35.9 万元，只需支付徐某 44.1 万元即可。但徐某说，虽然借条上没写利息，但双方口头约定了月息 1%，孔某前几个月支付的是利息，不是本金。双方发生纠纷，徐某向法院起诉，并提供了借条和银行转账记录。孔某还应该向徐某归还多少钱?

《民法典》第四百六十九条第一款规定：“当事人订立合同，可以采用书面形式、口头形式或其他形式。”因此，利息的约定既可以采取书面形式也可以采取口头形式。本案中，虽然徐某出具的借条上并未对借款利息作出约定，但徐某主张双方口头约定了借款利息且已实际履行。根据徐某的银行转账凭证亦可以证明就本案借款孔某曾连续有规律（月息 1%）地支付利息，故孔某关于本案借款系无息借款的理由缺乏事实依据，口头约定的利息只要合法是受法律保护的。因此，孔某还应向徐某支付 51 万，其中 50 万元是本金，1 万元是后两个月的利息。

7 民间借贷逾期利息怎么算?

◎原、被告系朋友关系，2020 年 8 月 24 日被告向原告借款，并向原告出具借款 5 万元的借条一份，借条载明："借款人龙某某于 2020 年 8 月 24 日向张某某借款人民币伍万元整。借款期限一个月，于 2020 年 9 月 24 日前归还。"但龙某某 2020 年 9 月 24 日之前并未归还，后双方为还钱关系恶化。2021 年 1 月 24 日张某某起诉龙某某，要求龙某某还本付息。被告认为当初借款时并未约定利息，视为不支付利息。但原告认为没有约定利息，借期内可以不支付利息，但被告必须支付逾期利息。逾期利息怎么算?

《民法典》第六百七十六条规定，借款人未按照约定的期限返还借款的，应当按照约定或者国家有关规定支付逾期利息。《最高人民法院关于审理民间借贷案件适用法律若干问题的规定》第二十八条规定，借贷双方对逾期利率有约定的，从其约定，但是以不超过合同成立时一年期贷款市场报价利率四倍为限。未约定逾期利率或者约定不明的，人民法院可以区分不同情况处理：既未约定借期内利率，也未约定逾期利率，出借人主张借款人自逾期还款之日起参照当时一年期贷款市场报价利率标准计算的利息承担逾期还款违约责任的，人民法院应予支持；约定了借期内利率但是未约定逾期利率，出借人主张借款人自逾期还款之日起按照借期内利率支付资金占用期间利息的，人民法院应予支持。本案既未约定借期内利率，也未约定逾期利率，对于原告主张的逾期部分利息，法院可参照逾期还款起始日一年期贷款市场报价利率标准来计付逾期利息。

8 民间借贷，逾期利息和违约金可以一并主张吗?

◎ 2019 年 12 月 1 日，黄某与李某签订借款合同，约定李某借给黄某 100 万元，年息 12%，期限为一年，如到期黄迟延还款，不仅要按照借期内的利率标准支付迟延还款利息，另外还要支付违约金 1 万元。后黄某迟延还款1个月。李某要求黄某按约定行事，但黄某认为迟延还款既然支付了逾期利息，就不用支付违约金。逾期利息和违约金可以一并主张吗？

《最高人民法院关于审理民间借贷案件适用法律若干问题的规定》第二十九条规定："出借人与借款人既约定了逾期利率，又约定了违约金或者其他费用，出借人可以选择主张逾期利息、违约金或者其他费用，也可以一并主张，但是总计超过合同成立时一年期贷款市场报价利率四倍的部分，人民法院不予支持。"因此，李某可以对逾期利息和违约金一并主张，但是总计不超过合同成立时一年期贷款市场报价利率的四倍。

9 利滚利受法律保护吗？

◎2020年8月30日，张某向李某借款100万元，约定借款期限为1个月，月息为3%。2020年9月30日借款期限届满，张某暂时不能还款，于是双方协商约定，将原借款本金100万元及3万元利息合并为本金103万元，延期1个月，月息仍然是3%。2020年11月1日，李某索要借款本息。张某称法律不允许利滚利，只能按100万的本金计算利息，为此双方发生纠纷。李某向法院起诉张某，要求张某按合同约定还本付息。利滚利受不受法律保护？

利滚利要想受到法律保护，根据《最高人民法院关于审理民间借贷案件适用法律若干问题的规定》第二十七条的规定，必须符合以下两个条件：第一，计入后期借款本金的前期利率没有超过借款合同成立时一年期贷款市场报价利率的四倍；第二，借款期间届满后应当支付的本息之和，没有超过最初借款本金与以最初借款本金为基数、以合同成立时一年期贷款市场报价利率四倍计算的整个借款期间的利息之和。本案双方约定的月息3%（即年息36%），超过了借款合同成立时一年期贷款市场报价利率的四倍15.4%（2020年8月20日公布的一年期贷款市场报价利率为3.85%）。因此，无论是前期还是后期超过15.4%部分的利息不受法律保护，前期超过15.4%的部分也不能计入后期本金计算复利。最终还款的本息之和不得超过最初借款本金与以最初借款本金为基数、以15.4%的年息计算的整个借款期间的利息之和。

10 借款期限跨越2020年8月20日前后，利息如何计算？

◎周某于2020年1月15日向叶某借款，并出具了一张借条给叶某，借条的主要内容如下：今借到叶某现金5万元，月息2%，2021年1月14日前还清。但周某并未按约定期限偿还上述借款给叶某，叶某催讨无果。2021年

2 月 28 日，叶某向法院起诉，要求周某按照合同约定还本付息。本案借款的利息如何计算?

2020 年 12 月 23 日第二次修正的《最高人民法院关于审理民间借贷案件适用法律若干问题的规定》第三十一条第二款规定：“2020 年 8 月 20 日之后新受理的一审民间借贷案件，借贷合同成立于 2020 年 8 月 20 日之前，当事人请求适用当时的司法解释计算自合同成立到 2020 年 8 月 19 日的利息部分的，人民法院应予支持；对于自 2020 年 8 月 20 日到借款返还之日的利息部分，适用起诉时本规定的利率保护标准计算。” 2020 年 8 月 20 日之前的《最高人民法院关于审理民间借贷案件适用法律若干问题的规定》第二十六条规定：“借贷双方约定的利率未超过年利率 24%，出借人请求借款人按照约定的利率支付利息的，人民法院应予支持。借贷双方约定的利率超过年利率 36%，超过部分的利息约定无效。借款人请求出借人返还已支付的超过年利率 36% 部分的利息的，人民法院应予支持。”修正后的《最高人民法院关于审理民间借贷案件适用法律若干问题的规定》对于民间借贷利率是这样规定的:“出借人请求借款人按照合同约定利率支付利息的,人民法院应予支持,但是双方约定的利率超过合同成立时一年期贷款市场报价利率四倍的除外。”本案中，周某、叶某之间的借贷合同成立于 2020 年 1 月 15 日，叶某起诉于 2021 年 2 月 28 日，故本案利息应分段计算：自 2020 年 1 月 15 日起按年利率 24% 计至 2020 年 8 月 19 日止；自 2020 年 8 月 20 日起按起诉时一年期贷款市场报价利率 4 倍即 15.4%（起诉时一年期贷款市场报价利率为 3.85%）计至借款清偿之日止。

11 利息能否预先在本金中扣除?

◎ 王某因建房向邻居张某借款 3 万元，约定 1 年后还款，利息按 10% 的年利率计算，其他事项未作约定。张某在向王某提供借款时先扣除利息 3 000 元，仅给王某 2.7 万元。利息能否预先在本金中扣除?

《民法典》第六百七十条规定：“借款的利息不得预先在本金中扣除。利息预先在本金中扣除的，应当按照实际借款数额返还借款并计算利息。”本案中，王某只需按照 2.7 万元的借款偿还本金和计算利息。

12 提前还款，利息怎么算?

◎杨某与某建材有限公司签订借款合同，约定建材有限公司向杨某提供借款100万元，杨某按月利率2%支付借款利息，借款期限为2年。借款1年后，杨某想提前归还借款，建材有限公司同意杨某提前还款，但要求仍然以2年期限计算利息。杨某认为应当按照实际借款期间计算利息，于是发生纠纷。

《民法典》第六百七十七条规定："借款人提前返还借款的，除当事人另有约定外，应当按照实际借款的期间计算利息。"本案中，如果建材公司与杨某就提前还款利息计算有约定的从其约定；没有约定的，杨某只需按实际借款期间支付利息。

13 借条上没有载明债权人，持有人向法院起诉，法院会受理吗？

◎ 2019年9月，借款人朱某向张某出具借条一份，借款金额为30万元，借款月利率为1%，朱某在借款人栏签名，借条未载明债权人。后朱某未按期还本付息。2020年9月，张某持借条向法院起诉朱某。借条上没有载明张某是债权人，法院会受理张某的起诉吗？

《最高人民法院关于审理民间借贷案件适用法律若干问题的规定》第二条规定："出借人向人民法院提起民间借贷诉讼时，应当提供借据、收据、欠条等债权凭证以及其他能够证明借贷法律关系存在的证据。当事人持有的借据、收据、欠条等债权凭证没有载明债权人，持有债权凭证的当事人提起民间借贷诉讼的，人民法院应予受理。被告对原告的债权人资格提出有事实依据的抗辩，人民法院经审查认为原告不具有债权人资格的，裁定驳回起诉。"因此，尽管本案中的借条未载明张某是债权人，因张某是借条持有人，法院应当受理张某的起诉。

14 有借条就能胜诉吗？

◎ 2020年12月31日，金某手持陈某签字摁手印表明陈某向金某借款600万元的借条向法院起诉要求陈某还款。在庭审中，陈某承认确实是自己签的字，但是在金某的逼迫下签的，金某并未给自己提供过借款。金某除提交的借条外并未提交款项交付的其他凭证。法院多次询问金某资金来源，金某一会说是从银行取的，一会又说从朋友处借的，问从哪个银行什么时候取的及向哪个朋友借的都回答不出来。问以什么方式交付，金某说以现金方式交付，问与陈某仅有一面之缘为什么借钱给陈某，说是为了赚取利息。法院最终没有支持金某的诉求，为什么？

根据《最高人民法院关于审理民间借贷案件适用法律若干问题的规定》

第十八条的规定，人民法院审理民间借贷纠纷案件时发现有下列情形之一的，应当严格审查借贷发生的原因、时间、地点、款项来源、交付方式、款项流向以及借贷双方的关系、经济状况等事实，综合判断是否属于虚假民事诉讼：（1）出借人明显不具备出借能力；（2）出借人起诉所依据的事实和理由明显不符合常理；（3）出借人不能提交债权凭证或者提交的债权凭证存在伪造的可能；（4）当事人双方在一定期限内多次参加民间借贷诉讼；（5）当事人无正当理由拒不到庭参加诉讼，委托代理人对借贷事实陈述不清或者陈述前后矛盾；（6）当事人双方对借贷事实的发生没有任何争议或者诉辩明显不符合常理；（7）借款人的配偶或者合伙人、案外人的其他债权人提出有事实依据的异议；（8）当事人在其他纠纷中存在低价转让财产的情形；（9）当事人不正当放弃权利；（10）其他可能存在虚假民间借贷诉讼的情形。本案中，600 万元的借款，通过向朋友借款来出借给一个根本不熟悉的人，而且还通过现金的方式支付，明显不符合常理。因此，金某的诉求证据不足，法院最终不予支持。

15 一般保证人和连带保证人有何不同?

◎ 古某向辛某借款 20 万元，借期 1 年，利息按同期银行贷款利率的两倍计算，并请周某做担保人，合同中明确为一般保证。清偿期届至，古某没有还债。辛某起诉至法院，要求周某承担担保责任，偿还债务。周某认为古某在老家还有房子，辛某无权直接要求自己承担还款责任。辛某是否有权直接要求周某还款?

根据《民法典》第六百八十七条第二款的规定，一般保证的保证人在主合同纠纷未经审判或者仲裁，并就债务人财产依法强制执行仍不能履行债务前，有权拒绝向债权人承担保证责任，但是有下列情形之一的除外：（1）债务人下落不明，且无财产可供执行；（2）人民法院已经受理债务人破产案件；（3）债权人有证据证明债务人的财产不足以履行全部债务或者丧失履行债务能力；（4）保证人书面表示放弃本款规定的权利。本案中，如果未出现法律规定的特殊情形，周某作为一般保证的保证人，就古某的财产强制执行前，有权拒绝承担保证责任。

16 对保证方式没有约定或者约定不明确的，保证人承担什么责任?

◎ 2016 年 12 月王某向李某借款 20 万元，并请张某做担保人；但在合同中并没有明确约定张某承担何种形式的担保责任。2017 年 12 月，清偿期届至，王某没有按期还款，李某要求张某承担担保责任，偿还债务。张某认为合同并没有约定自己是连带担保，李某应该向王某主张债权，就王某的财产依法强制执行仍不能履行债务的，才能向自己主张债权。本案中张某应该按哪种保证方式承担担保责任？

原《担保法》第十九条规定：“当事人对保证方式没有约定或者约定不明确的，按照连带责任保证承担保证责任。”因此，本案中的张某应当承担连带保证责任。2021 年 1 月 1 日《民法典》开始实施，同日《担保法》废止。《民法典》对保证方式没有约定或约定不明的规定与《担保法》截然不同，《民法典》第六百八十六条第二款规定：“当事人在保证合同中对保证方式没有约定或者约定不明确的，按照一般保证承担保证责任。”

17 在借条上签字的就一定是保证人吗？

◎ 2019 年 9 月 25 日，周某因资金周转需要向李某借款 15 万元，李某于当日以银行转账的形式向周某的账户转入 15 万元。周某在收到借款后向李某出具了借条，因陈某是双方的朋友，应请求，陈某在借条上方空白处签下自己的名字。后周某没有按期还款，李某追讨无果的情况下要求陈某承担责任。陈某说自己是见证人，不是保证人，不应由其偿还借款。陈某是否要承担保证责任？

《最高人民法院关于审理民间借贷案件适用法律若干问题的规定》第二十条规定：“他人在借据、收据、欠条等债权凭证或者借款合同上签名或者盖章，但是未表明其保证人身份或者承担保证责任，或者通过其他事实不能推定其为保证人，出借人请求其承担保证责任的，人民法院不予支持。”本案中，陈某虽然在借条上签了名，但并未表明其就是保证人或者愿意承担保证责任。如果不能通过其他事实推定陈某是保证人的，则陈某不用承担保证责任。

18 担保人承担保证责任的期限是多长？

◎ 2018 年 1 月 3 日，李某经王某担保向黄某借款 5 万元，双方约定 3 年内还清。李某向黄某出具了借条，注明于 2021 年 1 月 3 日之前还清借款，王某作为连带保证人在借条上签名担保，但双方并未约定保证期间。如果李某不能按期还款，王某承担保证责任的期间是多长？

《民法典》第六百九十二条规定：“保证期间是确定保证人承担保证责任的期间，不发生中止、中断和延长。债权人与保证人可以约定保证期间，但是约定的保证期间早于主债务履行期限或者与主债务履行期限同时届满的，视为没有约定；没有约定或者约定不明确的，保证期间为主债务履行期限届满之日起六个月。债权人与债务人对主债务履行期限没有约定或者约定不明确的，保证期间自债权人请求债务人履行债务的宽限期届满之日起计算。”本案中，债权人与债务人对主债务履行期限有约定，但债权人与保证人对保证期间没有约定，根据《民法典》的上述规定，王某承担保证责任的期间为 6 个月，自 2021 年 1 月 3 日主债权履行届满之日起起算。

19 夫妻一方对他人债务担保，另一方是否需要承担责任？

◎李某与王某系多年的好朋友，王某从事家电销售生意，生意一直都比较好。2016 年初，为扩大经营规模，王某找到李某，要求其出面担保，向漯河市某信用社贷款 10 万元。李某碍于情面，未与妻子商量便予以答应，并在连带保证担保合同上签字。事后，李某也不敢将此事告知妻子，只是多次催促王某尽快还款。2017 年底，王某生意一落千丈，低价处理货物后携款外出，不知所终。因到期后该款分文未还，2021 年 1 月信用社具状起诉，要求李某夫妻俩在保证范围内承担还款责任。李某的妻子对该笔债务是否有偿还的义务？

《民法典》第一千零六十四条第二款规定：“夫妻一方在婚姻关系存续期间以个人名义超出家庭日常生活需要所负的债务，不属于夫妻共同债务；但是，债权人能够证明该债务用于夫妻共同生活、共同生产经营或者基于夫妻双方共同意思表示的除外。”本案中，李某的担保不是出于家庭日常生活所需，也未用于夫妻共同生活、共同生产经营，故其不属于夫妻共同债务，李某的妻子没有偿还的义务，除非信用社能够证明该担保是李某夫妻的共同意思表示。

20 债务人到期不还债，抵押物可以直接归债权人所有吗？

◎ 2017 年李某、王某两人订立借款合同一份，约定李某借给王某人民币 10 万元，王某用汽车作抵押，两年后归还本金；若到期王某无力还款，则该汽车归李某所有。两年还款期到，王某无法偿还借款，李某要求把当初抵押的车给自己，但王某说，自己的车价值 20 万元，想把车卖了，用卖车款优先偿还李某的债，李某不答应。该车能否根据合同约定直接归李某所有？

本案中，李某与王某约定的王某若到期无力还款，抵押的汽车归李某所有的条款属于“流押条款”。当时的《物权法》和《担保法》都明确禁止流押。《物权法》第一百八十六条规定：“抵押权人在债务履行期届满前，不得与抵押人约定债务人不履行到期债务时抵押财产归债权人所有。”《担保法》第四十条规定：“订立抵押合同时，抵押权人和抵押人在合同中不得约定在债务履行期届满抵押权人未受清偿时，抵押物的所有权转移为债权人所有。”《最高人民法院关于适用〈中华人民共和国担保法〉若干问题的解释》第五十七条规定，当事人在抵押合同中约定，债务履行期届满抵押权人未受清偿时，抵押物的所有权转移为债权人所有的内容无效。该内容的无效不影响抵押合同其他部分内容的效力。债务履行期届满后抵押权人未受清偿时，抵押权人和抵押人可以协议以抵押物折价取得抵押物。根据以上法律规定，双方借款合同约定汽车直接归李某所有的条款属于无效条款，李某不能根据合同约定直接取得汽车的所有权。2021 年 1 月 1 日，《民法典》和《最高人民法院关于适用〈中华人民共和国民法典〉有关担保制度的解释》开始实施，《物权法》《担保法》《最高人民法院关于适用〈中华人民共和国担保法〉若干问题的解释》同时废止。《民法典》第四百零一条规定：“抵押权人在债务履行期限届满前，与抵押人约定债务人不履行到期债务时抵押财产归债权人所有的，只能依法就抵押财产优先受偿。”有观点认为民法典不再禁止流押。但从民法典上述条文表述看，流押条款仍然是无效的，但不影响担保物权的效力，因为如果流押条款是有效的，抵押权人就可直接根据约定取得抵押财产的所有权，而不是只能依法就抵押财产优先受偿。也就是说即使当事人约定了流押条款，抵押人不负有抵押物所有权直接转移的义务，仍需通过拍卖、折价或者变卖等方式以实现抵押权人的优先受偿权。《民法典》此条的法律效果与原来的《物权法》《担保法》及《最高人民法院关于适用〈中华人民共和国担保法〉若干问题的解释》相关规定并无二致，只是表达方式有所改变而已。

21 哪些事由会导致民间借贷合同无效?

◎王某系毒贩，为筹措贩毒资金向张某借款 2 万元。张某明知王某借款系用于贩毒，仍与王某订立借款合同一份，约定借款期限为 10 日，借款利率为日息千分之三。后因王某未如期还款，张某起诉王某，人民法院在依法查明事实后，认定民间借贷合同无效，驳回了张某的诉讼请求。

根据《最高人民法院关于审理民间借贷案件适用法律若干问题的规定》第十三条的规定，具有下列情形之一，人民法院应当认定民间借贷合同无效：（1）套取金融机构贷款转贷的；（2）以向其他营利法人借贷、向本单位职工集资，或者以向公众非法吸收存款等方式取得的资金转贷的；（3）未依法取得放贷资格的出借人，以营利为目的向社会不特定对象提供借款的；（4）出借人事先知道或者应当知道借款人借款用于违法犯罪活动仍然提供借款的；（5）违反法律、行政法规强制性规定的；（6）违背公序良俗的。本案中，张某明知王某借款系用于贩毒，所签订的借款合同属无效合同，不受法律保护。

22 我国的民事诉讼时效是多久？

◎陈甲与陈乙是亲兄弟，陈甲因买车跑运输需要资金向陈乙借款 10 万元，约定 1 年内归还。但陈甲并未按期归还，陈乙知道陈甲经营不善，资金紧张，并未索要。借款发生 5 年后，陈乙生重病需要资金做手术才向陈甲索要欠款。陈甲不还，陈乙向法院提起诉讼。陈甲以超过诉讼时效进行抗辩，法院驳回了陈乙的起诉，为什么？

因为陈乙起诉时已超过了诉讼时效。诉讼时效是指民事权利受到侵害的权利人在法定的时效期间内不行使权利，当时效期间届满时，债务人获得诉讼时效抗辩权。《民法典》第一百八十八条规定：“向人民法院请求保护民事权利的诉讼时效期间为三年。法律另有规定的，依照其规定。诉讼时效期间自权利人知道或者应当知道权利受到损害以及义务人之日起计算。法律另有规定的，依照其规定。但是，自权利受到损害之日起超过二十年的，人民法院不予保护，有特殊情况的，人民法院可以根据权利人的申请决定延长。”本案双方约定的还款期限是借款 1 年内，陈乙起诉时已超过了法律规定的 3 年诉讼时效，在被告以诉讼时效抗辩的情况下，法院驳回原告的起诉合法。

23 诉讼时效在什么情况下中断？

◎王某向张某借款 10 万元，约定 1 年内归还，但王某并未按期归还。双方约定的借款期限届满后，张某每年找王某讨要一次，王某每次都以资金紧张为由未还。在连续讨要三年未果的情况下，张某终于决定向法院起诉王某。王某却以超过诉讼时效为由进行抗辩。本案有无超过诉讼时效？

本案并未超过诉讼时效，因为本案曾发生诉讼时效中断。诉讼时效中断，是指在诉讼时效进行中，因法定事由的发生，已经经过的诉讼时效期间无效，诉讼时效期间应重新开始计算。根据《民法典》第一百九十五条的规定，有下列情形之一的，诉讼时效中断，从中断、有关程序终结时起，诉讼时效期间重新计算：（1）权利人向义务人提出履行请求；（2）义务人同意履行义务；（3）权利人提起诉讼或者申请仲裁；（4）与提起诉讼或者申请仲裁具有同等效力的其他情形。本案的诉讼时效应从王某最后一次讨要之日起重新计算，因此没有超过诉讼时效。

24 法院能主动适用诉讼时效的规定吗？

◎王某借给张某 5 万元，当时张某给王某出具借条，上面写明借款期限是 1 年。借款期限届满后，王某联系不到张某，后听说张某出国了。5 年后张某回国，王某打算起诉张某，但担心法院会以诉讼时效为由不予受理。王某的担心有没有必要？

《民法典》第一百九十三条规定：“人民法院不得主动适用诉讼时效的规定。”因此，在起诉阶段法院是不会以超过诉讼时效为由不予受理的，王某的担心没有必要。但是法院受理后，被告如果用诉讼时效抗辩，而王某拿不出证据证明诉讼时效中断，法院则会驳回王某的诉讼请求。

25 已经超过诉讼时效，借款人承诺偿还的，效力如何认定？

◎颜某、兰某系夫妻关系。2015 年 4 月 19 日，颜某、兰某立下借条，向董某借款人民币 100 万元，还款期限为 2016 年 4 月 19 日。借款期限届满后，除偿还部分利息外，未能按期全额还本付息。后两夫妻因车祸遭遇重伤，经济陷于困境，董某也未向其追讨债务。2020 年 10 月，颜某夫妇状况好转，经协商 2020 年 12 月 25 日夫妻俩给董某出具还款承诺书，但始终没有还款。2021 年 9 月董某向法院起诉颜某夫妇，颜某夫妇能否以超过诉讼时效为由进行抗辩？

《民法典》第一百九十二条规定：“诉讼时效期间届满的，义务人可以提出不履行义务的抗辩。诉讼时效期间届满后，义务人同意履行的，不得以诉讼时效期间届满为由抗辩；义务人已自愿履行的，不得请求返还。”本案中，颜某夫妇在诉讼时效期间届满后给债权人出具了还款承诺书，视为同意履行债务，故不得以诉讼时效期间届满为由抗辩。

第八章

消费者权益保护

1 什么样的消费适用《消费者权益保护法》？

◎王某经营一家宾馆，因宾馆装修需要一批热水器，2014 年 7 月 10 日王某到某卫浴批发部看热水器，卫浴批发部说尽了“××”牌热水器的好处，王某于是以每台 1 000 元的价格购买了 20 台该品牌热水器。用了一段时间后王某发现不是“××”牌热水器，王某找到卫浴批发部追究欺诈责任，卫浴批发部不予理会。王某向法院起诉，要求卫浴批发部根据《消费者权益保护法》的规定“退一赔三”。卫浴批发部认为双方的纠纷不适用《消费者权益保护法》。本案能否适用《消费者权益保护法》？

根据《消费者权益保护法》第二条的规定：“消费者为生活消费需要购买、使用商品或者接受服务，其权益受本法保护；本法未做规定的，受其他有关法律、法规保护。”也就是说《消费者权益保护法》适用生活消费。所谓生活消费指人们日常的衣、食、住、行、用等方面的消费，也就是人们消耗生活资料或接受服务以满足生活需要的行为和过程。本案中，王某一次性购买 20 台热水器用于宾馆经营，属于生产消费，不属于生活消费，不适用《消费者权益保护法》的规定。

2 农民购买生产资料能否适用《消费者权益保护法》？

◎ 2018 年 5 月，黄某在某种子商店购买“承单 22 号”玉米种子 1 100 余斤，支付种子款 16 000 余元。购买种子时种子商店承诺该玉米不倒伏，并应黄某要求在收款票据上注明“成熟期内不倒伏”字样，当年黄某种植该品种玉米 20 公顷。2018 年 10 月上旬，玉米发生严重倒伏现象。黄某遂以种子商店欺诈为由起诉到法院，要求按照《消费者权益保护法》的规定进行惩罚性赔偿。本案能否适用《消费者权益保护法》的规定？

《消费者权益保护法》第六十二条规定：“农民购买、使用直接用于农业生产的生产资料，参照本法执行”。农民购买、使用直接用于农业生产的生产资料，允许参照《消费者权益保护法》的规定执行。但必须具备下列条件：（1）生产资料的购买者、使用者必须是农民，这里的农民不仅包括农民个人，还包括农村承包经营户等，但不包括农民专业合作社及涉农企业；（2）必须直接用于农业生产，非直接用于生产的不适用；（3）仅限于生产资料，不包括生产服务等。本案中，黄某的情形符合以上规定，可以参照适用《消费者权益保护法》的规定。

3 在什么情况下消费者可以向经营者主张“退一赔三”？

◎殷先生在淘宝网的一家电器专营店里，看中了某品牌的液晶电视机。店铺宣传网页中称该店是国内该品牌的“唯一官方专卖店”。电视机每台价格为 8 800 元，运费 200 元，合计 9 000 元，殷先生下单购买了 1 台。可用了一段时间，殷先生发现电视机与该品牌口碑完全不符。他发现电视机背面标注有“广东某电子公司”的字样，通过工商查询该家企业，查询结果显示并不存在此名称的公司企业。殷先生联系卖家，想让对方提供相关的授权证明等，但对方一直未提供。殷先生认为店家存在欺诈行为，向法院起诉了淘宝卖家，要求退款，并按其货款的三倍赔偿。殷先生的诉求有无法律依据?

殷先生的诉求有法律依据。《消费者权益保护法》第五十五条第一款规定：“经营者提供商品或者服务有欺诈行为的，应当按照消费者的要求增加赔偿其受到的损失，增加赔偿的金额为消费者购买商品的价款或者接受服务的费用的三倍；增加赔偿的金额不足五百元的，为五百元。法律另有规定的，依照其规定。”也就是说法律规定的“退一赔三”的适用条件是经营者提供商品或者服务有欺诈行为。本案中该淘宝网店的行为已经构成欺诈，殷先生可以要求网店“退一赔三”。

4 吃了小卖店过期的辣子条，看病花了100元，可以要求赔1100元吗?

◎张某在村里开了一家小卖店，销售生活用品及一些小食品，因为村里许多人买东西不看生产日期，因此有些食品过期了张某也没清理。王某的儿子在小卖店花了 5 元钱买了一包过期辣子条，吃完后上吐下泻，王某立即把儿子带到医疗站诊治，花费了 100 元。王某让小卖店店主张某除了赔偿儿子的医药费外，另外再赔 1 000 元，否则向市场监督管理部门投诉。张某认为王某是敲诈勒索。请问王某是敲诈勒索吗?

《食品安全法》第一百四十八条第二款规定：“生产不符合食品安全标准的食品或者经营明知是不符合食品安全标准的食品，消费者除要求赔偿损失外，还可以向生产者或者经营者要求支付价款十倍或者损失三倍的赔偿金；增加赔偿的金额不足一千元的，为一千元。但是，食品的标签、说明书存在不影响食品安全且不会对消费者造成误导的瑕疵的除外。”本案中 100 元的医疗费是王某的损失，除此以外王某可以要求张某增加赔偿其受到的损失，因增加赔偿部分无论是价格的 10 倍还是损失的 3 倍都不足 1 000 元，按“增加赔偿的金额不足 1 000 元的，为 1 000 元”的法律规定，王某可以要求增加赔偿 1 000 元。因此，王某的要求不属于敲诈勒索。

5 知假买假能否适用《消费者权益保护法》惩罚性赔偿？

◎周女士喜好研究法律，新《消费者权益保护法》出台后，周女士关注到，新《消费者权益保护法》规定对于商家提供商品有欺诈行为的，消费者可以按照商品价款的三倍要求增加赔偿，周女士便想到了新的“谋财”方式。周女士发现某商场有出售的貂绒大衣，并且貂绒大衣的吊牌上明确标明成分为 100% 貂绒。周女士让懂行的朋友去看，朋友告诉她肯定不是 100% 貂绒。周女士于是便购买了 10 件貂绒大衣，共计花费 2 万多元。其后，检验部门出具检验报告，载明成分含量：再生纤维素纤维 31.4%、兔毛 26.1%、羊毛 21.5%、锦纶 21%。周女士据此向商场要求退货退款、并按照 3 倍货款赔。商场认为，周女士是恶意地知假买假，不应按照《消费者权益保护法》给予 3 倍的赔偿，周女士起诉至法院。周女士的诉求是否受《消费者权益保护法》的保护？

《消费者权益保护法》第二条规定：“消费者为生活消费需要购买、使用商品或者接受服务，其权益受本法保护；本法未做规定的，受其他有关法律、法规保护。”从该条款中可以看出消费者是以生活消费为直接目的而购买、使用商品或接受服务的主体。对于知假买假者而言，其目的是通过惩罚性赔偿制度获得额外赔偿而不是生活消费的需要，不应该受《消费者权益保护法》的保护，法律另有规定的从其规定。本案中，周女士不以生活消费为目的，不具备“消费者”主体资格，故其诉求不受《消费者权益保护法》保护。

6 食品、药品知假买假是否影响消费者权益保护？

◎ 2020 年 5 月 1 日，孙某在欧尚超市购买“玉兔牌”香肠 15 包，其中价值 558.6 元的 14 包香肠已过保质期。孙某到收银台结账后，即径直到服务台索赔，后因协商未果诉至法院，要求欧尚超市支付 14 包香肠售价 10 倍的赔偿金 5 586 元。法院支持了孙某的诉求，为什么？

《食品安全法》第一百四十八条第二款规定：“生产不符合食品安全标准的食品或者经营者明知是不符合食品安全标准的食品，消费者除要求赔偿损失外，还可以向生产者或经营者要求支付价格十倍或者损失三倍的赔偿金；增加赔偿的金额不足一千元的，为一千元。但是食品的标签、说明书存在不影响食品安全且不会对消费者造成误导的瑕疵的除外。”《最高人民法院关于审理食品药品纠纷案件适用法律若干问题的规定》第三条规定：“因食品、药品质量问题发生纠纷，购买者向生产者、销售者主张权利，生产者、销售者以购买者明知食品、药品存在质量问题而仍然购买为由进行抗辩的，人民法院不予支持。”最高人民法院第 23 号指导案例指出，消费者购买到不符合食品安全标准的食品，要求销售者或生产者依照食品安全法规定支付价款 10 倍赔偿金或者依照法律规定的其他赔偿标准赔偿的，不论其购买时是否明知食品不符合安全标准，人民法院都应予支持。可见，食品、药品知假买假仍是可以适用法律规定的惩罚性赔偿。本案中，孙某购买的香肠属于食品，即使购买时已知过期，其诉求也能得到法律的保护。

7 游客在农家乐丢了东西，农家乐有义务赔吗？

◎一个周末，刘某一家来到某农家乐就餐。用完餐结账时刘某突然发现包没有了，他立刻找来了服务员并拨打了 110。据称，刘某的包内有 4 000 元现金和一张 20 万元的银行卡及其身份证等证件。刘某认为自己在该农家乐就餐丢失皮包，农家乐应当负责。农家乐的业主认为自己店内多处张贴了“请保管好自己的物品”的提示，而且顾客有贵重物品还可以存放在吧台，所以自己不应承担责任。二人争执不下。农家乐对刘某丢失的财物是否应承担赔偿责任？

虽然《消费者权益保护法》第十八条第二款规定，宾馆、商场、餐馆、银行、机场、车站、港口、影剧院等经营场所的经营者，应当对消费者尽到安全保障义务。但这并不意味着经营者对顾客随身携带的物品承担保管义务。通常情况下，消费者在餐馆吃饭时财物丢失，只要餐馆经营者尽到了其合理限度范围内的安全保障义务，店主不存在过错的，不应当承担责任。本案农家乐对刘某财物丢失不应承担赔偿责任。

8 在餐馆门口摔伤，餐馆有义务赔偿吗？

◎ 2015 年 1 月的一天，何某带家人去县城办事，办完事去一家餐馆吃饭。在上餐馆门前台阶时由于台阶上有积雪而摔倒，造成何某右腿骨折，不得不住院治疗。何某伤好之后找到该餐馆，要求餐馆承担他所有的医疗费，理由是自己的摔伤是因为餐馆没有及时清理地面上的积雪造成的。而餐馆认为何某是不小心摔伤的，跟餐馆没有任何关系。餐馆有责任吗？

《消费者权益保护法》第十八条第二款规定："宾馆、商场、餐馆、银行、机场、车站、港口、影剧院等经营场所的经营者，应当对消费者尽到安全保障义务。"由此可见，餐馆应该保障消费者在餐馆时的人身安全。在本案中，何某摔伤有餐馆没有及时清理门前积雪的原因，也有何某自己不小心的原因。所以，餐馆应该承担一部分责任。

9 消费者知情权包括哪些内容？

◎ 2018 年 10 月 3 日，郭某到当地一家电器商场购买了一台彩电。五天后，郭某才得知该彩电的生产厂家为促销，曾随每台彩电赠送一只价值 120 元的电热壶，于是她便持发票到商场要求补发。商场经理声称："此种赠品并不是彩电的组成部分，可给可不给，她当时没有索要，过期作废。"郭某以侵犯知情权为由将电器商场投诉到消协。商场是否侵犯了郭某的知情权？

《消费者权益保护法》第八条规定："消费者享有知悉其购买、使用的商品或者接受的服务的真实情况的权利。消费者有权根据商品或者服务的不同情况，要求经营者提供商品的价格、产地、生产者、用途、性能、规格、等级、主要成分、生产日期、有效期限、检验合格证明、使用方法说明书、售后服务，或者服务的内容、规格、费用等有关情况。"该条是关于消费者知情权的规定。本案中，电器商场不如实告知郭某购买彩电将附赠电热壶的情况，侵犯了郭某的知情权。郭某在不知情的情况下未当场索要，不能视为是对自身权利的放弃。

10 消费者的自主选择权包括哪些方面？

◎彭某在美体中心购买了一张 2 000 元的美体卡。美体中心向彭承诺，可使用 100 次，每次 20 元，每次都能得到店面人员娴熟的手法服务，不限时间，用完为止。2010 年 9 月，彭某发现美体中心店面转让他人，而此时彭某尚有 760 元没有消费，美体中心告知彭某可以继续在该店面消费。彭某觉着对新店面人员服务及手法均不了解，不同意继续在该店面消费。要求美体中心退款，美体中心不退。美体中心侵犯了彭某的什么权？

美体中心侵犯了彭某的自主选择权。根据《消费者权益保护法》第九条的规定，消费者享有自主选择商品或者服务的权利。消费者有权自主选择提供商品或者服务的经营者，自主选择商品品种或者服务方式，自主决定购买或者不购买任何一种商品、接受或者不接受任何一项服务。消费者在自主选择商品或者服务时，有权进行比较、鉴别和挑选。本案中，由于美体中心易主，彭某有权自主选择继续在该美体中心消费或者退费。

11 消费者的公平交易权主要表现在哪些方面？

◎农民唐某购买了5袋碳酸氢铵，购买时店家声称每袋均为50公斤。唐某到家后，总觉得化肥重量似乎比平时购买得少了点，于是他便称了称这些化肥，结果是这些化肥每袋均只有47.5公斤。唐某于是向市场监督管理部门投诉。店家侵犯了唐某的什么权利?

根据《消费者权益保护法》第十条的规定，消费者享有公平交易的权利。消费者公平交易权主要表现在以下两个方面：（1）获得公平的交易条件，即消费者购买商品或者接受服务时有权获得质量保障、价格合理、计量正确等公平交易的条件；（2）消费者有权拒绝经营者的强制交易行为，如最低消费等。本案中，店家的计量不正确，侵犯了唐某的公平交易权。

12 超市可以对消费者进行搜身吗?

◎老李上大学的儿子要回家了，老李特意到超市去采购，准备好好款待一下儿子。当结算完的老李推着购物车向门口走去时，超市门口的电子报警器突然响了起来。超市保安让老李一次次通过门口，报警铃都会响起。保安说要搜查一下老李的身体及携带的物品，老李不同意，保安说不让搜身就不能离开超市。为了尽快回家，老李让保安检查了自己的身体及所携带的物品，最后却什么也没有搜出来，后来证明是报警器出了问题。老李回家后把此事说与家人听，儿子听说后非常气愤，拉着父亲找到超市，要求超市郑重向父亲道歉，并赔偿精神损失费。超市有无侵权?

根据我国《消费者权益保护法》第二十七条和第五十条的规定，经营者不得对消费者进行侮辱、诽谤，不得搜查消费者的身体及其携带的物品，不得侵犯消费者的人身自由；经营者侵害消费者的人格尊严、侵犯消费者人身自由或者侵害消费者个人信息依法得到保护的权利的，应当停止侵害、恢复名誉、消除影响、赔礼道歉，并赔偿损失。本案中，超市侵犯了老李的人格尊严，应对老李赔礼道歉。因未造成严重后果，可不赔偿精神损失费。

13 哪些途径购买的商品享有 7 日无理由退货权?

◎魏先生一天在某苹果手机专卖店买了一部苹果手机，第二天却后悔了，想购买华为手机，于是找到苹果手机专卖店要求退货。苹果手机专卖店认为既然手机没有质量问题，不能退货。魏先生认为消费者在购买商品 7 日内享有无理由退货权。魏先生说法正确吗?

《消费者权益保护法》第二十五条规定了消费者 7 日内的无理由退货权，但是有购买方式的限制，如采用网络、电视、电话、邮购等远程购物方式的才可适用该条款。消费者选择无理由退货需要承担的义务有：（1）支付退货运费；（2）保证商品完好。商品完好的判断标准包括消费者为了检查、试用而拆封商品的情况，只要不是因消费者的原因造成价值明显贬损的，都可以算是商品完好。本案中，魏先生并非通过远程购买方式购买的手机，不享有 7 日无理由退货权，除非双方另有约定。因此，魏先生的说法不正确。

14 购买时明知有瑕疵的商品，能退货吗?

◎张某看见某服装店搞促销，原价 1 000 多元的衣服 150 元甩卖。售货员说："这批衣服是从生产线上拿下来的，有点瑕疵，但绝不影响穿着。"张某就买了一件，回家后又后悔了，要求商店退货。但商家认为事先已告知衣服有瑕疵，拒绝退货。张某是否有权要求退货?

《消费者权益保护法》第二十三条第一款规定，经营者应当保证在正常使用商品或者接受服务的情况下其提供的商品或者服务应当具有的质量、性能、用途和有效期限；但消费者在购买该商品或者接受该服务前已经知道其存在瑕疵，且存在该瑕疵不违反法律强制性规定的除外。本案中，售货员在销售时就已声明衣服有瑕疵，张某在被告知后仍然接受衣服。此时，服装店与张某达成一个协议，即服装店提供带有瑕疵的商品，用降价免除了为瑕疵担保的义务。这种瑕疵不违反法律强制性规定，是允许的。虽然消费者享有 7 日内的无理由退货权，但 7 日无理由退货权只适用于通过网络、电视、电话、邮购等方式购买的商品。本案中的张某是在实体店购买的衣服，不能无理由退货。因此，张某无权要求服装店退货。

15 网购哪些商品不适用 7 日无理由退货?

◎ 2018 年 11 月 11 日这一天，王某看见"半日达"鲜活食品网店在促销多宝鱼，价格只有平时的一半，王某一口气买了上千元的多宝鱼。可收到货后，王某又后悔了，这么多的多宝鱼，自己根本吃不了，时间长了，肯定会坏掉。同事陈某告诉王某《消费者权益保护法》规定了网购七日无理由退货权，只要是网购的东西，七日之内均可以无理由退货。王某是否有权无理由退掉这些多宝鱼？

《消费者权益保护法》为了公平保护经营者和消费者的合法权益，该法第二十五条第一款规定了特殊商品不适用无理由退货，这些特殊商品包括：（1）消费者定做的；（2）鲜活易腐的；（3）在线下载或者消费者拆封的音像制品、计算机软件等数字化商品；（4）交付的报纸、期刊；（5）其他根据商品性质并经消费者在购买时确认不宜退货的商品。如拆封后易影响人身安全或者生命健康的商品、拆封后易导致商品品质发生改变的商品、一经激活或者试用后价值贬损较大的商品、销售时已明示的临近保质期的商品或有瑕疵的商品。但以上这些特殊商品如果有质量问题，在销售时并未明示的，消费者是可以退货的。本案中，多宝鱼属鲜活易腐品，故在质量没有问题的情况下王某无权无理由退货。

16 “商品开拆，概不退换”店堂告示有效吗？

◎陈某进城去看望上学的女儿，想到女儿平时学习很辛苦，就决定到超市给女儿买点吃的。陈某在一家超市购买了一箱牛奶和一些糕点，由于着急见女儿，未仔细检查保质期就匆忙离开。直到女儿喝牛奶时，才发现牛奶已超过保质期半个月了。陈某立即携带过期食品及购物小票来到该超市，超市负责人表示墙面醒目位置张贴了“商品开拆，概不退换”的提示语，不能给陈某退换。超市是否应当给陈某退换？

《消费者权益保护法》第二十六条规定，经营者不得以格式条款、通知、声明、店堂告示等方式，作出排除或者限制消费者权利、减轻或者免除经营者责任、加重消费者责任等对消费者不公平、不合理的规定。不得利用格式条款并借助技术手段强制交易。格式条款、通知、声明、店堂告示等含有前款所列内容的，其内容无效。本案中，超市“商品开拆，概不退换”的店堂告示不分情况、不分理由、一概不退换货是限制消费者权利、减轻或者免除经营者责任的不合理规定，该店堂告示无效，应给陈某进行退换。

17 商家掌握的消费者个人信息是否应该保密？

◎庞先生通过某网站购买了某航空公司的机票，其后收到诈骗短信，短信内容中显示有他的航班信息、机场名称、航班号等。庞先生认为，自己的手机号及确切的航班信息只有售票网站和航空公司掌握，因而断定是其泄露了自己的个人信息，于是以侵犯隐私权为由诉至法院，请求判令上述两方向自己公开道歉，并赔偿精神损害抚慰金 1 000 元。商家掌握的消费者个人信息是否应该保密？

《民法典》第一千零三十四条规定："自然人的个人信息受法律保护。个人信息是以电子或者其他方式记录的能够单独或者与其他信息结合识别特定自然人的各种信息，包括自然人的姓名、出生日期、身份证件号码、生物识别信息、住址、电话号码、电子邮箱、健康信息、行踪信息等。个人信息中的私密信息，适用有关隐私权的规定；没有规定的，适用有关个人信息保护的规定。"《消费者权益保护法》第二十九条第二款规定："经营者及其工作人员对收集的消费者个人信息必须严格保密，不得泄露、出售或者非法向他人提供。经营者应当采取技术措施和其他必要措施，确保信息安全，防止消费者个人信息泄露、丢失。在发生或者可能发生信息泄露、丢失的情况时，应当立即采取补救措施。" 本案中，如果确实是网站和航空公司泄露了庞先生的个人信息的话，他们应当立即采取补救措施，如果给庞先生造成损失，还应承担赔偿责任。

18 解决消费权益纠纷有哪些途径？

◎张某的女儿考上了重点大学，张某非常高兴，去街上买了部三星手机作为奖励。女儿使用手机两个月后黑屏，张某带着发票到三星售后点维修，工程师检测为水货机，不能保修。张某找到商家，但商家迟迟不给解决，张某该怎么办？

根据《消费者权益保护法》第三十九条的规定，消费者和经营者发生争议时，可通过下列途径解决：（1）与经营者协商和解；（2）请求消费者协会或者依法成立的其他调解组织调解；（3）向有关行政部门投诉；（4）根据与经营者达成的仲裁协议提请仲裁机构仲裁；（5）向人民法院提起诉讼。因此，张某可以选择以上任意一种途径来解决此纠纷。

19 在租赁柜台购买商品，权益受到损害可以要求柜台出租者赔吗？

◎ 2015 年 4 月 1 日李某在美凯龙公司经营的家具城与宝丽家具店签订定／销货单，李某向宝丽家具店支付货款 15 000 元。定／销货单中约定了送货方式为送货到户，送货时间为2015年4月20日。但4月20日家具店并没有送货，李某去宝丽家具店查看，宝丽家具店已经人去店空。李某要求美凯龙公司赔偿自己的损失。美凯龙公司认为自己只出租场地给宝丽家具店，李某应该找宝丽家具店赔。美凯龙公司有义务赔吗?

《消费者权益保护法》第四十三条规定：“消费者在展销会、租赁柜台购买商品或者接受服务，其合法权益受到损害的，可以向销售者或者服务者要求赔偿。展销会结束或者柜台租赁期满后，也可以向展销会的举办者、柜台的出租者要求赔偿。展销会的举办者、柜台的出租者赔偿后，有权向销售者或者服务者追偿。”本案中，李某在美凯龙公司出租的柜台购买家具，在支付货款后并未收到相应的商品，在无法找到家具店的情况下，有权要求美凯龙公司赔偿。

20 购买冰箱，六个月内有瑕疵，谁承担举证责任?

◎ 2015年7月10日，王某在某商场购买价格3 000多元的某品牌电冰箱一台，使用5个月后电冰箱不制冷，遂找商家反映。商家在接待王某后，表示可以派技术人员上门维修，但维修费用需王某自理。王某认为电冰箱不制冷是商品质量问题，坚决要求退货。商家声称电冰箱不制冷可能是王某使用不当造成，如王某认为是质量问题，须提供相关证据证明，否则不予退换。该商家的说法是否合法?

“谁主张，谁举证”是我国《民事诉讼法》规定的一般证据规则。但是针对特殊商品和服务，消费者因为不掌握相关技术等信息，举证往往非常困难。为了保护消费者的权益，《消费者权益保护法》针对特殊耐用商品和服务规定了举证责任倒置。该法第二十三条第三款规定：“经营者提供的机动车、计算机、电视机、电冰箱、空调器、洗衣机等耐用商品或者装饰装修等服务，自消费者接受商品或者服务之日起六个月内出现瑕疵、发生纠纷的，由经营者承担相关举证责任。”本案中，王某购买冰箱六个月内出现问题发生纠纷，应该由商场证明是由于使用不当引起的；如果不能证明，商场应承担相应的责任。

21 网络交易平台提供者不能提供卖家的真实身份信息和有效联系方式，消费者可以要求交易平台提供者赔偿吗?

◎ 2017年5月16日，林先生在第三方平台上看到一卖家销售的手机，该手机比市场价便宜不少。经与店家联系并确认，该手机为正品新机，林先生就支付了货款。但没想到收货时发现手机并非新机，于是与客服联系要求退货。客服要求林先生把手机寄回后退款，林先生将手机寄回后，客服对退款事宜不再回复。林先生找第三方平台，第三方平台也不能提供卖家真实身份信息和有效的联系方式。第三方平台是否有义务赔偿林先生的损失？

《消费者权益保护法》第四十四条规定："消费者通过网络交易平台购买商品或者接受服务，其合法权益受到损害的，可以向销售者或者服务者要求赔偿。网络交易平台提供者不能提供销售者或者服务者的真实名称、地址和有效联系方式的，消费者也可以向网络交易平台提供者要求赔偿。"本案中，第三方平台不能提供销售者真实身份信息和有效联系方式，依据法律规定，第三方平台有义务赔偿林先生的损失。

22 经营者可以未经消费者同意向其发送广告吗？

◎王女士在某商场购物时留下了联系电话。从此以后经常收到该商家的推荐购物信息，其中绝大部分商品和销售信息她并不需要。这种频繁的短信轰炸让她不堪其扰。王女士曾在给店家的留言中表示了对这种短信的抗议，但未得到任何答复和解决。店家这么做是不是侵犯了王女士的合法权益？

根据《民法典》第一千零三十三条的规定，除法律另有规定或者权利人明确同意外，任何组织或者个人不得以电话、短信、即时通信工具、电子邮件、传单等方式侵扰他人的私人生活安宁。《消费者权益保护法》第二十九条第三款也规定，经营者未经消费者同意或者请求，或者消费者明确表示拒绝的，不得向其发送商业性信息。本案中，店方的做法已侵犯了王女士的生活安宁权，应立即停止侵权行为。

23 手机三包凭证丢失了，还能得到三包服务吗？

◎张某 2017 年 6 月购买了一部手机，使用半年后出现故障，于是到特约维修部要求按照手机三包的有关规定予以免费修理。但是张某的保修卡已经丢失，张某还能得到三包服务吗？

《移动电话机商品修理更换退货责任规定》第九条规定："在三包有效期内，消费者依照本规定享受修理、更换、退货的权利，修理、更换、退货应当凭发货票和三包凭证办理。消费者丢失发货票和三包凭证，但能够提供发货票底联或者发货票（底联）复印件等有效证据，证明该移动电话机商品在三包有效期内的，销售者、修理者、生产者应当依照本规定承担免费修理、更换责任。消费者丢失发货票和三包凭证，且不能提供发货票底联或者发货票(底联)复印件等有效证据，但依照主机机身号（IMEI 串号）显示的出厂日期推算仍在三包有效期内的，应当以出厂日期后的第 90 日为三包有效期的起始日期，销售者、修理者、生产者应当按照本规定负责免费修理。”本案中，张某的保修卡丢失，如果能凭发票等确认在三包期内，照样可以享受三包服务的。

24 三包有效期内修理两次仍不能正常使用怎么办?

◎徐某花 13 500 元买的某品牌电脑，购买后不到一个月就出现性能故障，遂拿到该品牌指定维修点进行维修。第一次修理后不到一周再次出现该故障，第二次修理之后仍然无法正常使用，于是徐某提出退货要求，但是商场主管表示可以换货，不能退货，因为已经超过了退货期。商场是否应当给徐某退货?

根据《微型计算机商品修理更换退货责任规定》第十三条至第十五条的规定，在整机三包有效期内，微型计算机主机、外设商品出现《微型计算机商品性能故障表》所列性能故障，经两次修理，仍不能正常使用的，由销售者负责免费调换同型号同规格的商品；同型号同规格的商品停产的，应当调换不低于原产品性能的同品牌商品，销售者无法调换的，应免费给消费者退货，消费者不愿意调换，也应当给消费者退货，但可以按规定收取折旧费。“在三包有效期内，修理两次”是指在整机三包有效期内修理两次。超过整机三包有效期，但仍在主要部件三包有效期内，主要部件发生性能故障的，应当由修理者免费修理、更换主要部件。“修理两次”是指对产品的安全性能故障和使用性能故障进行过两次修理。“不能正常使用”是指产品安全性能或使用性能达不到产品标准规定的要求或者不具备大众公认的产品应当具备的使用性能。《实施三包的微型计算机商品目录》规定微型计算机整机的三包有效期是 1 年。根据以上规定，既然徐某要求退货，商场就应当给徐某退货，但可以按规定收取折旧费。

25 手机退货折旧费怎么算?

◎孙女士在一家手机店花 1 280 元购买了一部手机。手机出现质量问题后，经过两次维修还不能正常使用，孙女士遂找到商家要求换货。不料商家却说:

“没有这种型号的手机了，换其他型号的要补款，如果不愿补款可以退货，但折旧费按天算，每天扣折旧费0.5%。”孙女士一算，这快一年的折旧费是2 300多元，还得倒找商店钱。如果孙女士选择退货，商家能否收取孙女士的折旧费？

根据《移动电话机商品修理更换退货责任规定》的规定，在三包有效期内，移动电话主机出现性能故障，经两次修理，仍不能正常使用的，销售者应免费为消费者更换同型号同规格的移动电话主机，如销售者无同型号同规格商品，消费者不愿意调换其他型号规格的商品而要求退货的，销售者应当免费为消费者退货，并按发货票的价格一次退清货款；销售者有同型号同规格移动电话商品，消费者不愿调换而要求退货的，销售者应当予以退货，但对于使用过的商品应当收取折旧费，折旧费的计算日期自开具发票之日起至退货之日止。其中应当扣除修理占用和待修的时间。本案中，是因为销售者无同型号手机，因此商家应当免费为孙女士退货，并按发货票的价格一次退清货款。

26 三包期限从什么时间开始起算？

◎李女士2017年8月8日在某公司营业厅参加一个套餐服务，可享受优惠价换购手机，李女士便以1 460元购买了一部手机。但10天后手机出现无法充电问题，李女士要求换货，但公司说只有经过检测确实存在问题的才可以换货。由于在购机时公司仅提供了收据，而检测需提供发票，9月20日公司给李女士补开了发票。9月27日，检测中心检测确认手机存在性能故障。李女士拿着检测中心出具的故障证明及购机发票至营业厅换机。公司认为，李女士2017年8月8日购机，已经超过了换货期，只能为其维修。李女士认为三包有效期从开具发票之日起起算，该公司应该为自己换货。该公司应当为李女士换货吗？

根据《部分商品修理更换退货责任规定》《移动电话机商品修理更换退货责任规定》《固定电话商品修理更换退货责任规定》《农业机械产品修理更换退货责任规定》《微型计算机商品修理更换退货责任规定》《家用视听商品修理更换退货责任规定》和《家用汽车产品修理、更换、退货责任规定》等的规定，自行车、彩电、黑白电视、家用录像机、摄像机、收录机、电子琴、家用电冰箱、洗衣机、电风扇、微波炉、吸尘器、家用空调器、吸排油烟机、燃气热水器、缝纫机、钟表、摩托车、农业机械、移动电话、固定电话、微型计算机、家用视听产品、家用汽车等商品三包有效期自销售者开具发票之日起计算。本案中，李女士购机日期虽然是2017年8月8日，但该公司给李女士开发票的日期是2017年9月20日，2017年9月27日李女士要求换货，自开发票之日起并没有超过15日的换货期，该公司应当为李女士换货。

27 未纳入国家强制三包范围的商品，三包期从什么时间起算？

◎ 2012年8月8日，许女士在网上购买了一个电压力煲，但直至9月1日才收到货物。2013年8月10日，因电压力煲出现问题，许女士将压力煲送修，却被告知已超过1年，无法免费保修。原来发票上的日期写的是下单的日期2012年8月8日，按发票日期计算确已超过1年。对此，许女士提出了质疑："我虽然是8月8日下单购买，但我是9月1日才收到货的，延迟发货那么多天，三包期却按下单日期来计算，不公平。"本案商品的三包期限从什么时候开始起算？

《消费者权益保护法》第二十四条第一款规定："经营者提供的商品或者服务不符合质量要求的，消费者可以依照国家规定、当事人约定退货，或者要求经营者履行更换、修理等义务。没有国家规定和当事人约定的，消费者可以自收到商品之日起七日内退货；七日后符合法定解除合同条件的，消费者可以及时退货，不符合法定解除合同条件的，可以要求经营者履行更换、修理等义务。"也就是说对于没有国家规定和当事人约定的商品，三包期限自消费者收到商品之日起计算。故本案中商品的三包期限应当从2012年9月1日起计算。

28 换货后的三包期从什么时候计算？

◎ 2016年1月方女士5 000元购买了智能电动摩托车，商家规定"保修1年"。当年11月5日，由于充不进电，商家就免费为方女士更换了一辆新的。2017年5月26日，又出现与上次同样的问题，但这次商家表示，该电摩的三包期从第一次购买的时间开始计算，已过了规定的1年保修期限，所以不能给予免费维修或更换。换货后的三包期从什么时候计算？

根据《部分商品修理更换退货责任规定》第十四条规定，换货后的三包有效期自换货之日起重新计算。本案中的三包有效期应该从2016年11月5日重新计算。

29 换货后，销售者拒绝在三包凭证上加盖更换章或提供新的三包凭证是否合法？

◎2015年12月20日，王某在某电器专卖店购买了一台冰箱，价值3 990元。当时经营者承诺3个月内出现质量问题包换，一年内出现质量问题在三包范围内给予维修。消费者使用不到20天，冰箱就出现质量问题。在市消费者协会的介入下，经营者同意给王某换货，但换货后不愿在三包卡上加盖更换章，也不提供新的三包凭证。经营者的做法是否合法？

《部分商品修理更换退货责任规定》第十四条规定：“换货后的三包有效期自换货之日起重新计算，由销售者在发票背面加盖更换章并提供新的三包凭证或者在三包凭证背面加盖更换章。”本案中，经营者的做法不合法。

30 三包期限内退货，运输费用由谁承担？

◎王先生2017年元旦期间购买了一台空调，安装好后正赶上寒潮来袭，可是空调制热效果很差，商家更换一台后依旧不行。由于还在7天的退货时间内，王先生于是要求退货，没想到商家工作人员却表示产品可以退，但王先生要承担第一次换货及这次退货的运输费。王先生认为是因为产品有质量问题退货，自己不应该承担运输费。本案中的运输费用由谁承担？

《消费者权益保护法》第二十四条规定：“经营者提供的商品或者服务不符合质量要求的，消费者可以依照国家规定、当事人约定退货，或者要求经营者履行更换、修理等义务。没有国家规定和当事人约定的，消费者可以自收到商品之日起七日内退货；七日后符合法定解除合同条件的，消费者可以及时退货，不符合法定解除合同条件的，可以要求经营者履行更换、修理等义务。依照前款规定进行退货、更换、修理的，经营者应当承担运输等必要费用。”本案中，由于是空调质量原因导致的退货，运输费应由商家承担。

31 打折商品可以退换吗？

◎由于春季马上就到了，某鞋店打折出售一批冬天的鞋子，明确写明“特价商品不予退换”。王女士在该鞋店买了一双打折鞋子，可是，在她穿了不到一个星期之后，鞋底就断了。王女士觉得即便是打折商品，质量也不能这么差。于是，她找到了该鞋店。然而，该鞋店的老板却说，在出售时他们就已经告知顾客特价商品一概不予退换。请问，该鞋店的做法是否合法？

《消费者权益保护法》第二十三条规定：“经营者应当保证在正常使用商品或者接受服务的情况下其提供的商品或者服务应当具有的质量、性能、用途和有效期限。但消费者在购买该商品或者接受该服务前已经知道其存在瑕疵，且存在该瑕疵不违反法律强制性规定的除外。”本案中，鞋店并没有表明该鞋有质量问题，针对打折商品，我国《零售商促销行为管理办法》第十八条明确规定“零售商不得以促销为由拒绝退换货或者为消费者退货设置障碍”。故鞋店不予退换是不合法的。

32 消费者自行安装家电，经营者可以拒绝三包吗？

◎杨先生在新房装修前购买了一台电热水器，当时因为还没有装修，厂家送货时就没有安装。在装修时，杨先生顺便让装修师傅给装上了。可没料到，装修师傅安装进出水管时不规范，不久热水器出现漏水故障，差点儿将杨先生家的地板给泡了。幸亏发现及时，才没有酿成大祸，不过洗手间门口附近的地板还是因浸水变形。厂家维修人员上门后表示，因为是杨先生私自不规范安装导致热水器出现故障，他们不再负责三包，要想维修，必须自费。自行安装商品，还能否享受三包？

《部分商品修理更换退货责任规定》第十七条规定，消费者因使用、维护、保管不当造成损坏的，不实行三包。本案中，杨先生自行找人安装，由于安装不规范导致热水器发生故障，不能再享受三包服务。

33 三包期内，让修理人员填写保修卡有必要吗？

◎刘先生在 2013 年元旦购买了一台洗衣机，第一次出现不脱水的故障是在 2013 年 5 月，厂家售后人员很快就上门免费给修好了。当时维修人员索要保修卡进行了验证，并填写了故障原因和维修情况。修好后用了 3 个多月，又出现了同样的故障。此次维修人员上门后没有索要保修卡就进行了维修，修理后也没有填写保修卡，刘先生也没放在心上。可是没想到第二次修理 3 个月后洗衣机又出现同样的故障，刘先生开始觉得洗衣机可能存在质量缺陷，要求更换，因为他听说在三包期内连续两次维修都修不好的，可以要求厂家换货。没想到厂家售后人员却说只修了一次，不能换货。因刘先生拿不出两次维修证据，厂家一点儿都不让步。

《部分商品修理更换退货责任规定》第十一条规定：“在三包有效期内，修理两次，仍不能正常使用的产品，凭修理者提供的修理记录和证明，由销售者负责为消费者免费调换同型号同规格的产品或者按本规定第三条的规定退货，然后依法向生产者、供货者追偿或者按购销合同办理。”因此，在三包期内，一定要让修理人员填写保修卡。否则会像本案的刘先生一样会丧失换货的机会。

34 自始就不合格的产品，退货是否受7日内限制?

◎ 2018年10月17日，赵女士购买了一台电冰箱，但是安装后，家里用电出现异常。赵女士用排除法，一天换一样电器使用，最后发现是冰箱的问题。厂家技术员于2018年12月11日上门检查后，发现冰箱的电路有故障并当场进行了维修，但仍未解决问题。最后厂家技术员讲，是冰箱的某部位电路出现了问题，现场无法修理，需运回厂家检查维修。赵女士认为所购冰箱为不合格产品，要求退货，经营者以三包规定的7日时间已过为由拒绝给予退货，双方为此发生纠纷。

经营者自始就未向消费者提供合格产品的，并不适用《部分商品修理更换退货责任规定》中的期限规定。本案冰箱购买尚未满六个月，如果经营者不能证明提供给赵女士是质量合格的冰箱，就应当为赵女士退换冰箱。

第九章

司法救助与法律援助

1 什么是国家司法救助?

国家司法救助是对遭受犯罪侵害或民事侵权，无法通过诉讼获得有效赔偿的当事人，由国家支付救助金的措施。司法救助重点解决符合条件的特定案件当事人生活面临的急迫困难。对同一案件的同一当事人只进行一次性救助。对于能够通过诉讼获得赔偿、补偿的，一般应当通过诉讼渠道解决。

2 哪些情形可以申请司法救助?

(1) 刑事案件被害人受到犯罪侵害，致使重伤或严重残疾，因案件无法侦破造成生活困难的；或者因加害人死亡或没有赔偿能力，无法经过诉讼获得赔偿，造成生活困难的。

(2) 刑事案件被害人受到犯罪侵害危及生命，急需救治，无力承担医疗救治费用的。

(3) 刑事案件被害人受到犯罪侵害而死亡，因案件无法侦破造成依靠其收入为主要生活来源的近亲属生活困难的；或者因加害人死亡或没有赔偿能力，依靠被害人收入为主要生活来源的近亲属无法经过诉讼获得赔偿，造成生活困难的。

(4) 刑事案件被害人受到犯罪侵害，致使财产遭受重大损失，因案件无法侦破造成生活困难的；或者因加害人死亡或没有赔偿能力，无法经过诉讼获得赔偿，造成生活困难的。

(5) 举报人、证人、鉴定人因举报、作证、鉴定受到打击报复，致使人身受到伤害或财产受到重大损失，无法经过诉讼获得赔偿，造成生活困难的。

(6) 追索赡养费、扶养费、抚育费等，因被执行人没有履行能力，造成申请执行人生活困难的。

(7) 对于道路交通事故等民事侵权行为造成人身伤害，无法经过诉讼获得赔偿，造成生活困难的。

(8) 党委政法委和政法各单位根据实际情况，认为需要救助的其他人员。

3 司法救助典型案例

张越申请刑事被害人司法救助案

张越系在校小学生，其父亲张振军、母亲孙桂荣、姐姐张红被宫兴连等被告人杀害，张越与年迈的爷爷、奶奶共同生活。2016 年 11 月 29 日，内蒙古自治区呼伦贝尔市中级人民法院对被告人宫兴连等判处刑罚及附带民事赔偿86 814元。宣判后，张越与爷爷奶奶对附带民事部分不服，提出上诉；宫兴连对刑事部分不服，亦提出上诉。2017年9月29日，内蒙古高院裁定撤销原判，发回重审。经内蒙古自治区高级人民法院法官依职权告知，张越向该院提出司法救助申请。内蒙古自治区高级人民法院经审查认为，救助申请人张越系未成年人，在父母被害后丧失生活来源，与爷爷、奶奶共同生活，但其爷爷、奶奶均已丧失劳动能力，刑事附带民事赔偿尚未执行到位，生活面临急迫困难，属于应当予以司法救助的情形，决定给予张越司法救助金15万元。

刘发金、徐全容申请刑事被害人司法救助案

刘伟因被故意伤害经抢救无效死亡，其父母刘发金、徐全容无偿捐献了刘伟的肝脏和肾脏。2016年9月6日，浙江省台州市中级人民法院以故意伤害罪分别判处四被告人不等刑罚，同时判令四被告人赔偿刘伟父母经济损失59万元。宣判后，被告人对刑事部分不服，提出上诉。2016年12月22日，浙江省高级人民法院裁定驳回上诉，维持原判。因抢救刘伟，其父母已支付医疗费近14万元，但四被告人仅赔偿到位4万元，刘家生活因此陷入急迫困难，靠举债度日。经浙江省高级人民法院法官依职权告知，刘伟父母向该院提出司法救助申请。浙江省高级人民法院经审查认为，刘伟父母系农村低收入家庭，又因抢救被故意伤害的唯一儿子刘伟支付大额医疗费，但刘伟仍然不幸去世，致二申请人经济和精神遭受双重打击，生活陷入急迫困难，属于应予司法救助的情形。在刘伟去世后，二申请人无偿捐献其肝脏和肾脏，挽救了三位器官衰竭患者的生命，应予褒扬，决定给予刘伟父母司法救助金9万元。

谢兰松申请民事扶养纠纷司法救助案

谢兰松于1997年与高杰登记结婚，2001年开始出现精神异常。2013年9月22日，高杰诉请离婚。2014年春节前，高杰将谢兰松送回娘家居住。2015年1月26日，谢兰松向浦北县法院提起扶养费纠纷之诉。同年4月15日，浦北县法院判令高杰支付谢兰松扶养费10 200元并从2015年4月起每月支付谢兰松扶养费600元，直至谢兰松精神病痊愈并能独立生活为止。因高杰未按生效判决自觉履行，浦北县法院依法对其强制执行，但高杰无财产可供执行。谢兰松父母均是八十多岁的农民，家庭生活因照顾诊治谢兰松更加困难。广西壮族自治区浦北县人民法院经审查认为，谢兰松是扶养费执行案的申请执行人，具备国家司法救助申请人的资格。谢兰松因被执行人高杰没有

履行能力而生活困难，其申请符合国家司法救助的情形，应当给予救助，决定给予谢兰松司法救助金 5 000 元。

李洪清、陆成凤申请行政诉讼司法救助案

李洪清、陆成凤夫妻系四川省汉源县富春乡楠木村 3 组村民。2010 年 9 月 30 日，二人在承包地内采收黄豆时遭到国家二级保护动物黑熊袭击致伤。在抢救和治疗二人过程中，当地林业部门承担了大部分医疗费用。经司法鉴定，李洪清的伤残等级定级为三级伤残，后期医疗费用共计约 54 500 ～ 77 500 元，如遇并发症或感染等费用可能增加；陆成凤的伤残等级定级为四级伤残，后期医疗费用共计约 30 700 ～ 35 600 元，如遇并发症或感染等费用可能增加。因剩余及后续医疗费用未获解决，李洪清、陆成凤以四川省人民政府为被告提起行政诉讼。法院最终以诉讼请求较为概括、抽象、不具体为由，判决驳回诉讼请求。2018 年，李洪清、陆成凤向四川省高级人民法院申请国家司法救助。四川省高级人民法院经审查认为，申请人李洪清、陆成凤确因案件原因陷入生活急迫困难，属于人民法院根据实际情况，认为需要救助的其他人员，应予一次性司法救助。决定给予李洪清、陆成凤司法救助金 10 万元。

常章海申请执行道交侵权赔偿司法救助案

常章海系河北省魏县东代固乡张故村的一名以种地为生的农民。2015 年 9 月 18 日 19 时许，申某驾驶小型客车与驾驶电动三轮车的常章海相撞，致常章海重型颅脑损伤、肺挫伤等全身多处伤害。住院治疗期间，申某为常章海支付医疗费 55 000 元。后因不能承担巨额医疗费，常章海被迫出院，出院时仍处于重度昏迷，遗留有植物状态，生活完全不能自理，经司法鉴定为一级伤残。起诉后，魏县人民法院判决被告申某赔偿原告常章海 609 554.22 元。因申某未自觉履行，常章海申请强制执行。执行期间，肇事车辆经评估变卖仅得款 23 000 元，申某又分三次交执行款 17 000 元。经穷尽执行措施，剩余 56 万余元赔偿款仍未能执行到位。经法院法官依职权告知，常章海家属代为向法院申请司法救助。邯郸市中级人民法院经审查材料和实地走访发现，常章海家处农村，没有其他工作和经济收入，生活特别困难。同时，常章海因交通事故致残，生活完全不能自理，已产生的医疗费等高达 50 多万元，但仍需继续治疗，整个家庭负债累累，陷入绝望之中。该院认为，常章海的申请符合国家司法救助的条件，根据其受伤程度及其家庭经济困难状况，决定给予常章海司法救助金 13 万元。

4 司法救助需要经过哪些程序？

（1）告知。人民法院、人民检察院、公安机关、司法行政机关在办理案件、处理涉法涉诉信访问题过程中，对符合救助条件的当事人，应当告知其有权提出救助申请。

（2）申请。救助申请由当事人向办案机关提出，刑事被害人死亡的，由符合条件的近亲属提出。申请一般采取书面形式，确有困难，不能提供书面申请的，可以采用口头方式。申请人应当如实提供本人真实身份、实际损害后果、生活困难、是否获得其他赔偿等相关证明材料。

（3）审批。办案机关应当认真核实申请人提供的申请材料，综合相关情况，在 10 个工作日内作出是否给予救助和具体救助金额的审批意见。决定不予救助的，及时将审批意见告知当事人，并做好解释说明工作。

（4）发放。对批准同意的，财政部门应及时将救助资金拨付办案机关，办案机关在收到拨付款后 2 个工作日内，通知申请人领取救助资金。对急需医疗救治等特殊情况，办案机关可以依据救助标准，先行垫付救助资金，救助后及时补办审批手续。

5 司法救助的标准是什么？

各地应根据当地经济社会发展水平制定具体救助标准，以案件管辖地上一年度职工月平均工资为基准，一般在 36 个月的工资总额之内。损失特别重大、生活特别困难，需适当突破救助限额的，应严格审核控制，救助金额不得超过人民法院依法应当判决的赔偿数额。

6 什么是法律援助?

法律援助，是国家建立的为经济困难公民和符合法定条件的其他当事人无偿提供法律咨询、代理、刑事辩护等法律服务的制度，是公共法律服务体系的组成部分。经济困难的标准，由各省、自治区、直辖市人民政府根据本行政区域经济发展状况和法律援助工作需要确定，并实行动态调整。

7 法律援助服务的形式有哪些?

根据《法律援助法》的规定，法律援助服务有以下形式：

（1）法律咨询；

（2）代拟法律文书；

（3）刑事辩护与代理；

（4）民事案件、行政案件、国家赔偿案件的诉讼代理及非诉讼代理；

（5）值班律师法律帮助；

（6）劳动争议调解与仲裁代理；

（7）法律、法规、规章规定的其他形式。

8 哪些事项或情形可以申请法律援助？

下列事项的当事人，因经济困难没有委托代理人的，可以申请法律援助：

（1）依法请求国家赔偿；

（2）请求给予社会保险待遇或者社会救助；

（3）请求发给抚恤金；

（4）请求给付赡养费、抚养费、扶养费；

（5）请求确认劳动关系或者支付劳动报酬；

（6）请求认定公民无民事行为能力或者限制民事行为能力；

（7）请求工伤事故、交通事故、食品药品安全事故、医疗事故人身损害赔偿；

（8）请求环境污染、生态破坏损害赔偿；

（9）法律、法规、规章规定的其他情形。

刑事案件的犯罪嫌疑人、被告人因经济困难或者其他原因没有委托辩护人的，本人及其近亲属可以申请法律援助；刑事公诉案件的被害人及其法定代理人或者近亲属，刑事自诉案件的自诉人及其法定代理人，刑事附带民事诉讼案件的原告人及其法定代理人，因经济困难没有委托诉讼代理人的，可以申请法律援助。

当事人不服司法机关生效裁判或者决定提出申诉或者申请再审，人民法院决定、裁定再审或者人民检察院提出抗诉，因经济困难没有委托辩护人或者诉讼代理人的，本人及其近亲属可以申请法律援助。

9 哪些情形申请法律援助不受经济困难条件的限制？

（1）英雄烈士近亲属为维护英雄烈士的人格权益；

（2）因见义勇为行为主张相关民事权益；

（3）再审改判无罪请求国家赔偿；

（4）遭受虐待、遗弃或者家庭暴力的受害人主张相关权益；

（5）法律、法规、规章规定的其他情形。

10 哪些人员的法律援助申请免予核查经济困难状况？

法律援助申请人有材料证明属于下列人员之一的，免予核查经济困难状况：

（1）无固定生活来源的未成年人、老年人、残疾人等特定群体；

（2）社会救助、司法救助或者优抚对象；

（3）申请支付劳动报酬或者请求工伤事故人身损害赔偿的进城务工人员；

（4）法律、法规、规章规定的其他人员。

11 到哪里申请法律援助？

对诉讼事项的法律援助，由申请人向办案机关所在地的法律援助机构提出申请；对非诉讼事项的法律援助，由申请人向争议处理机关所在地或者事由发生地的法律援助机构提出申请。

12 申请法律援助应当提交哪些材料？

（1）法律援助申请表；

（2）身份证或其他有效的身份证明；

（3）因经济困难申请法律援助的，申请人应当如实说明经济困难状况；

（4）与所申请法律援助事项有关的材料。

如果只申请法律咨询的，可以只提交前两项材料。

13 哪些情形不用申请，公、检、法机关会通知法律援助机构指派律师为犯罪嫌疑人、被告人辩护？

刑事案件的犯罪嫌疑人、被告人属于下列人员之一，没有委托辩护人的，人民法院、人民检察院、公安机关应当通知法律援助机构指派律师担任辩护人：

（1）未成年人；

（2）视力、听力、言语残疾人；

（3）不能完全辨认自己行为的成年人；

（4）可能被判处无期徒刑、死刑的人；

（5）申请法律援助的死刑复核案件被告人；

（6）缺席审判案件的被告人；

（7）法律法规规定的其他人员。

其他适用普通程序审理的刑事案件，被告人没有委托辩护人的，人民法院可以通知法律援助机构指派律师担任辩护人。

14 哪些情形法律援助机构会终止法律援助？

有下列情形之一的，法律援助机构应会作出终止法律援助的决定：

（1）受援人以欺骗或者其他不正当手段获得法律援助；

（2）受援人故意隐瞒与案件有关的重要事实或者提供虚假证据；

（3）受援人利用法律援助从事违法活动；

（4）受援人的经济状况发生变化，不再符合法律援助条件；

（5）案件终止审理或者已经被撤销；

（6）受援人自行委托律师或者其他代理人；

（7）受援人有正当理由要求终止法律援助；

（8）法律法规规定的其他情形。

15 对法律援助机构不予法律援助、终止法律援助的决定有异议的，如何救济？

申请人、受援人对法律援助机构不予法律援助、终止法律援助的决定有异议的，可以向设立该法律援助机构的司法行政部门提出。司法行政部门应当自收到异议之日起五日内进行审查，作出维持法律援助机构决定或者责令法律援助机构改正的决定。

申请人、受援人对司法行政部门维持法律援助机构决定不服的，可以依法申请行政复议或者提起行政诉讼。

16 法律援助机构、法律援助人员不依法履行职责的，受援人如何救济？

受援人有权向法律援助机构、法律援助人员了解法律援助事项办理情况。法律援助机构、法律援助人员未依法履行职责的，受援人可以向司法行政部门投诉，并可以请求法律援助机构更换法律援助人员。

17 公益法律咨询热线号码是多少？

公益法律咨询热线号码：12348。

附　录

中华人民共和国村民委员会组织法

（1998年11月4日第九届全国人民代表大会常务委员会第五次会议通过　2010年10月28日第十一届全国人民代表大会常务委员会第十七次会议修订　根据2018年12月29日第十三届全国人民代表大会常务委员会第七次会议《关于修改〈中华人民共和国村民委员会组织法〉〈中华人民共和国城市居民委员会组织法〉的决定》修正）

第一章　总　则

第一条　为了保障农村村民实行自治，由村民依法办理自己的事情，发展农村基层民主，维护村民的合法权益，促进社会主义新农村建设，根据宪法，制定本法。

第二条　村民委员会是村民自我管理、自我教育、自我服务的基层群众性自治组织，实行民主选举、民主决策、民主管理、民主监督。

村民委员会办理本村的公共事务和公益事业，调解民间纠纷，协助维护社会治安，向人民政府反映村民的意见、要求和提出建议。

村民委员会向村民会议、村民代表会议负责并报告工作。

第三条　村民委员会根据村民居住状况、人口多少，按照便于群众自治，有利于经济发展和社会管理的原则设立。

村民委员会的设立、撤销、范围调整，由乡、民族乡、镇的人民政府提出，经村民会议讨论同意，报县级人民政府批准。

村民委员会可以根据村民居住状况、集体土地所有权关系等分设若干村民小组。

第四条　中国共产党在农村的基层组织，按照中国共产党章程进行工作，发挥领导核心作用，领导和支持村民委员会行使职权；依照宪法和法律，支持和保障村民开展自治活动、直接行使民主权利。

第五条　乡、民族乡、镇的人民政府对村民委员会的工作给予指导、支持和帮助，但是不得干预依法属于村民自治范围内的事项。

村民委员会协助乡、民族乡、镇的人民政府开展工作。

第二章　村民委员会的组成和职责

第六条　村民委员会由主任、副主任和委员共三至七人组成。

村民委员会成员中，应当有妇女成员，多民族村民居住的村应当有人数较少的民族的成员。

对村民委员会成员，根据工作情况，给予适当补贴。

第七条　村民委员会根据需要设人民调解、治安保卫、公共卫生与计划生育等委员会。村民委员会成员可以兼任下属委员会的成员。人口少的村的村民委员会可以不设下属委员会，由村民委员会成员分工负责人民调解、治安保卫、公共卫生与计划生育等工作。

第八条　村民委员会应当支持和组织村民依法发展各种形式的合作经济和其他经济，承担本村生产的服务和协调工作，促进农村生产建设和经济发展。

村民委员会依照法律规定，管理本村属于村农民集体所有的土地和其他财产，引导村民合理利用自然资源，保护和改善生态环境。

村民委员会应当尊重并支持集体经济组织依法独立进行经济活动的自主权，维护以家庭承包经营为基础、统分结合的双层经营体制，保障集体经济组织和村民、承包经营户、联户或者合伙的合法财产权和其他合法权益。

第九条　村民委员会应当宣传宪法、法律、法规和国家的政策，教育和推动村民履行法律规定的义务、爱护公共财产，维护村民的合法权益，发展文化教育，普及科技知识，促进男女平等，做好计划生育工作，促进村与村之间的团结、互助，开展多种形式的社会主义精神文明建设活动。

村民委员会应当支持服务性、公益性、互助性社会组织依法开展活动，推动农村社区建设。

多民族村民居住的村，村民委员会应当教育和引导各民族村民增进团结、互相尊重、互相帮助。

第十条　村民委员会及其成员应当遵守宪法、法律、法规和国家的政策，遵守并组织实施村民自治章程、村规民约，执行村民会议、村民代表会议的决定、决议，办事公道，廉洁奉公，热心为村民服务，接受村民监督。

第三章　村民委员会的选举

第十一条　村民委员会主任、副主任和委员，由村民直接选举产生。任何组织或者个人不得指定、委派或者撤换村民委员会成员。

村民委员会每届任期五年，届满应当及时举行换届选举。村民委员会成员可以连选连任。

第十二条 村民委员会的选举，由村民选举委员会主持。

村民选举委员会由主任和委员组成，由村民会议、村民代表会议或者各村民小组会议推选产生。

村民选举委员会成员被提名为村民委员会成员候选人，应当退出村民选举委员会。

村民选举委员会成员退出村民选举委员会或者因其他原因出缺的，按照原推选结果依次递补，也可以另行推选。

第十三条 年满十八周岁的村民，不分民族、种族、性别、职业、家庭出身、宗教信仰、教育程度、财产状况、居住期限，都有选举权和被选举权；但是，依照法律被剥夺政治权利的人除外。

村民委员会选举前，应当对下列人员进行登记，列入参加选举的村民名单：

（一）户籍在本村并且在本村居住的村民；

（二）户籍在本村，不在本村居住，本人表示参加选举的村民；

（三）户籍不在本村，在本村居住一年以上，本人申请参加选举，并且经村民会议或者村民代表会议同意参加选举的公民。

已在户籍所在村或者居住村登记参加选举的村民，不得再参加其他地方村民委员会的选举。

第十四条 登记参加选举的村民名单应当在选举日的二十日前由村民选举委员会公布。

对登记参加选举的村民名单有异议的，应当自名单公布之日起五日内向村民选举委员会申诉，村民选举委员会应当自收到申诉之日起三日内作出处理决定，并公布处理结果。

第十五条 选举村民委员会，由登记参加选举的村民直接提名候选人。村民提名候选人，应当从全体村民利益出发，推荐奉公守法、品行良好、公道正派、热心公益、具有一定文化水平和工作能力的村民为候选人。候选人的名额应当多于应选名额。村民选举委员会应当组织候选人与村民见面，由候选人介绍履行职责的设想，回答村民提出的问题。

选举村民委员会，有登记参加选举的村民过半数投票，选举有效；候选人获得参加投票的村民过半数的选票，始得当选。当选人数不足应选名额的，不足的名额另行选举。另行选举的，第一次投票未当选的人员得票多的为候选人，候选人以得票多的当选，但是所得票数不得少于已投选票总数的三分之一。

选举实行无记名投票、公开计票的方法，选举结果应当当场公布。选举时，应当设立秘密写票处。

登记参加选举的村民，选举期间外出不能参加投票的，可以书面委托本村有选举权的近亲属代为投票。村民选举委员会应当公布委托人和受委托人的名单。

具体选举办法由省、自治区、直辖市的人民代表大会常务委员会规定。

第十六条 本村五分之一以上有选举权的村民或者三分之一以上的村民代表联名，可以提出罢免村民委员会成员的要求，并说明要求罢免的理由。被提出罢免的村民委员会成员有权提出申辩意见。

罢免村民委员会成员，须有登记参加选举的村民过半数投票，并须经投票的村民过半数通过。

第十七条 以暴力、威胁、欺骗、贿赂、伪造选票、虚报选举票数等不正当手段当选村民委员会成员的，当选无效。

对以暴力、威胁、欺骗、贿赂、伪造选票、虚报选举票数等不正当手段，妨害村民行使选举权、被选举权，破坏村民委员会选举的行为，村民有权向乡、民族乡、镇的人民代表大会和人民政府或者县级人民代表大会常务委员会和人民政府及其有关主管部门举报，由乡级或者县级人民政府负责调查并依法处理。

第十八条 村民委员会成员丧失行为能力或者被判处刑罚的，其职务自行终止。

第十九条 村民委员会成员出缺，可以由村民会议或者村民代表会议进行补选。补选程序参照本法第十五条的规定办理。补选的村民委员会成员的任期到本届村民委员会任期届满时止。

第二十条 村民委员会应当自新一届村民委员会产生之日起十日内完成工作移交。工作移交由村民选举委员会主持，由乡、民族乡、镇的人民政府监督。

第四章 村民会议和村民代表会议

第二十一条 村民会议由本村十八周岁以上的村民组成。

村民会议由村民委员会召集。有十分之一以上的村民或者三分之一以上的村民代表提议，应当召集村民会议。召集村民会议，应当提前十天通知村民。

第二十二条 召开村民会议，应当有本村十八周岁以上村民的过半数，或者本村三分之二以上的户的代表参加，村民会议所作决定应当经到会人员的过半数通过。法律对召开村民会议及作出决定另有规定的，依照其规定。

召开村民会议，根据需要可以邀请驻本村的企业、事业单位和群众组织派代表列席。

第二十三条 村民会议审议村民委员会的年度工作报告，评议村民委员会成员的工作；有权撤销或者变更村民委员会不适当的决定；有权撤销或者变更村民代表会议不适当的决定。

村民会议可以授权村民代表会议审议村民委员会的年度工作报告，评议村民委员会成员的工作，撤销或者变更村民委员会不适当的决定。

第二十四条 涉及村民利益的下列事项，经村民会议讨论决定方可办理：

（一）本村享受误工补贴的人员及补贴标准；

（二）从村集体经济所得收益的使用；

（三）本村公益事业的兴办和筹资筹劳方案及建设承包方案；

（四）土地承包经营方案；

（五）村集体经济项目的立项、承包方案；

（六）宅基地的使用方案；

（七）征地补偿费的使用、分配方案；

（八）以借贷、租赁或者其他方式处分村集体财产；

（九）村民会议认为应当由村民会议讨论决定的涉及村民利益的其他事项。

村民会议可以授权村民代表会议讨论决定前款规定的事项。

法律对讨论决定村集体经济组织财产和成员权益的事项另有规定的，依照其规定。

第二十五条 人数较多或者居住分散的村，可以设立村民代表会议，讨论决定村民会议授权的事项。村民代表会议由村民委员会成员和村民代表组成，村民代表应当占村民代表会议组成人员的五分之四以上，妇女村民代表应当占村民代表会议组成人员的三分之一以上。

村民代表由村民按每五户至十五户推选一人，或者由各村民小组推选若干人。村民代表的任期与村民委员会的任期相同。村民代表可以连选连任。

村民代表应当向其推选户或者村民小组负责，接受村民监督。

第二十六条 村民代表会议由村民委员会召集。村民代表会议每季度召开一次。有五分之一以上的村民代表提议，应当召集村民代表会议。

村民代表会议有三分之二以上的组成人员参加方可召开，所作决定应当经到会人员的过半数同意。

第二十七条 村民会议可以制定和修改村民自治章程、村规民约，并报乡、民族乡、镇的人民政府备案。

村民自治章程、村规民约以及村民会议或者村民代表会议的决定不得与宪法、法律、法规和国家的政策相抵触，不得有侵犯村民的人身权利、民主权利和合法财产权利的内容。

村民自治章程、村规民约以及村民会议或者村民代表会议的决定违反前款规定的，由乡、民族乡、镇的人民政府责令改正。

第二十八条 召开村民小组会议，应当有本村民小组十八周岁以上的村民三分之二以上，或者本村民小组三分之二以上的户的代表参加，所作决定应当经到会人员的过半数同意。

村民小组组长由村民小组会议推选。村民小组组长任期与村民委员会的任期相同，可以连选连任。

属于村民小组的集体所有的土地、企业和其他财产的经营管理以及公益事项的办理，由村民小组会议依照有关法律的规定讨论决定，所作决定及实施情况应当及时向本村民小组的村民公布。

第五章　民主管理和民主监督

第二十九条 村民委员会应当实行少数服从多数的民主决策机制和公开透明的工作原则，建立健全各种工作制度。

第三十条 村民委员会实行村务公开制度。

村民委员会应当及时公布下列事项，接受村民的监督：

（一）本法第二十三条、第二十四条规定的由村民会议、村民代表会议讨论决定的事项及其实施情况；

（二）国家计划生育政策的落实方案；

（三）政府拨付和接受社会捐赠的救灾救助、补贴补助等资金、物资的管理使用情况；

（四）村民委员会协助人民政府开展工作的情况；

（五）涉及本村村民利益，村民普遍关心的其他事项。

前款规定事项中，一般事项至少每季度公布一次；集体财务往来较多的，财务收支情况应当每月公布一次；涉及村民利益的重大事项应当随时公布。

村民委员会应当保证所公布事项的真实性，并接受村民的查询。

第三十一条　村民委员会不及时公布应当公布的事项或者公布的事项不真实的，村民有权向乡、民族乡、镇的人民政府或者县级人民政府及其有关主管部门反映，有关人民政府或者主管部门应当负责调查核实，责令依法公布；经查证确有违法行为的，有关人员应当依法承担责任。

第三十二条　村应当建立村务监督委员会或者其他形式的村务监督机构，负责村民民主理财，监督村务公开等制度的落实，其成员由村民会议或者村民代表会议在村民中推选产生，其中应有具备财会、管理知识的人员。村民委员会成员及其近亲属不得担任村务监督机构成员。村务监督机构成员向村民会议和村民代表会议负责，可以列席村民委员会会议。

第三十三条　村民委员会成员以及由村民或者村集体承担误工补贴的聘用人员，应当接受村民会议或者村民代表会议对其履行职责情况的民主评议。民主评议每年至少进行一次，由村务监督机构主持。

村民委员会成员连续两次被评议不称职的，其职务终止。

第三十四条　村民委员会和村务监督机构应当建立村务档案。村务档案包括：选举文件和选票，会议记录，土地发包方案和承包合同，经济合同，集体财务账目，集体资产登记文件，公益设施基本资料，基本建设资料，宅基地使用方案，征地补偿费使用及分配方案等。村务档案应当真实、准确、完整、规范。

第三十五条　村民委员会成员实行任期和离任经济责任审计，审计包括下列事项：

（一）本村财务收支情况；

（二）本村债权债务情况；

（三）政府拨付和接受社会捐赠的资金、物资管理使用情况；

（四）本村生产经营和建设项目的发包管理以及公益事业建设项目招标投标情况；

（五）本村资金管理使用以及本村集体资产、资源的承包、租赁、担保、出让情况，征地补偿费的使用、分配情况；

（六）本村五分之一以上的村民要求审计的其他事项。

村民委员会成员的任期和离任经济责任审计，由县级人民政府农业部门、财政部门或者乡、民族乡、镇的人民政府负责组织，审计结果应当公布，其中离任经济责任审计结果应当在下一届村民委员会选举之前公布。

第三十六条 村民委员会或者村民委员会成员作出的决定侵害村民合法权益的，受侵害的村民可以申请人民法院予以撤销，责任人依法承担法律责任。

村民委员会不依照法律、法规的规定履行法定义务的，由乡、民族乡、镇的人民政府责令改正。

乡、民族乡、镇的人民政府干预依法属于村民自治范围事项的，由上一级人民政府责令改正。

第六章 附 则

第三十七条 人民政府对村民委员会协助政府开展工作应当提供必要的条件；人民政府有关部门委托村民委员会开展工作需要经费的，由委托部门承担。

村民委员会办理本村公益事业所需的经费，由村民会议通过筹资筹劳解决；经费确有困难的，由地方人民政府给予适当支持。

第三十八条 驻在农村的机关、团体、部队、国有及国有控股企业、事业单位及其人员不参加村民委员会组织，但应当通过多种形式参与农村社区建设，并遵守有关村规民约。

村民委员会、村民会议或者村民代表会议讨论决定与前款规定的单位有关的事项，应当与其协商。

第三十九条 地方各级人民代表大会和县级以上地方各级人民代表大会常务委员会在本行政区域内保证本法的实施，保障村民依法行使自治权利。

第四十条 省、自治区、直辖市的人民代表大会常务委员会根据本法，结合本行政区域的实际情况，制定实施办法。

第四十一条 本法自公布之日起施行。

中华人民共和国土地管理法（节选）

（1986年6月25日第六届全国人民代表大会常务委员会第十六次会议通过　根据1988年12月29日第七届全国人民代表大会常务委员会第五次会议《关于修改〈中华人民共和国土地管理法〉的决定》第一次修正　1998年8月29日第九届全国人民代表大会常务委员会第四次会议修订　根据2004年8月28日第十届全国人民代表大会常务委员会第十一次会议《关于修改〈中华人民共和国土地管理法〉的决定》第二次修正　根据2019年8月26日第十三届全国人民代表大会常务委员会第十二次会议《关于修改〈中华人民共和国土地管理法〉、〈中华人民共和国城市房地产管理法〉的决定》第三次修正）

第四章　耕地保护

第三十条　国家保护耕地，严格控制耕地转为非耕地。

国家实行占用耕地补偿制度。非农业建设经批准占用耕地的，按照“占多少，垦多少”的原则，由占用耕地的单位负责开垦与所占用耕地的数量和质量相当的耕地；没有条件开垦或者开垦的耕地不符合要求的，应当按照省、自治区、直辖市的规定缴纳耕地开垦费，专款用于开垦新的耕地。

省、自治区、直辖市人民政府应当制定开垦耕地计划，监督占用耕地的单位按照计划开垦耕地或者按照计划组织开垦耕地，并进行验收。

第三十一条　县级以上地方人民政府可以要求占用耕地的单位将所占用耕地耕作层的土壤用于新开垦耕地、劣质地或者其他耕地的土壤改良。

第三十二条　省、自治区、直辖市人民政府应当严格执行土地利用总体规划和土地利用年度计划，采取措施，确保本行政区域内耕地总量不减少、质量不降低。耕地总量减少的，由国务院责令在规定期限内组织开垦与所减少耕地的数量与质量相当的耕地；耕地质量降低的，由国务院责令在规定期限内组织整治。新开垦和整治的耕地由国务院自然资源主管部门会同农业农村主管部门验收。

个别省、直辖市确因土地后备资源匮乏，新增建设用地后，新开垦耕地的数量不足以补偿所占用耕地的数量的，必须报经国务院批准减免本行政区域内开垦耕地的数量，易地开垦数量和质量相当的耕地。

第三十三条 国家实行永久基本农田保护制度。下列耕地应当根据土地利用总体规划划为永久基本农田，实行严格保护：

（一）经国务院农业农村主管部门或者县级以上地方人民政府批准确定的粮、棉、油、糖等重要农产品生产基地内的耕地；

（二）有良好的水利与水土保持设施的耕地，正在实施改造计划以及可以改造的中、低产田和已建成的高标准农田；

（三）蔬菜生产基地；

（四）农业科研、教学试验田；

（五）国务院规定应当划为永久基本农田的其他耕地。

各省、自治区、直辖市划定的永久基本农田一般应当占本行政区域内耕地的百分之八十以上，具体比例由国务院根据各省、自治区、直辖市耕地实际情况规定。

第三十四条 永久基本农田划定以乡（镇）为单位进行，由县级人民政府自然资源主管部门会同同级农业农村主管部门组织实施。永久基本农田应当落实到地块，纳入国家永久基本农田数据库严格管理。

乡（镇）人民政府应当将永久基本农田的位置、范围向社会公告，并设立保护标志。

第三十五条 永久基本农田经依法划定后，任何单位和个人不得擅自占用或者改变其用途。国家能源、交通、水利、军事设施等重点建设项目选址确实难以避让永久基本农田，涉及农用地转用或者土地征收的，必须经国务院批准。

禁止通过擅自调整县级土地利用总体规划、乡（镇）土地利用总体规划等方式规避永久基本农田农用地转用或者土地征收的审批。

第三十六条 各级人民政府应当采取措施，引导因地制宜轮作休耕，改良土壤，提高地力，维护排灌工程设施，防止土地荒漠化、盐渍化、水土流失和土壤污染。

第三十七条 非农业建设必须节约使用土地，可以利用荒地的，不得占用耕地；可以利用劣地的，不得占用好地。

禁止占用耕地建窑、建坟或者擅自在耕地上建房、挖砂、采石、采矿、取土等。

禁止占用永久基本农田发展林果业和挖塘养鱼。

第三十八条 禁止任何单位和个人闲置、荒芜耕地。已经办理审批手续的非农业建设占用耕地，一年内不用而又可以耕种并收获的，应当由原耕种该幅耕地的集体或者个人恢复耕种，也可以由用地单位组织耕种；一年以上未动工建设的，应当按照省、自治区、直辖市的规定缴纳闲置费；连续二年未使用的，经原批准机关批准，由县级以上人民政府无偿收回用地单位的土地使用权；该幅土地原为农民集体所有的，应当交由原农村集体经济组织恢复耕种。

在城市规划区范围内，以出让方式取得土地使用权进行房地产开发的闲置土地，依照《中华人民共和国城市房地产管理法》的有关规定办理。

第三十九条 国家鼓励单位和个人按照土地利用总体规划，在保护和改善生态环境、防止水土流失和土地荒漠化的前提下，开发未利用的土地；适宜开发为农用地的，应当优先开发成农用地。

国家依法保护开发者的合法权益。

第四十条 开垦未利用的土地，必须经过科学论证和评估，在土地利用总体规划划定的可开垦的区域内，经依法批准后进行。禁止毁坏森林、草原开垦耕地，禁止围湖造田和侵占江河滩地。

根据土地利用总体规划，对破坏生态环境开垦、围垦的土地，有计划有步骤地退耕还林、还牧、还湖。

第四十一条 开发未确定使用权的国有荒山、荒地、荒滩从事种植业、林业、畜牧业、渔业生产的，经县级以上人民政府依法批准，可以确定给开发单位或者个人长期使用。

第四十二条 国家鼓励土地整理。县、乡（镇）人民政府应当组织农村集体经济组织，按照土地利用总体规划，对田、水、路、林、村综合整治，提高耕地质量，增加有效耕地面积，改善农业生产条件和生态环境。

地方各级人民政府应当采取措施，改造中、低产田，整治闲散地和废弃地。

第四十三条 因挖损、塌陷、压占等造成土地破坏，用地单位和个人应当按照国家有关规定负责复垦；没有条件复垦或者复垦不符合要求的，应当缴纳土地复垦费，专项用于土地复垦。复垦的土地应当优先用于农业。

第五章　建设用地

第四十四条　建设占用土地，涉及农用地转为建设用地的，应当办理农用地转用审批手续。

永久基本农田转为建设用地的，由国务院批准。

在土地利用总体规划确定的城市和村庄、集镇建设用地规模范围内，为实施该规划而将永久基本农田以外的农用地转为建设用地的，按土地利用年度计划分批次按照国务院规定由原批准土地利用总体规划的机关或者其授权的机关批准。在已批准的农用地转用范围内，具体建设项目用地可以由市、县人民政府批准。

在土地利用总体规划确定的城市和村庄、集镇建设用地规模范围外，将永久基本农田以外的农用地转为建设用地的，由国务院或者国务院授权的省、自治区、直辖市人民政府批准。

第四十五条　为了公共利益的需要，有下列情形之一，确需征收农民集体所有的土地的，可以依法实施征收：

（一）军事和外交需要用地的；

（二）由政府组织实施的能源、交通、水利、通信、邮政等基础设施建设需要用地的；

（三）由政府组织实施的科技、教育、文化、卫生、体育、生态环境和资源保护、防灾减灾、文物保护、社区综合服务、社会福利、市政公用、优抚安置、英烈保护等公共事业需要用地的；

（四）由政府组织实施的扶贫搬迁、保障性安居工程建设需要用地的；

（五）在土地利用总体规划确定的城镇建设用地范围内，经省级以上人民政府批准由县级以上地方人民政府组织实施的成片开发建设需要用地的；

（六）法律规定为公共利益需要可以征收农民集体所有的土地的其他情形。

前款规定的建设活动，应当符合国民经济和社会发展规划、土地利用总体规划、城乡规划和专项规划；第（四）项、第（五）项规定的建设活动，还应当纳入国民经济和社会发展年度计划；第（五）项规定的成片开发并应当符合国务院自然资源主管部门规定的标准。

第四十六条　征收下列土地的，由国务院批准：

（一）永久基本农田；

（二）永久基本农田以外的耕地超过三十五公顷的；

（三）其他土地超过七十公顷的。

征收前款规定以外的土地的，由省、自治区、直辖市人民政府批准。

征收农用地的，应当依照本法第四十四条的规定先行办理农用地转用审批。其中，经国务院批准农用地转用的，同时办理征地审批手续，不再另行办理征地审批；经省、自治区、直辖市人民政府在征地批准权限内批准农用地转用的，同时办理征地审批手续，不再另行办理征地审批，超过征地批准权限的，应当依照本条第一款的规定另行办理征地审批。

第四十七条 国家征收土地的，依照法定程序批准后，由县级以上地方人民政府予以公告并组织实施。

县级以上地方人民政府拟申请征收土地的，应当开展拟征收土地现状调查和社会稳定风险评估，并将征收范围、土地现状、征收目的、补偿标准、安置方式和社会保障等在拟征收土地所在的乡（镇）和村、村民小组范围内公告至少三十日，听取被征地的农村集体经济组织及其成员、村民委员会和其他利害关系人的意见。

多数被征地的农村集体经济组织成员认为征地补偿安置方案不符合法律、法规规定的，县级以上地方人民政府应当组织召开听证会，并根据法律、法规的规定和听证会情况修改方案。

拟征收土地的所有权人、使用权人应当在公告规定期限内，持不动产权属证明材料办理补偿登记。县级以上地方人民政府应当组织有关部门测算并落实有关费用，保证足额到位，与拟征收土地的所有权人、使用权人就补偿、安置等签订协议；个别确实难以达成协议的，应当在申请征收土地时如实说明。

相关前期工作完成后，县级以上地方人民政府方可申请征收土地。

第四十八条 征收土地应当给予公平、合理的补偿，保障被征地农民原有生活水平不降低、长远生计有保障。

征收土地应当依法及时足额支付土地补偿费、安置补助费以及农村村民住宅、其他地上附着物和青苗等的补偿费用，并安排被征地农民的社会保障费用。

征收农用地的土地补偿费、安置补助费标准由省、自治区、直辖市通过制定公布区片综合地价确定。制定区片综合地价应当综合考虑土地原用途、土地资源条件、土地产值、土地区位、土地供求关系、人口以及经济社会发展水平等因素，并至少每三年调整或者重新公布一次。

征收农用地以外的其他土地、地上附着物和青苗等的补偿标准，由省、自治区、直辖市制定。对其中的农村村民住宅，应当按照先补偿后搬迁、居住条件有改善的原则，尊重农村村民意愿，采取重新安排宅基地建房、提供安置房或者货币补偿等方式给予公平、合理的补偿，并对因征收造成的搬迁、临时安置等费用予以补偿，保障农村村民居住的权利和合法的住房财产权益。

县级以上地方人民政府应当将被征地农民纳入相应的养老等社会保障体系。被征地农民的社会保障费用主要用于符合条件的被征地农民的养老保险等社会保险缴费补贴。被征地农民社会保障费用的筹集、管理和使用办法，由省、自治区、直辖市制定。

第四十九条 被征地的农村集体经济组织应当将征收土地的补偿费用的收支状况向本集体经济组织的成员公布，接受监督。

禁止侵占、挪用被征收土地单位的征地补偿费用和其他有关费用。

第五十条 地方各级人民政府应当支持被征地的农村集体经济组织和农民从事开发经营，兴办企业。

第五十一条 大中型水利、水电工程建设征收土地的补偿费标准和移民安置办法，由国务院另行规定。

第五十二条 建设项目可行性研究论证时，自然资源主管部门可以根据土地利用总体规划、土地利用年度计划和建设用地标准，对建设用地有关事项进行审查，并提出意见。

第五十三条 经批准的建设项目需要使用国有建设用地的，建设单位应当持法律、行政法规规定的有关文件，向有批准权的县级以上人民政府自然资源主管部门提出建设用地申请，经自然资源主管部门审查，报本级人民政府批准。

第五十四条 建设单位使用国有土地，应当以出让等有偿使用方式取得；但是，下列建设用地，经县级以上人民政府依法批准，可以以划拨方式取得：

（一）国家机关用地和军事用地；

（二）城市基础设施用地和公益事业用地；

（三）国家重点扶持的能源、交通、水利等基础设施用地；

（四）法律、行政法规规定的其他用地。

第五十五条 以出让等有偿使用方式取得国有土地使用权的建设单位，按照国务院规定的标准和办法，缴纳土地使用权出让金等土地有偿使用费和其他费用后，方可使用土地。

自本法施行之日起，新增建设用地的土地有偿使用费，百分之三十上缴中央财政，百分之七十留给有关地方人民政府。具体使用管理办法由国务院财政部门会同有关部门制定，并报国务院批准。

第五十六条 建设单位使用国有土地的，应当按照土地使用权出让等有偿使用合同的约定或者土地使用权划拨批准文件的规定使用土地；确需改变该幅土地建设用途的，应当经有关人民政府自然资源主管部门同意，报原批准用地的人民政府批准。其中，在城市规划区内改变土地用途的，在报批前，应当先经有关城市规划行政主管部门同意。

第五十七条 建设项目施工和地质勘查需要临时使用国有土地或者农民集体所有的土地的，由县级以上人民政府自然资源主管部门批准。其中，在城市规划区内的临时用地，在报批前，应当先经有关城市规划行政主管部门同意。土地使用者应当根据土地权属，与有关自然资源主管部门或者农村集体经济组织、村民委员会签订临时使用土地合同，并按照合同的约定支付临时使用土地补偿费。

临时使用土地的使用者应当按照临时使用土地合同约定的用途使用土地，并不得修建永久性建筑物。

临时使用土地期限一般不超过二年。

第五十八条 有下列情形之一的，由有关人民政府自然资源主管部门报经原批准用地的人民政府或者有批准权的人民政府批准，可以收回国有土地使用权：

（一）为实施城市规划进行旧城区改建以及其他公共利益需要，确需使用土地的；

（二）土地出让等有偿使用合同约定的使用期限届满，土地使用者未申请续期或者申请续期未获批准的；

（三）因单位撤销、迁移等原因，停止使用原划拨的国有土地的；

（四）公路、铁路、机场、矿场等经核准报废的。

依照前款第（一）项的规定收回国有土地使用权的，对土地使用权人应当给予适当补偿。

第五十九条 乡镇企业、乡（镇）村公共设施、公益事业、农村村民住宅等乡（镇）村建设，应当按照村庄和集镇规划，合理布局，综合开发，配套建设；建设用地，应当符合乡（镇）土地利用总体规划和土地利用年度计划，并依照本法第四十四条、第六十条、第六十一条、第六十二条的规定办理审批手续。

第六十条 农村集体经济组织使用乡（镇）土地利用总体规划确定的建设用地兴办企业或者与其他单位、个人以土地使用权入股、联营等形式共同举办企业的，应当持有关批准文件，向县级以上地方人民政府自然资源主管部门提出申请，按照省、自治区、直辖市规定的批准权限，由县级以上地方人民政府批准；其中，涉及占用农用地的，依照本法第四十四条的规定办理审批手续。

按照前款规定兴办企业的建设用地，必须严格控制。省、自治区、直辖市可以按照乡镇企业的不同行业和经营规模，分别规定用地标准。

第六十一条 乡（镇）村公共设施、公益事业建设，需要使用土地的，经乡（镇）人民政府审核，向县级以上地方人民政府自然资源主管部门提出申请，按照省、自治区、直辖市规定的批准权限，由县级以上地方人民政府批准；

第六十二条 农村村民一户只能拥有一处宅基地，其宅基地的面积不得超过省、自治区、直辖市规定的标准。

人均土地少、不能保障一户拥有一处宅基地的地区，县级人民政府在充分尊重农村村民意愿的基础上，可以采取措施，按照省、自治区、直辖市规定的标准保障农村村民实现户有所居。

农村村民建住宅，应当符合乡（镇）土地利用总体规划、村庄规划，不得占用永久基本农田，并尽量使用原有的宅基地和村内空闲地。编制乡（镇）土地利用总体规划、村庄规划应当统筹并合理安排宅基地用地，改善农村村民居住环境和条件。

农村村民住宅用地，由乡（镇）人民政府审核批准；

农村村民出卖、出租、赠与住宅后，再申请宅基地的，不予批准。

国家允许进城落户的农村村民依法自愿有偿退出宅基地，鼓励农村集体经济组织及其成员盘活利用闲置宅基地和闲置住宅。

国务院农业农村主管部门负责全国农村宅基地改革和管理有关工作。

第六十三条 土地利用总体规划、城乡规划确定为工业、商业等经营性用途，并经依法登记的集体经营性建设用地，土地所有权人可以通过出让、出租等方式交由单位或者个人使用，并应当签订书面合同，载明土地界址、面积、动工期限、使用期限、土地用途、规划条件和双方其他权利义务。

前款规定的集体经营性建设用地出让、出租等，应当经本集体经济组织成员的村民会议三分之二以上成员或者三分之二以上村民代表的同意。

通过出让等方式取得的集体经营性建设用地使用权可以转让、互换、出资、赠与或者抵押，但法律、行政法规另有规定或者土地所有权人、土地使用权人签订的书面合同另有约定的除外。

集体经营性建设用地的出租，集体建设用地使用权的出让及其最高年限、转让、互换、出资、赠与、抵押等，参照同类用途的国有建设用地执行。具体办法由国务院制定。

第六十四条 集体建设用地的使用者应当严格按照土地利用总体规划、城乡规划确定的用途使用土地。

第六十五条 在土地利用总体规划制定前已建的不符合土地利用总体规划确定的用途的建筑物、构筑物，不得重建、扩建。

第六十六条 有下列情形之一的，农村集体经济组织报经原批准用地的人民政府批准，可以收回土地使用权：

（一）为乡（镇）村公共设施和公益事业建设，需要使用土地的；

（二）不按照批准的用途使用土地的；

（三）因撤销、迁移等原因而停止使用土地的。

依照前款第（一）项规定收回农民集体所有的土地的，对土地使用权人应当给予适当补偿。

收回集体经营性建设用地使用权，依照双方签订的书面合同办理，法律、行政法规另有规定的除外。

中华人民共和国农村土地承包法

（2002 年 8 月 29 日第九届全国人民代表大会常务委员会第二十九次会议通过　2002 年 8 月 29 日中华人民共和国主席令第七十三号公布。根据 2009 年 8 月 27 日中华人民共和国主席令第十八号第十一届全国人民代表大会常务委员会第十次会议《关于修改部分法律的决定》修正　根据 2018 年 12 月 29 日中华人民共和国主席令第十七号第十三届全国人民代表大会常务委员会第七次会议《全国人民代表大会常务委员会关于修改〈中华人民共和国农村土地承包法〉的决定》修正）

第一章　总　则

第一条　为了巩固和完善以家庭承包经营为基础、统分结合的双层经营体制，保持农村土地承包关系稳定并长久不变，维护农村土地承包经营当事人的合法权益，促进农业、农村经济发展和农村社会和谐稳定，根据宪法，制定本法。

第二条　本法所称农村土地，是指农民集体所有和国家所有依法由农民集体使用的耕地、林地、草地，以及其他依法用于农业的土地。

第三条　国家实行农村土地承包经营制度。

农村土地承包采取农村集体经济组织内部的家庭承包方式，不宜采取家庭承包方式的荒山、荒沟、荒丘、荒滩等农村土地，可以采取招标、拍卖、公开协商等方式承包。

第四条　农村土地承包后，土地的所有权性质不变。承包地不得买卖。

第五条　农村集体经济组织成员有权依法承包由本集体经济组织发包的农村土地。

任何组织和个人不得剥夺和非法限制农村集体经济组织成员承包土地的权利。

第六条　农村土地承包，妇女与男子享有平等的权利。承包中应当保护妇女的合法权益，任何组织和个人不得剥夺、侵害妇女应当享有的土地承包经营权。

第七条　农村土地承包应当坚持公开、公平、公正的原则，正确处理国家、集体、个人三者的利益关系。

第八条 国家保护集体土地所有者的合法权益，保护承包方的土地承包经营权，任何组织和个人不得侵犯。

第九条 承包方承包土地后，享有土地承包经营权，可以自己经营，也可以保留土地承包权，流转其承包地的土地经营权，由他人经营。

第十条 国家保护承包方依法、自愿、有偿流转土地经营权，保护土地经营权人的合法权益，任何组织和个人不得侵犯。

第十一条 农村土地承包经营应当遵守法律、法规，保护土地资源的合理开发和可持续利用。未经依法批准不得将承包地用于非农建设。

国家鼓励增加对土地的投入，培肥地力，提高农业生产能力。

第十二条 国务院农业农村、林业和草原主管部门分别依照国务院规定的职责负责全国农村土地承包经营及承包经营合同管理的指导。

县级以上地方人民政府农业农村、林业和草原等主管部门分别依照各自职责，负责本行政区域内农村土地承包经营及承包经营合同管理。

乡（镇）人民政府负责本行政区域内农村土地承包经营及承包经营合同管理。

第二章　家庭承包

第一节　发包方和承包方的权利和义务

第十三条 农民集体所有的土地依法属于村农民集体所有的，由村集体经济组织或者村民委员会发包；已经分别属于村内两个以上农村集体经济组织的农民集体所有的，由村内各该农村集体经济组织或者村民小组发包。村集体经济组织或者村民委员会发包的，不得改变村内各集体经济组织农民集体所有的土地的所有权。

国家所有依法由农民集体使用的农村土地，由使用该土地的农村集体经济组织、村民委员会或者村民小组发包。

第十四条 发包方享有下列权利：

（一）发包本集体所有的或者国家所有依法由本集体使用的农村土地；

（二）监督承包方依照承包合同约定的用途合理利用和保护土地；

（三）制止承包方损害承包地和农业资源的行为；

（四）法律、行政法规规定的其他权利。

第十五条 发包方承担下列义务：

（一）维护承包方的土地承包经营权，不得非法变更、解除承包合同；

（二）尊重承包方的生产经营自主权，不得干涉承包方依法进行正常的生产经营活动；

（三）依照承包合同约定为承包方提供生产、技术、信息等服务；

（四）执行县、乡（镇）土地利用总体规划，组织本集体经济组织内的农业基础设施建设；

（五）法律、行政法规规定的其他义务。

第十六条 家庭承包的承包方是本集体经济组织的农户。

农户内家庭成员依法平等享有承包土地的各项权益。

第十七条 承包方享有下列权利：

（一）依法享有承包地使用、收益的权利，有权自主组织生产经营和处置产品；

（二）依法互换、转让土地承包经营权；

（三）依法流转土地经营权；

（四）承包地被依法征收、征用、占用的，有权依法获得相应的补偿；

（五）法律、行政法规规定的其他权利。

第十八条 承包方承担下列义务：

（一）维持土地的农业用途，未经依法批准不得用于非农建设；

（二）依法保护和合理利用土地，不得给土地造成永久性损害；

（三）法律、行政法规规定的其他义务。

第二节 承包的原则和程序

第十九条 土地承包应当遵循以下原则：

（一）按照规定统一组织承包时，本集体经济组织成员依法平等地行使承包土地的权利，也可以自愿放弃承包土地的权利；

（二）民主协商，公平合理；

（三）承包方案应当按照本法第十二条的规定，依法经本集体经济组织成员的村民会议三分之二以上成员或者三分之二以上村民代表的同意；

（四）承包程序合法。

第二十条 土地承包应当按照以下程序进行：

（一）本集体经济组织成员的村民会议选举产生承包工作小组；

（二）承包工作小组依照法律、法规的规定拟订并公布承包方案；

（三）依法召开本集体经济组织成员的村民会议，讨论通过承包方案；

（四）公开组织实施承包方案；

（五）签订承包合同。

第三节 承包期限和承包合同

第二十一条 耕地的承包期为三十年。草地的承包期为三十年至五十年。林地的承包期为三十年至七十年。

前款规定的耕地承包期届满后再延长三十年，草地、林地承包期届满后依照前款规定相应延长。

第二十二条 发包方应当与承包方签订书面承包合同。

承包合同一般包括以下条款：

（一）发包方、承包方的名称，发包方负责人和承包方代表的姓名、住所；

（二）承包土地的名称、坐落、面积、质量等级；

（三）承包期限和起止日期；

（四）承包土地的用途；

（五）发包方和承包方的权利和义务；

（六）违约责任。

第二十三条 承包合同自成立之日起生效。承包方自承包合同生效时取得土地承包经营权。

第二十四条 国家对耕地、林地和草地等实行统一登记，登记机构应当向承包方颁发土地承包经营权证或者林权证等证书，并登记造册，确认土地承包经营权。

土地承包经营权证或者林权证等证书应当将具有土地承包经营权的全部家庭成员列入。

登记机构除按规定收取证书工本费外，不得收取其他费用。

第二十五条 承包合同生效后，发包方不得因承办人或者负责人的变动而变更或者解除，也不得因集体经济组织的分立或者合并而变更或者解除。

第二十六条 国家机关及其工作人员不得利用职权干涉农村土地承包或者变更、解除承包合同。

第四节 土地承包经营权的保护和互换、转让

第二十七条 承包期内，发包方不得收回承包地。

国家保护进城农户的土地承包经营权。不得以退出土地承包经营权作为农户进城落户的条件。

承包期内，承包农户进城落户的，引导支持其按照自愿有偿原则依法在本集体经济组织内转让土地承包经营权或者将承包地交回发包方，也可以鼓励其流转土地经营权。

承包期内，承包方交回承包地或者发包方依法收回承包地时，承包方对其在承包地上投入而提高土地生产能力的，有权获得相应的补偿。

第二十八条 承包期内，发包方不得调整承包地。

承包期内，因自然灾害严重毁损承包地等特殊情形对个别农户之间承包的耕地和草地需要适当调整的，必须经本集体经济组织成员的村民会议三分之二以上成员或者三分之二以上村民代表的同意，并报乡（镇）人民政府和县级人民政府农业农村、林业和草原等主管部门批准。承包合同中约定不得调整的，按照其约定。

第二十九条 下列土地应当用于调整承包土地或者承包给新增人口：

（一）集体经济组织依法预留的机动地；

（二）通过依法开垦等方式增加的；

（三）发包方依法收回和承包方依法、自愿交回的。

第三十条 承包期内，承包方可以自愿将承包地交回发包方。承包方自愿交回承包地的，可以获得合理补偿，但是应当提前半年以书面形式通知发包方。承包方在承包期内交回承包地的，在承包期内不得再要求承包土地。

第三十一条 承包期内，妇女结婚，在新居住地未取得承包地的，发包方不得收回其原承包地；妇女离婚或者丧偶，仍在原居住地生活或者不在原居住地生活但在新居住地未取得承包地的，发包方不得收回其原承包地。

第三十二条 承包人应得的承包收益，依照继承法的规定继承。

林地承包的承包人死亡，其继承人可以在承包期内继续承包。

第五节　土地经营权

第三十三条　承包方之间为方便耕种或者各自需要，可以对属于同一集体经济组织的土地的土地承包经营权进行互换，并向发包方备案。

第三十四条　经发包方同意，承包方可以将全部或者部分的土地承包经营权转让给本集体经济组织的其他农户，由该农户同发包方确立新的承包关系，原承包方与发包方在该土地上的承包关系即行终止。

第三十五条　土地承包经营权互换、转让的，当事人可以向登记机构申请登记。未经登记，不得对抗善意第三人。

第三十六条　承包方可以自主决定依法采取出租（转包）、入股或者其他方式向他人流转土地经营权，并向发包方备案。

第三十七条　土地经营权人有权在合同约定的期限内占有农村土地，自主开展农业生产经营并取得收益。

第三十八条　土地经营权流转应当遵循以下原则：

（一）依法、自愿、有偿，任何组织和个人不得强迫或者阻碍土地经营权流转；

（二）不得改变土地所有权的性质和土地的农业用途，不得破坏农业综合生产能力和农业生态环境；

（三）流转期限不得超过承包期的剩余期限；

（四）受让方须有农业经营能力或者资质；

（五）在同等条件下，本集体经济组织成员享有优先权。

第三十九条　土地经营权流转的价款，应当由当事人双方协商确定。流转的收益归承包方所有，任何组织和个人不得擅自截留、扣缴。

第四十条　土地经营权流转，当事人双方应当签订书面流转合同。

土地经营权流转合同一般包括以下条款：

（一）双方当事人的姓名、住所；

（二）流转土地的名称、坐落、面积、质量等级；

（三）流转期限和起止日期；

（四）流转土地的用途；

（五）双方当事人的权利和义务；

（六）流转价款及支付方式；

（七）土地被依法征收、征用、占用时有关补偿费的归属；

（八）违约责任。

承包方将土地交由他人代耕不超过一年的，可以不签订书面合同。

第四十一条 土地经营权流转期限为五年以上的，当事人可以向登记机构申请土地经营权登记。未经登记，不得对抗善意第三人。

第四十二条 承包方不得单方解除土地经营权流转合同，但受让方有下列情形之一的除外：

（一）擅自改变土地的农业用途；

（二）弃耕抛荒连续两年以上；

（三）给土地造成严重损害或者严重破坏土地生态环境；

（四）其他严重违约行为。

第四十三条 经承包方同意，受让方可以依法投资改良土壤，建设农业生产附属、配套设施，并按照合同约定对其投资部分获得合理补偿。

第四十四条 承包方流转土地经营权的，其与发包方的承包关系不变。

第四十五条 县级以上地方人民政府应当建立工商企业等社会资本通过流转取得土地经营权的资格审查、项目审核和风险防范制度。

工商企业等社会资本通过流转取得土地经营权的，本集体经济组织可以收取适量管理费用。

具体办法由国务院农业农村、林业和草原主管部门规定。

第四十六条 经承包方书面同意，并向本集体经济组织备案，受让方可以再流转土地经营权。

第四十七条 承包方可以用承包地的土地经营权向金融机构融资担保，并向发包方备案。受让方通过流转取得的土地经营权，经承包方书面同意并向发包方备案，可以向金融机构融资担保。

担保物权自融资担保合同生效时设立。当事人可以向登记机构申请登记；未经登记，不得对抗善意第三人。

实现担保物权时，担保物权人有权就土地经营权优先受偿。

土地经营权融资担保办法由国务院有关部门规定。

第三章 其他方式的承包

第四十八条 不宜采取家庭承包方式的荒山、荒沟、荒丘、荒滩等农村土地，通过招标、拍卖、公开协商等方式承包的，适用本章规定。

第四十九条 以其他方式承包农村土地的，应当签订承包合同，承包方取得土地经营权。当事人的权利和义务、承包期限等，由双方协商确定。以招标、拍卖方式承包的，承包费通过公开竞标、竞价确定；以公开协商等方式承包的，承包费由双方议定。

第五十条 荒山、荒沟、荒丘、荒滩等可以直接通过招标、拍卖、公开协商等方式实行承包经营，也可以将土地经营权折股分给本集体经济组织成员后，再实行承包经营或者股份合作经营。

承包荒山、荒沟、荒丘、荒滩的，应当遵守有关法律、行政法规的规定，防止水土流失，保护生态环境。

第五十一条 以其他方式承包农村土地，在同等条件下，本集体经济组织成员有权优先承包。

第五十二条 发包方将农村土地发包给本集体经济组织以外的单位或者个人承包，应当事先经本集体经济组织成员的村民会议三分之二以上成员或者三分之二以上村民代表的同意，并报乡（镇）人民政府批准。

由本集体经济组织以外的单位或者个人承包的，应当对承包方的资信情况和经营能力进行审查后，再签订承包合同。

第五十三条 通过招标、拍卖、公开协商等方式承包农村土地，经依法登记取得权属证书的，可以依法采取出租、入股、抵押或者其他方式流转土地经营权。

第五十四条 依照本章规定通过招标、拍卖、公开协商等方式取得土地经营权的，该承包人死亡，其应得的承包收益，依照继承法的规定继承；在承包期内，其继承人可以继续承包。

第四章 争议的解决和法律责任

第五十五条 因土地承包经营发生纠纷的，双方当事人可以通过协商解决，也可以请求村民委员会、乡（镇）人民政府等调解解决。

当事人不愿协商、调解或者协商、调解不成的，可以向农村土地承包仲裁机构申请仲裁，也可以直接向人民法院起诉。

第五十六条 任何组织和个人侵害土地承包经营权、土地经营权的，应当承担民事责任。

第五十七条 发包方有下列行为之一的，应当承担停止侵害、排除妨碍、消除危险、返还财产、恢复原状、赔偿损失等民事责任：

（一）干涉承包方依法享有的生产经营自主权；

（二）违反本法规定收回、调整承包地；

（三）强迫或者阻碍承包方进行土地承包经营权的互换、转让或者土地经营权流转；

（四）假借少数服从多数强迫承包方放弃或者变更土地承包经营权；

（五）以划分‘口粮田’和‘责任田’等为由收回承包地搞招标承包；

（六）将承包地收回抵顶欠款；

（七）剥夺、侵害妇女依法享有的土地承包经营权；

（八）其他侵害土地承包经营权的行为。

第五十八条 承包合同中违背承包方意愿或者违反法律、行政法规有关不得收回、调整承包地等强制性规定的约定无效。

第五十九条 当事人一方不履行合同义务或者履行义务不符合约定的，应当依法承担违约责任。

第六十条 任何组织和个人强迫进行土地承包经营权互换、转让或者土地经营权流转的，该互换、转让或者流转无效。

第六十一条 任何组织和个人擅自截留、扣缴土地承包经营权互换、转让或者土地经营权流转收益的，应当退还。

第六十二条 违反土地管理法规，非法征收、征用、占用土地或者贪污、挪用土地征收、征用补偿费用，构成犯罪的，依法追究刑事责任；造成他人损害的，应当承担损害赔偿等责任。

第六十三条 承包方、土地经营权人违法将承包地用于非农建设的，由县级以上地方人民政府有关主管部门依法予以处罚。

承包方给承包地造成永久性损害的，发包方有权制止，并有权要求赔偿由此造成的损失。

第六十四条 土地经营权人擅自改变土地的农业用途、弃耕抛荒连续两年以上、给土地造成严重损害或者严重破坏土地生态环境，承包方在合理期限内不解除土地经营权流转合同的，发包方有权要求终止土地经营权流转合同。土地经营权人对土地和土地生态环境造成的损害应当予以赔偿。

第六十五条 国家机关及其工作人员有利用职权干涉农村土地承包经营，变更、解除承包经营合同，干涉承包经营当事人依法享有的生产经营自主权，强迫、阻碍承包经营当事人进行土地承包经营权互换、转让或者土地经营权流转等侵害土地承包经营权、土地经营权的行为，给承包经营当事人造成损失的，应当承担损害赔偿等责任；情节严重的，由上级机关或者所在单位给予直接责任人员处分；构成犯罪的，依法追究刑事责任。

第五章　附　则

第六十六条　本法实施前已经按照国家有关农村土地承包的规定承包，包括承包期限长于本法规定的，本法实施后继续有效，不得重新承包土地。未向承包方颁发土地承包经营权证或者林权证等证书的，应当补发证书。

第六十七条　本法实施前已经预留机动地的，机动地面积不得超过本集体经济组织耕地总面积的百分之五。不足百分之五的，不得再增加机动地。

本法实施前未留机动地的，本法实施后不得再留机动地。

第六十八条　各省、自治区、直辖市人民代表大会常务委员会可以根据本法，结合本行政区域的实际情况，制定实施办法。

第六十九条　确认农村集体经济组织成员身份的原则、程序等，由法律、法规规定。

第七十条　本法自 2003 年 3 月 1 日起施行。

中华人民共和国民法典（节选）

（2020 年 5 月 28 日第十三届全国人民代表大会第三次会议通过）

▶ 第二编　物　权 ◀

第一分编　通　则

第一章　一般规定

第二百零五条　本编调整因物的归属和利用产生的民事关系。

第二百零六条　国家坚持和完善公有制为主体、多种所有制经济共同发展，按劳分配为主体、多种分配方式并存，社会主义市场经济体制等社会主义基本经济制度。

国家巩固和发展公有制经济，鼓励、支持和引导非公有制经济的发展。

国家实行社会主义市场经济，保障一切市场主体的平等法律地位和发展权利。

第二百零七条　国家、集体、私人的物权和其他权利人的物权受法律平等保护，任何组织或者个人不得侵犯。

第二百零八条　不动产物权的设立、变更、转让和消灭，应当依照法律规定登记。动产物权的设立和转让，应当依照法律规定交付。

第二章　物权的设立、变更、转让和消灭

第一节　不动产登记

第二百零九条　不动产物权的设立、变更、转让和消灭，经依法登记，发生效力；未经登记，不发生效力，但是法律另有规定的除外。

依法属于国家所有的自然资源，所有权可以不登记。

第二百一十条　不动产登记，由不动产所在地的登记机构办理。

国家对不动产实行统一登记制度。统一登记的范围、登记机构和登记办

法，由法律、行政法规规定。

第二百一十一条 当事人申请登记，应当根据不同登记事项提供权属证明和不动产界址、面积等必要材料。

第二百一十二条 登记机构应当履行下列职责：

（一）查验申请人提供的权属证明和其他必要材料；

（二）就有关登记事项询问申请人；

（三）如实、及时登记有关事项；

（四）法律、行政法规规定的其他职责。

申请登记的不动产的有关情况需要进一步证明的，登记机构可以要求申请人补充材料，必要时可以实地查看。

第二百一十三条 登记机构不得有下列行为：

（一）要求对不动产进行评估；

（二）以年检等名义进行重复登记；

（三）超出登记职责范围的其他行为。

第二百一十四条 不动产物权的设立、变更、转让和消灭，依照法律规定应当登记的，自记载于不动产登记簿时发生效力。

第二百一十五条 当事人之间订立有关设立、变更、转让和消灭不动产物权的合同，除法律另有规定或者当事人另有约定外，自合同成立时生效；未办理物权登记的，不影响合同效力。

第二百一十六条 不动产登记簿是物权归属和内容的根据。

不动产登记簿由登记机构管理。

第二百一十七条 不动产权属证书是权利人享有该不动产物权的证明。不动产权属证书记载的事项，应当与不动产登记簿一致；记载不一致的，除有证据证明不动产登记簿确有错误外，以不动产登记簿为准。

第二百一十八条 权利人、利害关系人可以申请查询、复制不动产登记资料，登记机构应当提供。

第二百一十九条 利害关系人不得公开、非法使用权利人的不动产登记资料。

第二百二十条 权利人、利害关系人认为不动产登记簿记载的事项错误的，可以申请更正登记。不动产登记簿记载的权利人书面同意更正或者有证据证明登记确有错误的，登记机构应当予以更正。

不动产登记簿记载的权利人不同意更正的，利害关系人可以申请异议登记。登记机构予以异议登记，申请人自异议登记之日起十五日内不提起诉讼的，异议登记失效。异议登记不当，造成权利人损害的，权利人可以向申请人请求损害赔偿。

第二百二十一条 当事人签订买卖房屋的协议或者签订其他不动产物权的协议，为保障将来实现物权，按照约定可以向登记机构申请预告登记。预告登记后，未经预告登记的权利人同意，处分该不动产的，不发生物权效力。

预告登记后，债权消灭或者自能够进行不动产登记之日起九十日内未申请登记的，预告登记失效。

第二百二十二条 当事人提供虚假材料申请登记，造成他人损害的，应当承担赔偿责任。

因登记错误，造成他人损害的，登记机构应当承担赔偿责任。登记机构赔偿后，可以向造成登记错误的人追偿。

第二百二十三条 不动产登记费按件收取，不得按照不动产的面积、体积或者价款的比例收取。

第二节 动产交付

第二百二十四条 动产物权的设立和转让，自交付时发生效力，但是法律另有规定的除外。

第二百二十五条 船舶、航空器和机动车等的物权的设立、变更、转让和消灭，未经登记，不得对抗善意第三人。

第二百二十六条 动产物权设立和转让前，权利人已经占有该动产的，物权自民事法律行为生效时发生效力。

第二百二十七条 动产物权设立和转让前，第三人占有该动产的，负有交付义务的人可以通过转让请求第三人返还原物的权利代替交付。

第二百二十八条 动产物权转让时，当事人又约定由出让人继续占有该动产的，物权自该约定生效时发生效力。

第三节 其他规定

第二百二十九条 因人民法院、仲裁机构的法律文书或者人民政府的征收决定等，导致物权设立、变更、转让或者消灭的，自法律文书或者征收决定等生效时发生效力。

第二百三十条 因继承取得物权的，自继承开始时发生效力。

第二百三十一条 因合法建造、拆除房屋等事实行为设立或者消灭物权的，自事实行为成就时发生效力。

第二百三十二条 处分依照本节规定享有的不动产物权，依照法律规定需要办理登记的，未经登记，不发生物权效力。

第三章 物权的保护

第二百三十三条 物权受到侵害的，权利人可以通过和解、调解、仲裁、诉讼等途径解决。

第二百三十四条 因物权的归属、内容发生争议的，利害关系人可以请求确认权利。

第二百三十五条 无权占有不动产或者动产的，权利人可以请求返还原物。

第二百三十六条 妨害物权或者可能妨害物权的，权利人可以请求排除妨害或者消除危险。

第二百三十七条 造成不动产或者动产毁损的，权利人可以依法请求修理、重作、更换或者恢复原状。

第二百三十八条 侵害物权，造成权利人损害的，权利人可以依法请求损害赔偿，也可以依法请求承担其他民事责任。

第二百三十九条 本章规定的物权保护方式，可以单独适用，也可以根据权利被侵害的情形合并适用。

第二分编 所有权

第四章 一般规定

第二百四十条 所有权人对自己的不动产或者动产，依法享有占有、使用、收益和处分的权利。

第二百四十一条 所有权人有权在自己的不动产或者动产上设立用益物权和担保物权。用益物权人、担保物权人行使权利，不得损害所有权人的权益。

第二百四十二条 法律规定专属于国家所有的不动产和动产，任何组织或者个人不能取得所有权。

第二百四十三条 为了公共利益的需要，依照法律规定的权限和程序可以征收集体所有的土地和组织、个人的房屋以及其他不动产。

征收集体所有的土地，应当依法及时足额支付土地补偿费、安置补助费以及农村村民住宅、其他地上附着物和青苗等的补偿费用，并安排被征地农民的社会保障费用，保障被征地农民的生活，维护被征地农民的合法权益。

征收组织、个人的房屋以及其他不动产，应当依法给予征收补偿，维护被征收人的合法权益；征收个人住宅的，还应当保障被征收人的居住条件。

任何组织或者个人不得贪污、挪用、私分、截留、拖欠征收补偿费等费用。

第二百四十四条 国家对耕地实行特殊保护，严格限制农用地转为建设用地，控制建设用地总量。不得违反法律规定的权限和程序征收集体所有的土地。

第二百四十五条 因抢险救灾、疫情防控等紧急需要，依照法律规定的权限和程序可以征用组织、个人的不动产或者动产。被征用的不动产或者动产使用后，应当返还被征用人。组织、个人的不动产或者动产被征用或者征用后毁损、灭失的，应当给予补偿。

第五章 国家所有权和集体所有权、私人所有权

第二百四十六条 法律规定属于国家所有的财产，属于国家所有即全民所有。

国有财产由国务院代表国家行使所有权。法律另有规定的，依照其规定。

第二百四十七条 矿藏、水流、海域属于国家所有。

第二百四十八条 无居民海岛属于国家所有，国务院代表国家行使无居民海岛所有权。

第二百四十九条 城市的土地，属于国家所有。法律规定属于国家所有的农村和城市郊区的土地，属于国家所有。

第二百五十条 森林、山岭、草原、荒地、滩涂等自然资源，属于国家所有，但是法律规定属于集体所有的除外。

第二百五十一条 法律规定属于国家所有的野生动植物资源，属于国家所有。

第二百五十二条 无线电频谱资源属于国家所有。

第二百五十三条 法律规定属于国家所有的文物，属于国家所有。

第二百五十四条 国防资产属于国家所有。

铁路、公路、电力设施、电信设施和油气管道等基础设施，依照法律规定为国家所有的，属于国家所有。

第二百五十五条 国家机关对其直接支配的不动产和动产，享有占有、使用以及依照法律和国务院的有关规定处分的权利。

第二百五十六条 国家举办的事业单位对其直接支配的不动产和动产，享有占有、使用以及依照法律和国务院的有关规定收益、处分的权利。

第二百五十七条 国家出资的企业，由国务院、地方人民政府依照法律、行政法规规定分别代表国家履行出资人职责，享有出资人权益。

第二百五十八条 国家所有的财产受法律保护，禁止任何组织或者个人侵占、哄抢、私分、截留、破坏。

第二百五十九条 履行国有财产管理、监督职责的机构及其工作人员，应当依法加强对国有财产的管理、监督，促进国有财产保值增值，防止国有财产损失；滥用职权，玩忽职守，造成国有财产损失的，应当依法承担法律责任。

违反国有财产管理规定，在企业改制、合并分立、关联交易等过程中，低价转让、合谋私分、擅自担保或者以其他方式造成国有财产损失的，应当依法承担法律责任。

第二百六十条 集体所有的不动产和动产包括：

（一）法律规定属于集体所有的土地和森林、山岭、草原、荒地、滩涂；

（二）集体所有的建筑物、生产设施、农田水利设施；

（三）集体所有的教育、科学、文化、卫生、体育等设施；

（四）集体所有的其他不动产和动产。

第二百六十一条 农民集体所有的不动产和动产，属于本集体成员集体所有。

下列事项应当依照法定程序经本集体成员决定：

（一）土地承包方案以及将土地发包给本集体以外的组织或者个人承包；

（二）个别土地承包经营权人之间承包地的调整；

（三）土地补偿费等费用的使用、分配办法；

（四）集体出资的企业的所有权变动等事项；

（五）法律规定的其他事项。

第二百六十二条 对于集体所有的土地和森林、山岭、草原、荒地、滩涂等，依照下列规定行使所有权：

（一）属于村农民集体所有的，由村集体经济组织或者村民委员会依法代表集体行使所有权；

（二）分别属于村内两个以上农民集体所有的，由村内各该集体经济组织或者村民小组依法代表集体行使所有权；

（三）属于乡镇农民集体所有的，由乡镇集体经济组织代表集体行使所有权。

第二百六十三条 城镇集体所有的不动产和动产，依照法律、行政法规的规定由本集体享有占有、使用、收益和处分的权利。

第二百六十四条 农村集体经济组织或者村民委员会、村民小组应当依照法律、行政法规以及章程、村规民约向本集体成员公布集体财产的状况。集体成员有权查阅、复制相关资料。

第二百六十五条 集体所有的财产受法律保护，禁止任何组织或者个人侵占、哄抢、私分、破坏。

农村集体经济组织、村民委员会或者其负责人作出的决定侵害集体成员合法权益的，受侵害的集体成员可以请求人民法院予以撤销。

第二百六十六条 私人对其合法的收入、房屋、生活用品、生产工具、原材料等不动产和动产享有所有权。

第二百六十七条 私人的合法财产受法律保护，禁止任何组织或者个人侵占、哄抢、破坏。

第二百六十八条 国家、集体和私人依法可以出资设立有限责任公司、股份有限公司或者其他企业。国家、集体和私人所有的不动产或者动产投到企业的，由出资人按照约定或者出资比例享有资产收益、重大决策以及选择经营管理者等权利并履行义务。

第二百六十九条 营利法人对其不动产和动产依照法律、行政法规以及章程享有占有、使用、收益和处分的权利。

营利法人以外的法人，对其不动产和动产的权利，适用有关法律、行政法规以及章程的规定。

第二百七十条 社会团体法人、捐助法人依法所有的不动产和动产，受法律保护。

第六章　业主的建筑物区分所有权

第二百七十一条　业主对建筑物内的住宅、经营性用房等专有部分享有所有权，对专有部分以外的共有部分享有共有和共同管理的权利。

第二百七十二条　业主对其建筑物专有部分享有占有、使用、收益和处分的权利。业主行使权利不得危及建筑物的安全，不得损害其他业主的合法权益。

第二百七十三条　业主对建筑物专有部分以外的共有部分，享有权利，承担义务；不得以放弃权利为由不履行义务。

业主转让建筑物内的住宅、经营性用房，其对共有部分享有的共有和共同管理的权利一并转让。

第二百七十四条　建筑区划内的道路，属于业主共有，但是属于城镇公共道路的除外。建筑区划内的绿地，属于业主共有，但是属于城镇公共绿地或者明示属于个人的除外。建筑区划内的其他公共场所、公用设施和物业服务用房，属于业主共有。

第二百七十五条　建筑区划内，规划用于停放汽车的车位、车库的归属，由当事人通过出售、附赠或者出租等方式约定。

占用业主共有的道路或者其他场地用于停放汽车的车位，属于业主共有。

第二百七十六条　建筑区划内，规划用于停放汽车的车位、车库应当首先满足业主的需要。

第二百七十七条　业主可以设立业主大会，选举业主委员会。业主大会、业主委员会成立的具体条件和程序，依照法律、法规的规定。

地方人民政府有关部门、居民委员会应当对设立业主大会和选举业主委员会给予指导和协助。

第二百七十八条　下列事项由业主共同决定：

（一）制定和修改业主大会议事规则；

（二）制定和修改管理规约；

（三）选举业主委员会或者更换业主委员会成员；

（四）选聘和解聘物业服务企业或者其他管理人；

（五）使用建筑物及其附属设施的维修资金；

（六）筹集建筑物及其附属设施的维修资金；

（七）改建、重建建筑物及其附属设施；

（八）改变共有部分的用途或者利用共有部分从事经营活动；

（九）有关共有和共同管理权利的其他重大事项。

业主共同决定事项，应当由专有部分面积占比三分之二以上的业主且人数占比三分之二以上的业主参与表决。决定前款第六项至第八项规定的事项，应当经参与表决专有部分面积四分之三以上的业主且参与表决人数四分之三以上的业主同意。决定前款其他事项，应当经参与表决专有部分面积过半数的业主且参与表决人数过半数的业主同意。

第二百七十九条 业主不得违反法律、法规以及管理规约，将住宅改变为经营性用房。业主将住宅改变为经营性用房的，除遵守法律、法规以及管理规约外，应当经有利害关系的业主一致同意。

第二百八十条 业主大会或者业主委员会的决定，对业主具有法律约束力。

业主大会或者业主委员会作出的决定侵害业主合法权益的，受侵害的业主可以请求人民法院予以撤销。

第二百八十一条 建筑物及其附属设施的维修资金，属于业主共有。经业主共同决定，可以用于电梯、屋顶、外墙、无障碍设施等共有部分的维修、更新和改造。建筑物及其附属设施的维修资金的筹集、使用情况应当定期公布。

紧急情况下需要维修建筑物及其附属设施的，业主大会或者业主委员会可以依法申请使用建筑物及其附属设施的维修资金。

第二百八十二条 建设单位、物业服务企业或者其他管理人等利用业主的共有部分产生的收入，在扣除合理成本之后，属于业主共有。

第二百八十三条 建筑物及其附属设施的费用分摊、收益分配等事项，有约定的，按照约定；没有约定或者约定不明确的，按照业主专有部分面积所占比例确定。

第二百八十四条 业主可以自行管理建筑物及其附属设施，也可以委托物业服务企业或者其他管理人管理。

对建设单位聘请的物业服务企业或者其他管理人，业主有权依法更换。

第二百八十五条 物业服务企业或者其他管理人根据业主的委托，依照本法第三编有关物业服务合同的规定管理建筑区划内的建筑物及其附属设施，接受业主的监督，并及时答复业主对物业服务情况提出的询问。

物业服务企业或者其他管理人应当执行政府依法实施的应急处置措施和其他管理措施，积极配合开展相关工作。

第二百八十六条 业主应当遵守法律、法规以及管理规约，相关行为应当符合节约资源、保护生态环境的要求。对于物业服务企业或者其他管理人执行政府依法实施的应急处置措施和其他管理措施，业主应当依法予以配合。

业主大会或者业主委员会，对任意弃置垃圾、排放污染物或者噪声、违反规定饲养动物、违章搭建、侵占通道、拒付物业费等损害他人合法权益的行为，有权依照法律、法规以及管理规约，请求行为人停止侵害、排除妨碍、消除危险、恢复原状、赔偿损失。

业主或者其他行为人拒不履行相关义务的，有关当事人可以向有关行政主管部门报告或者投诉，有关行政主管部门应当依法处理。

第二百八十七条 业主对建设单位、物业服务企业或者其他管理人以及其他业主侵害自己合法权益的行为，有权请求其承担民事责任。

第七章 相邻关系

第二百八十八条 不动产的相邻权利人应当按照有利生产、方便生活、团结互助、公平合理的原则，正确处理相邻关系。

第二百八十九条 法律、法规对处理相邻关系有规定的，依照其规定；法律、法规没有规定的，可以按照当地习惯。

第二百九十条 不动产权利人应当为相邻权利人用水、排水提供必要的便利。

对自然流水的利用，应当在不动产的相邻权利人之间合理分配。对自然流水的排放，应当尊重自然流向。

第二百九十一条 不动产权利人对相邻权利人因通行等必须利用其土地的，应当提供必要的便利。

第二百九十二条 不动产权利人因建造、修缮建筑物以及铺设电线、电缆、水管、暖气和燃气管线等必须利用相邻土地、建筑物的，该土地、建筑物的权利人应当提供必要的便利。

第二百九十三条 建造建筑物，不得违反国家有关工程建设标准，不得妨碍相邻建筑物的通风、采光和日照。

第二百九十四条 不动产权利人不得违反国家规定弃置固体废物，排放大气污染物、水污染物、土壤污染物、噪声、光辐射、电磁辐射等有害物质。

第二百九十五条 不动产权利人挖掘土地、建造建筑物、铺设管线以及安装设备等，不得危及相邻不动产的安全。

第二百九十六条 不动产权利人因用水、排水、通行、铺设管线等利用相邻不动产的，应当尽量避免对相邻的不动产权利人造成损害。

第八章 共 有

第二百九十七条 不动产或者动产可以由两个以上组织、个人共有。共有包括按份共有和共同共有。

第二百九十八条 按份共有人对共有的不动产或者动产按照其份额享有所有权。

第二百九十九条 共同共有人对共有的不动产或者动产共同享有所有权。

第三百条 共有人按照约定管理共有的不动产或者动产；没有约定或者约定不明确的，各共有人都有管理的权利和义务。

第三百零一条 处分共有的不动产或者动产以及对共有的不动产或者动产作重大修缮、变更性质或者用途的，应当经占份额三分之二以上的按份共有人或者全体共同共有人同意，但是共有人之间另有约定的除外。

第三百零二条 共有人对共有物的管理费用以及其他负担，有约定的，按照其约定；没有约定或者约定不明确的，按份共有人按照其份额负担，共同共有人共同负担。

第三百零三条 共有人约定不得分割共有的不动产或者动产，以维持共有关系的，应当按照约定，但是共有人有重大理由需要分割的，可以请求分割；没有约定或者约定不明确的，按份共有人可以随时请求分割，共同共有人在共有的基础丧失或者有重大理由需要分割时可以请求分割。因分割造成其他共有人损害的，应当给予赔偿。

第三百零四条 共有人可以协商确定分割方式。达不成协议，共有的不动产或者动产可以分割且不会因分割减损价值的，应当对实物予以分割；难以分割或者因分割会减损价值的，应当对折价或者拍卖、变卖取得的价款予以分割。

共有人分割所得的不动产或者动产有瑕疵的，其他共有人应当分担损失。

第三百零五条 按份共有人可以转让其享有的共有的不动产或者动产份额。其他共有人在同等条件下享有优先购买的权利。

第三百零六条 按份共有人转让其享有的共有的不动产或者动产份额的，应当将转让条件及时通知其他共有人。其他共有人应当在合理期限内行使优先购买权。

两个以上其他共有人主张行使优先购买权的，协商确定各自的购买比例；协商不成的，按照转让时各自的共有份额比例行使优先购买权。

第三百零七条 因共有的不动产或者动产产生的债权债务，在对外关系上，共有人享有连带债权、承担连带债务，但是法律另有规定或者第三人知道共有人不具有连带债权债务关系的除外；在共有人内部关系上，除共有人另有约定外，按份共有人按照份额享有债权、承担债务，共同共有人共同享有债权、承担债务。偿还债务超过自己应当承担份额的按份共有人，有权向其他共有人追偿。

第三百零八条 共有人对共有的不动产或者动产没有约定为按份共有或者共同共有，或者约定不明确的，除共有人具有家庭关系等外，视为按份共有。

第三百零九条 按份共有人对共有的不动产或者动产享有的份额，没有约定或者约定不明确的，按照出资额确定；不能确定出资额的，视为等额享有。

第三百一十条 两个以上组织、个人共同享有用益物权、担保物权的，参照适用本章的有关规定。

第九章　所有权取得的特别规定

第三百一十一条 无处分权人将不动产或者动产转让给受让人的，所有权人有权追回；除法律另有规定外，符合下列情形的，受让人取得该不动产或者动产的所有权：

（一）受让人受让该不动产或者动产时是善意；

（二）以合理的价格转让；

（三）转让的不动产或者动产依照法律规定应当登记的已经登记，不需要登记的已经交付给受让人。

受让人依据前款规定取得不动产或者动产的所有权的，原所有权人有权向无处分权人请求损害赔偿。

当事人善意取得其他物权的，参照适用前两款规定。

第三百一十二条 所有权人或者其他权利人有权追回遗失物。该遗失物通过转让被他人占有的，权利人有权向无处分权人请求损害赔偿，或者自知道或者应当知道受让人之日起二年内向受让人请求返还原物；但是，受让人通过拍卖或者向具有经营资格的经营者购得该遗失物的，权利人请求返还原物时应当支付受让人所付的费用。权利人向受让人支付所付费用后，有权向无处分权人追偿。

第三百一十三条 善意受让人取得动产后，该动产上的原有权利消灭。但是，善意受让人在受让时知道或者应当知道该权利的除外。

第三百一十四条 拾得遗失物，应当返还权利人。拾得人应当及时通知权利人领取，或者送交公安等有关部门。

第三百一十五条 有关部门收到遗失物，知道权利人的，应当及时通知其领取；不知道的，应当及时发布招领公告。

第三百一十六条 拾得人在遗失物送交有关部门前，有关部门在遗失物被领取前，应当妥善保管遗失物。因故意或者重大过失致使遗失物毁损、灭失的，应当承担民事责任。

第三百一十七条 权利人领取遗失物时，应当向拾得人或者有关部门支付保管遗失物等支出的必要费用。

权利人悬赏寻找遗失物的，领取遗失物时应当按照承诺履行义务。

拾得人侵占遗失物的，无权请求保管遗失物等支出的费用，也无权请求权利人按照承诺履行义务。

第三百一十八条 遗失物自发布招领公告之日起一年内无人认领的，归国家所有。

第三百一十九条 拾得漂流物、发现埋藏物或者隐藏物的，参照适用拾得遗失物的有关规定。法律另有规定的，依照其规定。

第三百二十条 主物转让的，从物随主物转让，但是当事人另有约定的除外。

第三百二十一条 天然孳息，由所有权人取得；既有所有权人又有用益物权人的，由用益物权人取得。当事人另有约定的，按照其约定。

法定孳息，当事人有约定的，按照约定取得；没有约定或者约定不明确的，按照交易习惯取得。

第三百二十二条 因加工、附合、混合而产生的物的归属，有约定的，按照约定；没有约定或者约定不明确的，依照法律规定；法律没有规定的，按照充分发挥物的效用以及保护无过错当事人的原则确定。因一方当事人的过错或者确定物的归属造成另一方当事人损害的，应当给予赔偿或者补偿。

第三分编 用益物权

第十章 一般规定

第三百二十三条 用益物权人对他人所有的不动产或者动产，依法享有占有、使用和收益的权利。

第三百二十四条 国家所有或者国家所有由集体使用以及法律规定属于集体所有的自然资源，组织、个人依法可以占有、使用和收益。

第三百二十五条 国家实行自然资源有偿使用制度，但是法律另有规定的除外。

第三百二十六条 用益物权人行使权利，应当遵守法律有关保护和合理开发利用资源、保护生态环境的规定。所有权人不得干涉用益物权人行使权利。

第三百二十七条 因不动产或者动产被征收、征用致使用益物权消灭或者影响用益物权行使的，用益物权人有权依据本法第二百四十三条、第二百四十五条的规定获得相应补偿。

第三百二十八条 依法取得的海域使用权受法律保护。

第三百二十九条 依法取得的探矿权、采矿权、取水权和使用水域、滩涂从事养殖、捕捞的权利受法律保护。

第十一章 土地承包经营权

第三百三十条 农村集体经济组织实行家庭承包经营为基础、统分结合的双层经营体制。

农民集体所有和国家所有由农民集体使用的耕地、林地、草地以及其他用于农业的土地，依法实行土地承包经营制度。

第三百三十一条 土地承包经营权人依法对其承包经营的耕地、林地、草地等享有占有、使用和收益的权利，有权从事种植业、林业、畜牧业等农业生产。

第三百三十二条 耕地的承包期为三十年。草地的承包期为三十年至五十年。林地的承包期为三十年至七十年。

前款规定的承包期限届满，由土地承包经营权人依照农村土地承包的法律规定继续承包。

第三百三十三条 土地承包经营权自土地承包经营权合同生效时设立。

登记机构应当向土地承包经营权人发放土地承包经营权证、林权证等证书，并登记造册，确认土地承包经营权。

第三百三十四条 土地承包经营权人依照法律规定，有权将土地承包经营权互换、转让。未经依法批准，不得将承包地用于非农建设。

第三百三十五条 土地承包经营权互换、转让的，当事人可以向登记机构申请登记；未经登记，不得对抗善意第三人。

第三百三十六条 承包期内发包人不得调整承包地。

因自然灾害严重毁损承包地等特殊情形，需要适当调整承包的耕地和草地的，应当依照农村土地承包的法律规定办理。

第三百三十七条 承包期内发包人不得收回承包地。法律另有规定的，依照其规定。

第三百三十八条 承包地被征收的，土地承包经营权人有权依据本法第二百四十三条的规定获得相应补偿。

第三百三十九条 土地承包经营权人可以自主决定依法采取出租、入股或者其他方式向他人流转土地经营权。

第三百四十条 土地经营权人有权在合同约定的期限内占有农村土地，自主开展农业生产经营并取得收益。

第三百四十一条 流转期限为五年以上的土地经营权，自流转合同生效时设立。当事人可以向登记机构申请土地经营权登记；未经登记，不得对抗善意第三人。

第三百四十二条 通过招标、拍卖、公开协商等方式承包农村土地，经依法登记取得权属证书的，可以依法采取出租、入股、抵押或者其他方式流转土地经营权。

第三百四十三条 国家所有的农用地实行承包经营的，参照适用本编的有关规定。

第十二章　建设用地使用权

第三百四十四条　建设用地使用权人依法对国家所有的土地享有占有、使用和收益的权利，有权利用该土地建造建筑物、构筑物及其附属设施。

第三百四十五条　建设用地使用权可以在土地的地表、地上或者地下分别设立。

第三百四十六条　设立建设用地使用权，应当符合节约资源、保护生态环境的要求，遵守法律、行政法规关于土地用途的规定，不得损害已经设立的用益物权。

第三百四十七条　设立建设用地使用权，可以采取出让或者划拨等方式。

工业、商业、旅游、娱乐和商品住宅等经营性用地以及同一土地有两个以上意向用地者的，应当采取招标、拍卖等公开竞价的方式出让。

严格限制以划拨方式设立建设用地使用权。

第三百四十八条　通过招标、拍卖、协议等出让方式设立建设用地使用权的，当事人应当采用书面形式订立建设用地使用权出让合同。

建设用地使用权出让合同一般包括下列条款：

（一）当事人的名称和住所；

（二）土地界址、面积等；

（三）建筑物、构筑物及其附属设施占用的空间；

（四）土地用途、规划条件；

（五）建设用地使用权期限；

（六）出让金等费用及其支付方式；

（七）解决争议的方法。

第三百四十九条　设立建设用地使用权的，应当向登记机构申请建设用地使用权登记。建设用地使用权自登记时设立。登记机构应当向建设用地使用权人发放权属证书。

第三百五十条　建设用地使用权人应当合理利用土地，不得改变土地用途；需要改变土地用途的，应当依法经有关行政主管部门批准。

第三百五十一条　建设用地使用权人应当依照法律规定以及合同约定支付出让金等费用。

第三百五十二条　建设用地使用权人建造的建筑物、构筑物及其附属设施的所有权属于建设用地使用权人，但是有相反证据证明的除外。

第三百五十三条 建设用地使用权人有权将建设用地使用权转让、互换、出资、赠与或者抵押，但是法律另有规定的除外。

第三百五十四条 建设用地使用权转让、互换、出资、赠与或者抵押的，当事人应当采用书面形式订立相应的合同。使用期限由当事人约定，但是不得超过建设用地使用权的剩余期限。

第三百五十五条 建设用地使用权转让、互换、出资或者赠与的，应当向登记机构申请变更登记。

第三百五十六条 建设用地使用权转让、互换、出资或者赠与的，附着于该土地上的建筑物、构筑物及其附属设施一并处分。

第三百五十七条 建筑物、构筑物及其附属设施转让、互换、出资或者赠与的，该建筑物、构筑物及其附属设施占用范围内的建设用地使用权一并处分。

第三百五十八条 建设用地使用权期限届满前，因公共利益需要提前收回该土地的，应当依据本法第二百四十三条的规定对该土地上的房屋以及其他不动产给予补偿，并退还相应的出让金。

第三百五十九条 住宅建设用地使用权期限届满的，自动续期。续期费用的缴纳或者减免，依照法律、行政法规的规定办理。

非住宅建设用地使用权期限届满后的续期，依照法律规定办理。该土地上的房屋以及其他不动产的归属，有约定的，按照约定；没有约定或者约定不明确的，依照法律、行政法规的规定办理。

第三百六十条 建设用地使用权消灭的，出让人应当及时办理注销登记。登记机构应当收回权属证书。

第三百六十一条 集体所有的土地作为建设用地的，应当依照土地管理的法律规定办理。

第十三章　宅基地使用权

第三百六十二条 宅基地使用权人依法对集体所有的土地享有占有和使用的权利，有权依法利用该土地建造住宅及其附属设施。

第三百六十三条 宅基地使用权的取得、行使和转让，适用土地管理的法律和国家有关规定。

第三百六十四条 宅基地因自然灾害等原因灭失的，宅基地使用权消灭。

对失去宅基地的村民，应当依法重新分配宅基地。

第三百六十五条 已经登记的宅基地使用权转让或者消灭的，应当及时办理变更登记或者注销登记。

第十四章 居住权

第三百六十六条 居住权人有权按照合同约定，对他人的住宅享有占有、使用的用益物权，以满足生活居住的需要。

第三百六十七条 设立居住权，当事人应当采用书面形式订立居住权合同。

居住权合同一般包括下列条款：

（一）当事人的姓名或者名称和住所；

（二）住宅的位置；

（三）居住的条件和要求；

（四）居住权期限；

（五）解决争议的方法。

第三百六十八条 居住权无偿设立，但是当事人另有约定的除外。设立居住权的，应当向登记机构申请居住权登记。居住权自登记时设立。

第三百六十九条 居住权不得转让、继承。设立居住权的住宅不得出租，但是当事人另有约定的除外。

第三百七十条 居住权期限届满或者居住权人死亡的，居住权消灭。居住权消灭的，应当及时办理注销登记。

第三百七十一条 以遗嘱方式设立居住权的，参照适用本章的有关规定。

第十五章 地役权

第三百七十二条 地役权人有权按照合同约定，利用他人的不动产，以提高自己的不动产的效益。

前款所称他人的不动产为供役地，自己的不动产为需役地。

第三百七十三条 设立地役权，当事人应当采用书面形式订立地役权合同。

地役权合同一般包括下列条款：

（一）当事人的姓名或者名称和住所；

（二）供役地和需役地的位置；

（三）利用目的和方法；

（四）地役权期限；

（五）费用及其支付方式；

（六）解决争议的方法。

第三百七十四条 地役权自地役权合同生效时设立。当事人要求登记的，可以向登记机构申请地役权登记；未经登记，不得对抗善意第三人。

第三百七十五条 供役地权利人应当按照合同约定，允许地役权人利用其不动产，不得妨害地役权人行使权利。

第三百七十六条 地役权人应当按照合同约定的利用目的和方法利用供役地，尽量减少对供役地权利人物权的限制。

第三百七十七条 地役权期限由当事人约定；但是，不得超过土地承包经营权、建设用地使用权等用益物权的剩余期限。

第三百七十八条 土地所有权人享有地役权或者负担地役权的，设立土地承包经营权、宅基地使用权等用益物权时，该用益物权人继续享有或者负担已经设立的地役权。

第三百七十九条 土地上已经设立土地承包经营权、建设用地使用权、宅基地使用权等用益物权的，未经用益物权人同意，土地所有权人不得设立地役权。

第三百八十条 地役权不得单独转让。土地承包经营权、建设用地使用权等转让的，地役权一并转让，但是合同另有约定的除外。

第三百八十一条 地役权不得单独抵押。土地经营权、建设用地使用权等抵押的，在实现抵押权时，地役权一并转让。

第三百八十二条 需役地以及需役地上的土地承包经营权、建设用地使用权等部分转让时，转让部分涉及地役权的，受让人同时享有地役权。

第三百八十三条 供役地以及供役地上的土地承包经营权、建设用地使用权等部分转让时，转让部分涉及地役权的，地役权对受让人具有法律约束力。

第三百八十四条 地役权人有下列情形之一的，供役地权利人有权解除地役权合同，地役权消灭：

（一）违反法律规定或者合同约定，滥用地役权；

（二）有偿利用供役地，约定的付款期限届满后在合理期限内经两次催告未支付费用。

第三百八十五条 已经登记的地役权变更、转让或者消灭的，应当及时办理变更登记或者注销登记。

第四分编 担保物权

第十六章 一般规定

第三百八十六条 担保物权人在债务人不履行到期债务或者发生当事人约定的实现担保物权的情形，依法享有就担保财产优先受偿的权利，但是法律另有规定的除外。

第三百八十七条 债权人在借贷、买卖等民事活动中，为保障实现其债权，需要担保的，可以依照本法和其他法律的规定设立担保物权。

第三人为债务人向债权人提供担保的，可以要求债务人提供反担保。反担保适用本法和其他法律的规定。

第三百八十八条 设立担保物权，应当依照本法和其他法律的规定订立担保合同。担保合同包括抵押合同、质押合同和其他具有担保功能的合同。担保合同是主债权债务合同的从合同。主债权债务合同无效的，担保合同无效，但是法律另有规定的除外。

担保合同被确认无效后，债务人、担保人、债权人有过错的，应当根据其过错各自承担相应的民事责任。

第三百八十九条 担保物权的担保范围包括主债权及其利息、违约金、损害赔偿金、保管担保财产和实现担保物权的费用。当事人另有约定的，按照其约定。

第三百九十条 担保期间，担保财产毁损、灭失或者被征收等，担保物权人可以就获得的保险金、赔偿金或者补偿金等优先受偿。被担保债权的履行期限未届满的，也可以提存该保险金、赔偿金或者补偿金等。

第三百九十一条 第三人提供担保，未经其书面同意，债权人允许债务人转移全部或者部分债务的，担保人不再承担相应的担保责任。

第三百九十二条 被担保的债权既有物的担保又有人的担保的，债务人不履行到期债务或者发生当事人约定的实现担保物权的情形，债权人应当按照约定实现债权；没有约定或者约定不明确，债务人自己提供物的担保的，债权人应当先就该物的担保实现债权；第三人提供物的担保的，债权人可以就物的担保实现债权，也可以请求保证人承担保证责任。提供担保的第三人承担担保责任后，有权向债务人追偿。

第三百九十三条 有下列情形之一的，担保物权消灭：

（一）主债权消灭；

（二）担保物权实现；

（三）债权人放弃担保物权；

（四）法律规定担保物权消灭的其他情形。

第十七章 抵押权

第一节 一般抵押权

第三百九十四条 为担保债务的履行，债务人或者第三人不转移财产的占有，将该财产抵押给债权人的，债务人不履行到期债务或者发生当事人约定的实现抵押权的情形，债权人有权就该财产优先受偿。

前款规定的债务人或者第三人为抵押人，债权人为抵押权人，提供担保的财产为抵押财产。

第三百九十五条 债务人或者第三人有权处分的下列财产可以抵押：

（一）建筑物和其他土地附着物；

（二）建设用地使用权；

（三）海域使用权；

（四）生产设备、原材料、半成品、产品；

（五）正在建造的建筑物、船舶、航空器；

（六）交通运输工具；

（七）法律、行政法规未禁止抵押的其他财产。

抵押人可以将前款所列财产一并抵押。

第三百九十六条 企业、个体工商户、农业生产经营者可以将现有的以及将有的生产设备、原材料、半成品、产品抵押，债务人不履行到期债务或者发生当事人约定的实现抵押权的情形，债权人有权就抵押财产确定时的动产优先受偿。

第三百九十七条 以建筑物抵押的，该建筑物占用范围内的建设用地使用权一并抵押。以建设用地使用权抵押的，该土地上的建筑物一并抵押。

抵押人未依据前款规定一并抵押的，未抵押的财产视为一并抵押。

第三百九十八条 乡镇、村企业的建设用地使用权不得单独抵押。以乡镇、村企业的厂房等建筑物抵押的，其占用范围内的建设用地使用权一并抵押。

第三百九十九条 下列财产不得抵押：

（一）土地所有权；

（二）宅基地、自留地、自留山等集体所有土地的使用权，但是法律规定可以抵押的除外；

（三）学校、幼儿园、医疗机构等为公益目的成立的非营利法人的教育设施、医疗卫生设施和其他公益设施；

（四）所有权、使用权不明或者有争议的财产；

（五）依法被查封、扣押、监管的财产；

（六）法律、行政法规规定不得抵押的其他财产。

第四百条 设立抵押权，当事人应当采用书面形式订立抵押合同。

抵押合同一般包括下列条款：

（一）被担保债权的种类和数额；

（二）债务人履行债务的期限；

（三）抵押财产的名称、数量等情况；

（四）担保的范围。

第四百零一条 抵押权人在债务履行期限届满前，与抵押人约定债务人不履行到期债务时抵押财产归债权人所有的，只能依法就抵押财产优先受偿。

第四百零二条 以本法第三百九十五条第一款第一项至第三项规定的财产或者第五项规定的正在建造的建筑物抵押的，应当办理抵押登记。抵押权自登记时设立。

第四百零三条 以动产抵押的，抵押权自抵押合同生效时设立；未经登记，不得对抗善意第三人。

第四百零四条 以动产抵押的，不得对抗正常经营活动中已经支付合理价款并取得抵押财产的买受人。

第四百零五条 抵押权设立前，抵押财产已经出租并转移占有的，原租赁关系不受该抵押权的影响。

第四百零六条 抵押期间，抵押人可以转让抵押财产。当事人另有约定的，按照其约定。抵押财产转让的，抵押权不受影响。

抵押人转让抵押财产的，应当及时通知抵押权人。抵押权人能够证明抵押财产转让可能损害抵押权的，可以请求抵押人将转让所得的价款向抵押权人提前清偿债务或者提存。转让的价款超过债权数额的部分归抵押人所有，不足部分由债务人清偿。

第四百零七条 抵押权不得与债权分离而单独转让或者作为其他债权的担保。债权转让的，担保该债权的抵押权一并转让，但是法律另有规定或者当事人另有约定的除外。

第四百零八条 抵押人的行为足以使抵押财产价值减少的，抵押权人有权请求抵押人停止其行为；抵押财产价值减少的，抵押权人有权请求恢复抵押财产的价值，或者提供与减少的价值相应的担保。抵押人不恢复抵押财产的价值，也不提供担保的，抵押权人有权请求债务人提前清偿债务。

第四百零九条 抵押权人可以放弃抵押权或者抵押权的顺位。抵押权人与抵押人可以协议变更抵押权顺位以及被担保的债权数额等内容。但是，抵押权的变更未经其他抵押权人书面同意的，不得对其他抵押权人产生不利影响。

债务人以自己的财产设定抵押，抵押权人放弃该抵押权、抵押权顺位或者变更抵押权的，其他担保人在抵押权人丧失优先受偿权益的范围内免除担保责任，但是其他担保人承诺仍然提供担保的除外。

第四百一十条 债务人不履行到期债务或者发生当事人约定的实现抵押权的情形，抵押权人可以与抵押人协议以抵押财产折价或者以拍卖、变卖该抵押财产所得的价款优先受偿。协议损害其他债权人利益的，其他债权人可以请求人民法院撤销该协议。

抵押权人与抵押人未就抵押权实现方式达成协议的，抵押权人可以请求人民法院拍卖、变卖抵押财产。

抵押财产折价或者变卖的，应当参照市场价格。

第四百一十一条 依据本法第三百九十六条规定设定抵押的，抵押财产自下列情形之一发生时确定：

（一）债务履行期限届满，债权未实现；

（二）抵押人被宣告破产或者解散；

（三）当事人约定的实现抵押权的情形；

（四）严重影响债权实现的其他情形。

第四百一十二条 债务人不履行到期债务或者发生当事人约定的实现抵押权的情形，致使抵押财产被人民法院依法扣押的，自扣押之日起，抵押权人有权收取该抵押财产的天然孳息或者法定孳息，但是抵押权人未通知应当清偿法定孳息义务人的除外。

前款规定的孳息应当先充抵收取孳息的费用。

第四百一十三条 抵押财产折价或者拍卖、变卖后，其价款超过债权数额的部分归抵押人所有，不足部分由债务人清偿。

第四百一十四条 同一财产向两个以上债权人抵押的，拍卖、变卖抵押财产所得的价款依照下列规定清偿：

（一）抵押权已经登记的，按照登记的时间先后确定清偿顺序；

（二）抵押权已经登记的先于未登记的受偿；

（三）抵押权未登记的，按照债权比例清偿。

其他可以登记的担保物权，清偿顺序参照适用前款规定。

第四百一十五条 同一财产既设立抵押权又设立质权的，拍卖、变卖该财产所得的价款按照登记、交付的时间先后确定清偿顺序。

第四百一十六条 动产抵押担保的主债权是抵押物的价款，标的物交付后十日内办理抵押登记的，该抵押权人优先于抵押物买受人的其他担保物权人受偿，但是留置权人除外。

第四百一十七条 建设用地使用权抵押后，该土地上新增的建筑物不属于抵押财产。该建设用地使用权实现抵押权时，应当将该土地上新增的建筑物与建设用地使用权一并处分。但是，新增建筑物所得的价款，抵押权人无权优先受偿。

第四百一十八条 以集体所有土地的使用权依法抵押的，实现抵押权后，未经法定程序，不得改变土地所有权的性质和土地用途。

第四百一十九条 抵押权人应当在主债权诉讼时效期间行使抵押权；未行使的，人民法院不予保护。

第二节 最高额抵押权

第四百二十条 为担保债务的履行，债务人或者第三人对一定期间内将要连续发生的债权提供担保财产的，债务人不履行到期债务或者发生当事人约定的实现抵押权的情形，抵押权人有权在最高债权额限度内就该担保财产优先受偿。

最高额抵押权设立前已经存在的债权，经当事人同意，可以转入最高额抵押担保的债权范围。

第四百二十一条 最高额抵押担保的债权确定前，部分债权转让的，最高额抵押权不得转让，但是当事人另有约定的除外。

第四百二十二条 最高额抵押担保的债权确定前，抵押权人与抵押人可以通过协议变更债权确定的期间、债权范围以及最高债权额。但是，变更的内容不得对其他抵押权人产生不利影响。

第四百二十三条 有下列情形之一的，抵押权人的债权确定：

（一）约定的债权确定期间届满；

（二）没有约定债权确定期间或者约定不明确，抵押权人或者抵押人自最高额抵押权设立之日起满二年后请求确定债权；

（三）新的债权不可能发生；

（四）抵押权人知道或者应当知道抵押财产被查封、扣押；

（五）债务人、抵押人被宣告破产或者解散；

（六）法律规定债权确定的其他情形。

第四百二十四条 最高额抵押权除适用本节规定外，适用本章第一节的有关规定。

第十八章 质 权

第一节 动产质权

第四百二十五条 为担保债务的履行，债务人或者第三人将其动产出质给债权人占有的，债务人不履行到期债务或者发生当事人约定的实现质权的情形，债权人有权就该动产优先受偿。

前款规定的债务人或者第三人为出质人，债权人为质权人，交付的动产为质押财产。

第四百二十六条 法律、行政法规禁止转让的动产不得出质。

第四百二十七条 设立质权，当事人应当采用书面形式订立质押合同。

质押合同一般包括下列条款：

（一）被担保债权的种类和数额；

（二）债务人履行债务的期限；

（三）质押财产的名称、数量等情况；

（四）担保的范围；

（五）质押财产交付的时间、方式。

第四百二十八条 质权人在债务履行期限届满前，与出质人约定债务人不履行到期债务时质押财产归债权人所有的，只能依法就质押财产优先受偿。

第四百二十九条 质权自出质人交付质押财产时设立。

第四百三十条 质权人有权收取质押财产的孳息，但是合同另有约定的除外。

前款规定的孳息应当先充抵收取孳息的费用。

第四百三十一条 质权人在质权存续期间，未经出质人同意，擅自使用、处分质押财产，造成出质人损害的，应当承担赔偿责任。

第四百三十二条 质权人负有妥善保管质押财产的义务；因保管不善致使质押财产毁损、灭失的，应当承担赔偿责任。

质权人的行为可能使质押财产毁损、灭失的，出质人可以请求质权人将质押财产提存，或者请求提前清偿债务并返还质押财产。

第四百三十三条 因不可归责于质权人的事由可能使质押财产毁损或者价值明显减少，足以危害质权人权利的，质权人有权请求出质人提供相应的担保；出质人不提供的，质权人可以拍卖、变卖质押财产，并与出质人协议将拍卖、变卖所得的价款提前清偿债务或者提存。

第四百三十四条 质权人在质权存续期间，未经出质人同意转质，造成质押财产毁损、灭失的，应当承担赔偿责任。

第四百三十五条 质权人可以放弃质权。债务人以自己的财产出质，质权人放弃该质权的，其他担保人在质权人丧失优先受偿权益的范围内免除担保责任，但是其他担保人承诺仍然提供担保的除外。

第四百三十六条 债务人履行债务或者出质人提前清偿所担保的债权的，质权人应当返还质押财产。

债务人不履行到期债务或者发生当事人约定的实现质权的情形，质权人可以与出质人协议以质押财产折价，也可以就拍卖、变卖质押财产所得的价款优先受偿。

质押财产折价或者变卖的，应当参照市场价格。

第四百三十七条 出质人可以请求质权人在债务履行期限届满后及时行

使质权；质权人不行使的，出质人可以请求人民法院拍卖、变卖质押财产。

出质人请求质权人及时行使质权，因质权人怠于行使权利造成出质人损害的，由质权人承担赔偿责任。

第四百三十八条 质押财产折价或者拍卖、变卖后，其价款超过债权数额的部分归出质人所有，不足部分由债务人清偿。

第四百三十九条 出质人与质权人可以协议设立最高额质权。

最高额质权除适用本节有关规定外，参照适用本编第十七章第二节的有关规定。

第二节 权利质权

第四百四十条 债务人或者第三人有权处分的下列权利可以出质：

（一）汇票、本票、支票；

（二）债券、存款单；

（三）仓单、提单；

（四）可以转让的基金份额、股权；

（五）可以转让的注册商标专用权、专利权、著作权等知识产权中的财产权；

（六）现有的以及将有的应收账款；

（七）法律、行政法规规定可以出质的其他财产权利。

第四百四十一条 以汇票、本票、支票、债券、存款单、仓单、提单出质的，质权自权利凭证交付质权人时设立；没有权利凭证的，质权自办理出质登记时设立。法律另有规定的，依照其规定。

第四百四十二条 汇票、本票、支票、债券、存款单、仓单、提单的兑现日期或者提货日期先于主债权到期的，质权人可以兑现或者提货，并与出质人协议将兑现的价款或者提取的货物提前清偿债务或者提存。

第四百四十三条 以基金份额、股权出质的，质权自办理出质登记时设立。

基金份额、股权出质后，不得转让，但是出质人与质权人协商同意的除外。出质人转让基金份额、股权所得的价款，应当向质权人提前清偿债务或者提存。

第四百四十四条 以注册商标专用权、专利权、著作权等知识产权中的财产权出质的，质权自办理出质登记时设立。

知识产权中的财产权出质后，出质人不得转让或者许可他人使用，但是出质人与质权人协商同意的除外。出质人转让或者许可他人使用出质的知识产权中的财产权所得的价款，应当向质权人提前清偿债务或者提存。

第四百四十五条　以应收账款出质的，质权自办理出质登记时设立。

应收账款出质后，不得转让，但是出质人与质权人协商同意的除外。出质人转让应收账款所得的价款，应当向质权人提前清偿债务或者提存。

第四百四十六条　权利质权除适用本节规定外，适用本章第一节的有关规定。

第十九章　留置权

第四百四十七条　债务人不履行到期债务，债权人可以留置已经合法占有的债务人的动产，并有权就该动产优先受偿。

前款规定的债权人为留置权人，占有的动产为留置财产。

第四百四十八条　债权人留置的动产，应当与债权属于同一法律关系，但是企业之间留置的除外。

第四百四十九条　法律规定或者当事人约定不得留置的动产，不得留置。

第四百五十条　留置财产为可分物的，留置财产的价值应当相当于债务的金额。

第四百五十一条　留置权人负有妥善保管留置财产的义务；因保管不善致使留置财产毁损、灭失的，应当承担赔偿责任。

第四百五十二条　留置权人有权收取留置财产的孳息。

前款规定的孳息应当先充抵收取孳息的费用。

第四百五十三条　留置权人与债务人应当约定留置财产后的债务履行期限；没有约定或者约定不明确的，留置权人应当给债务人六十日以上履行债务的期限，但是鲜活易腐等不易保管的动产除外。债务人逾期未履行的，留置权人可以与债务人协议以留置财产折价，也可以就拍卖、变卖留置财产所得的价款优先受偿。

留置财产折价或者变卖的，应当参照市场价格。

第四百五十四条　债务人可以请求留置权人在债务履行期限届满后行使

留置权；留置权人不行使的，债务人可以请求人民法院拍卖、变卖留置财产。

第四百五十五条 留置财产折价或者拍卖、变卖后，其价款超过债权数额的部分归债务人所有，不足部分由债务人清偿。

第四百五十六条 同一动产上已经设立抵押权或者质权，该动产又被留置的，留置权人优先受偿。

第四百五十七条 留置权人对留置财产丧失占有或者留置权人接受债务人另行提供担保的，留置权消灭。

第五分编 占 有

第二十章 占 有

第四百五十八条 基于合同关系等产生的占有，有关不动产或者动产的使用、收益、违约责任等，按照合同约定；合同没有约定或者约定不明确的，依照有关法律规定。

第四百五十九条 占有人因使用占有的不动产或者动产，致使该不动产或者动产受到损害的，恶意占有人应当承担赔偿责任。

第四百六十条 不动产或者动产被占有人占有的，权利人可以请求返还原物及其孳息；但是，应当支付善意占有人因维护该不动产或者动产支出的必要费用。

第四百六十一条 占有的不动产或者动产毁损、灭失，该不动产或者动产的权利人请求赔偿的，占有人应当将因毁损、灭失取得的保险金、赔偿金或者补偿金等返还给权利人；权利人的损害未得到足够弥补的，恶意占有人还应当赔偿损失。

第四百六十二条 占有的不动产或者动产被侵占的，占有人有权请求返还原物；对妨害占有的行为，占有人有权请求排除妨害或者消除危险；因侵占或者妨害造成损害的，占有人有权依法请求损害赔偿。

占有人返还原物的请求权，自侵占发生之日起一年内未行使的，该请求权消灭。

▶ 第五编　婚姻家庭 ◀

第一章　一般规定

第一千零四十条　本编调整因婚姻家庭产生的民事关系。

第一千零四十一条　婚姻家庭受国家保护。

实行婚姻自由、一夫一妻、男女平等的婚姻制度。

保护妇女、未成年人、老年人、残疾人的合法权益。

第一千零四十二条　禁止包办、买卖婚姻和其他干涉婚姻自由的行为。禁止借婚姻索取财物。

禁止重婚。禁止有配偶者与他人同居。

禁止家庭暴力。禁止家庭成员间的虐待和遗弃。

第一千零四十三条　家庭应当树立优良家风，弘扬家庭美德，重视家庭文明建设。

夫妻应当互相忠实，互相尊重，互相关爱；家庭成员应当敬老爱幼，互相帮助，维护平等、和睦、文明的婚姻家庭关系。

第一千零四十四条　收养应当遵循最有利于被收养人的原则，保障被收养人和收养人的合法权益。

禁止借收养名义买卖未成年人。

第一千零四十五条　亲属包括配偶、血亲和姻亲。

配偶、父母、子女、兄弟姐妹、祖父母、外祖父母、孙子女、外孙子女为近亲属。

配偶、父母、子女和其他共同生活的近亲属为家庭成员。

第二章　结　婚

第一千零四十六条　结婚应当男女双方完全自愿，禁止任何一方对另一方加以强迫，禁止任何组织或者个人加以干涉。

第一千零四十七条　结婚年龄，男不得早于二十二周岁，女不得早于二十周岁。

第一千零四十八条　直系血亲或者三代以内的旁系血亲禁止结婚。

第一千零四十九条 要求结婚的男女双方应当亲自到婚姻登记机关申请结婚登记。符合本法规定的，予以登记，发给结婚证。完成结婚登记，即确立婚姻关系。未办理结婚登记的，应当补办登记。

第一千零五十条 登记结婚后，按照男女双方约定，女方可以成为男方家庭的成员，男方可以成为女方家庭的成员。

第一千零五十一条 有下列情形之一的，婚姻无效：

（一）重婚；

（二）有禁止结婚的亲属关系；

（三）未到法定婚龄。

第一千零五十二条 因胁迫结婚的，受胁迫的一方可以向人民法院请求撤销婚姻。

请求撤销婚姻的，应当自胁迫行为终止之日起一年内提出。

被非法限制人身自由的当事人请求撤销婚姻的，应当自恢复人身自由之日起一年内提出。

第一千零五十三条 一方患有重大疾病的，应当在结婚登记前如实告知另一方；不如实告知的，另一方可以向人民法院请求撤销婚姻。

请求撤销婚姻的，应当自知道或者应当知道撤销事由之日起一年内提出。

第一千零五十四条 无效的或者被撤销的婚姻自始没有法律约束力，当事人不具有夫妻的权利和义务。同居期间所得的财产，由当事人协议处理；协议不成的，由人民法院根据照顾无过错方的原则判决。对重婚导致的无效婚姻的财产处理，不得侵害合法婚姻当事人的财产权益。当事人所生的子女，适用本法关于父母子女的规定。

婚姻无效或者被撤销的，无过错方有权请求损害赔偿。

第三章 家庭关系

第一节 夫妻关系

第一千零五十五条 夫妻在婚姻家庭中地位平等。

第一千零五十六条 夫妻双方都有各自使用自己姓名的权利。

第一千零五十七条 夫妻双方都有参加生产、工作、学习和社会活动的自由，一方不得对另一方加以限制或者干涉。

第一千零五十八条 夫妻双方平等享有对未成年子女抚养、教育和保护的权利，共同承担对未成年子女抚养、教育和保护的义务。

第一千零五十九条 夫妻有相互扶养的义务。

需要扶养的一方，在另一方不履行扶养义务时，有要求其给付扶养费的权利。

第一千零六十条 夫妻一方因家庭日常生活需要而实施的民事法律行为，对夫妻双方发生效力，但是夫妻一方与相对人另有约定的除外。

夫妻之间对一方可以实施的民事法律行为范围的限制，不得对抗善意相对人。

第一千零六十一条 夫妻有相互继承遗产的权利。

第一千零六十二条 夫妻在婚姻关系存续期间所得的下列财产，为夫妻的共同财产，归夫妻共同所有：

（一）工资、奖金、劳务报酬；

（二）生产、经营、投资的收益；

（三）知识产权的收益；

（四）继承或者受赠的财产，但是本法第一千零六十三条第三项规定的除外；

（五）其他应当归共同所有的财产。

夫妻对共同财产，有平等的处理权。

第一千零六十三条 下列财产为夫妻一方的个人财产：

（一）一方的婚前财产；

（二）一方因受到人身损害获得的赔偿或者补偿；

（三）遗嘱或者赠与合同中确定只归一方的财产；

（四）一方专用的生活用品；

（五）其他应当归一方的财产。

第一千零六十四条 夫妻双方共同签名或者夫妻一方事后追认等共同意思表示所负的债务，以及夫妻一方在婚姻关系存续期间以个人名义为家庭日常生活需要所负的债务，属于夫妻共同债务。

夫妻一方在婚姻关系存续期间以个人名义超出家庭日常生活需要所负的债务，不属于夫妻共同债务；但是，债权人能够证明该债务用于夫妻共同生活、共同生产经营或者基于夫妻双方共同意思表示的除外。

第一千零六十五条 男女双方可以约定婚姻关系存续期间所得的财产以

及婚前财产归各自所有、共同所有或者部分各自所有、部分共同所有。约定应当采用书面形式。没有约定或者约定不明确的，适用本法第一千零六十二条、第一千零六十三条的规定。

夫妻对婚姻关系存续期间所得的财产以及婚前财产的约定，对双方具有法律约束力。

夫妻对婚姻关系存续期间所得的财产约定归各自所有，夫或者妻一方对外所负的债务，相对人知道该约定的，以夫或者妻一方的个人财产清偿。

第一千零六十六条 婚姻关系存续期间，有下列情形之一的，夫妻一方可以向人民法院请求分割共同财产：

（一）一方有隐藏、转移、变卖、毁损、挥霍夫妻共同财产或者伪造夫妻共同债务等严重损害夫妻共同财产利益的行为；

（二）一方负有法定扶养义务的人患重大疾病需要医治，另一方不同意支付相关医疗费用。

第二节 父母子女关系和其他近亲属关系

第一千零六十七条 父母不履行抚养义务的，未成年子女或者不能独立生活的成年子女，有要求父母给付抚养费的权利。

成年子女不履行赡养义务的，缺乏劳动能力或者生活困难的父母，有要求成年子女给付赡养费的权利。

第一千零六十八条 父母有教育、保护未成年子女的权利和义务。未成年子女造成他人损害的，父母应当依法承担民事责任。

第一千零六十九条 子女应当尊重父母的婚姻权利，不得干涉父母离婚、再婚以及婚后的生活。子女对父母的赡养义务，不因父母的婚姻关系变化而终止。

第一千零七十条 父母和子女有相互继承遗产的权利。

第一千零七十一条 非婚生子女享有与婚生子女同等的权利，任何组织或者个人不得加以危害和歧视。

不直接抚养非婚生子女的生父或者生母，应当负担未成年子女或者不能独立生活的成年子女的抚养费。

第一千零七十二条 继父母与继子女间，不得虐待或者歧视。

继父或者继母和受其抚养教育的继子女间的权利义务关系，适用本法关于父母子女关系的规定。

第一千零七十三条 对亲子关系有异议且有正当理由的，父或者母可以向人民法院提起诉讼，请求确认或者否认亲子关系。

对亲子关系有异议且有正当理由的，成年子女可以向人民法院提起诉讼，请求确认亲子关系。

第一千零七十四条 有负担能力的祖父母、外祖父母，对于父母已经死亡或者父母无力抚养的未成年孙子女、外孙子女，有抚养的义务。

有负担能力的孙子女、外孙子女，对于子女已经死亡或者子女无力赡养的祖父母、外祖父母，有赡养的义务。

第一千零七十五条 有负担能力的兄、姐，对于父母已经死亡或者父母无力抚养的未成年弟、妹，有扶养的义务。

由兄、姐扶养长大的有负担能力的弟、妹，对于缺乏劳动能力又缺乏生活来源的兄、姐，有扶养的义务。

第四章 离 婚

第一千零七十六条 夫妻双方自愿离婚的，应当签订书面离婚协议，并亲自到婚姻登记机关申请离婚登记。

离婚协议应当载明双方自愿离婚的意思表示和对子女抚养、财产以及债务处理等事项协商一致的意见。

第一千零七十七条 自婚姻登记机关收到离婚登记申请之日起三十日内，任何一方不愿意离婚的，可以向婚姻登记机关撤回离婚登记申请。

前款规定期限届满后三十日内，双方应当亲自到婚姻登记机关申请发给离婚证；未申请的，视为撤回离婚登记申请。

第一千零七十八条 婚姻登记机关查明双方确实是自愿离婚，并已经对子女抚养、财产以及债务处理等事项协商一致的，予以登记，发给离婚证。

第一千零七十九条 夫妻一方要求离婚的，可以由有关组织进行调解或者直接向人民法院提起离婚诉讼。

人民法院审理离婚案件，应当进行调解；如果感情确已破裂，调解无效的，应当准予离婚。

有下列情形之一，调解无效的，应当准予离婚：

（一）重婚或者与他人同居；

（二）实施家庭暴力或者虐待、遗弃家庭成员；

（三）有赌博、吸毒等恶习屡教不改；

（四）因感情不和分居满二年；

（五）其他导致夫妻感情破裂的情形。

一方被宣告失踪，另一方提起离婚诉讼的，应当准予离婚。

经人民法院判决不准离婚后，双方又分居满一年，一方再次提起离婚诉讼的，应当准予离婚。

第一千零八十条 完成离婚登记，或者离婚判决书、调解书生效，即解除婚姻关系。

第一千零八十一条 现役军人的配偶要求离婚，应当征得军人同意，但是军人一方有重大过错的除外。

第一千零八十二条 女方在怀孕期间、分娩后一年内或者终止妊娠后六个月内，男方不得提出离婚；但是，女方提出离婚或者人民法院认为确有必要受理男方离婚请求的除外。

第一千零八十三条 离婚后，男女双方自愿恢复婚姻关系的，应当到婚姻登记机关重新进行结婚登记。

第一千零八十四条 父母与子女间的关系，不因父母离婚而消除。离婚后，子女无论由父或者母直接抚养，仍是父母双方的子女。

离婚后，父母对于子女仍有抚养、教育、保护的权利和义务。

离婚后，不满两周岁的子女，以由母亲直接抚养为原则。已满两周岁的子女，父母双方对抚养问题协议不成的，由人民法院根据双方的具体情况，按照最有利于未成年子女的原则判决。子女已满八周岁的，应当尊重其真实意愿。

第一千零八十五条 离婚后，子女由一方直接抚养的，另一方应当负担部分或者全部抚养费。负担费用的多少和期限的长短，由双方协议；协议不成的，由人民法院判决。

前款规定的协议或者判决，不妨碍子女在必要时向父母任何一方提出超过协议或者判决原定数额的合理要求。

第一千零八十六条 离婚后，不直接抚养子女的父或者母，有探望子女的权利，另一方有协助的义务。

行使探望权利的方式、时间由当事人协议；协议不成的，由人民法院判决。

父或者母探望子女，不利于子女身心健康的，由人民法院依法中止探望；

中止的事由消失后，应当恢复探望。

第一千零八十七条 离婚时，夫妻的共同财产由双方协议处理；协议不成的，由人民法院根据财产的具体情况，按照照顾子女、女方和无过错方权益的原则判决。

对夫或者妻在家庭土地承包经营中享有的权益等，应当依法予以保护。

第一千零八十八条 夫妻一方因抚育子女、照料老年人、协助另一方工作等负担较多义务的，离婚时有权向另一方请求补偿，另一方应当给予补偿。具体办法由双方协议；协议不成的，由人民法院判决。

第一千零八十九条 离婚时，夫妻共同债务应当共同偿还。共同财产不足清偿或者财产归各自所有的，由双方协议清偿；协议不成的，由人民法院判决。

第一千零九十条 离婚时，如果一方生活困难，有负担能力的另一方应当给予适当帮助。具体办法由双方协议；协议不成的，由人民法院判决。

第一千零九十一条 有下列情形之一，导致离婚的，无过错方有权请求损害赔偿：

（一）重婚；

（二）与他人同居；

（三）实施家庭暴力；

（四）虐待、遗弃家庭成员；

（五）有其他重大过错。

第一千零九十二条 夫妻一方隐藏、转移、变卖、毁损、挥霍夫妻共同财产，或者伪造夫妻共同债务企图侵占另一方财产的，在离婚分割夫妻共同财产时，对该方可以少分或者不分。离婚后，另一方发现有上述行为的，可以向人民法院提起诉讼，请求再次分割夫妻共同财产。

第五章 收 养

第一节 收养关系的成立

第一千零九十三条 下列未成年人，可以被收养：

（一）丧失父母的孤儿；

（二）查找不到生父母的未成年人；

（三）生父母有特殊困难无力抚养的子女。

第一千零九十四条 下列个人、组织可以作送养人：

（一）孤儿的监护人；

（二）儿童福利机构；

（三）有特殊困难无力抚养子女的生父母。

第一千零九十五条 未成年人的父母均不具备完全民事行为能力且可能严重危害该未成年人的，该未成年人的监护人可以将其送养。

第一千零九十六条 监护人送养孤儿的，应当征得有抚养义务的人同意。有抚养义务的人不同意送养、监护人不愿意继续履行监护职责的，应当依照本法第一编的规定另行确定监护人。

第一千零九十七条 生父母送养子女，应当双方共同送养。生父母一方不明或者查找不到的，可以单方送养。

第一千零九十八条 收养人应当同时具备下列条件：

（一）无子女或者只有一名子女；

（二）有抚养、教育和保护被收养人的能力；

（三）未患有在医学上认为不应当收养子女的疾病；

（四）无不利于被收养人健康成长的违法犯罪记录；

（五）年满三十周岁。

第一千零九十九条 收养三代以内旁系同辈血亲的子女，可以不受本法第一千零九十三条第三项、第一千零九十四条第三项和第一千一百零二条规定的限制。

华侨收养三代以内旁系同辈血亲的子女，还可以不受本法第一千零九十八条第一项规定的限制。

第一千一百条 无子女的收养人可以收养两名子女；有子女的收养人只能收养一名子女。

收养孤儿、残疾未成年人或者儿童福利机构抚养的查找不到生父母的未成年人，可以不受前款和本法第一千零九十八条第一项规定的限制。

第一千一百零一条 有配偶者收养子女，应当夫妻共同收养。

第一千一百零二条 无配偶者收养异性子女的，收养人与被收养人的年龄应当相差四十周岁以上。

第一千一百零三条 继父或者继母经继子女的生父母同意，可以收养继子女，并可以不受本法第一千零九十三条第三项、第一千零九十四条第三项、第一千零九十八条和第一千一百条第一款规定的限制。

第一千一百零四条 收养人收养与送养人送养，应当双方自愿。收养八周岁以上未成年人的，应当征得被收养人的同意。

第一千一百零五条 收养应当向县级以上人民政府民政部门登记。收养关系自登记之日起成立。

收养查找不到生父母的未成年人的，办理登记的民政部门应当在登记前予以公告。

收养关系当事人愿意签订收养协议的，可以签订收养协议。

收养关系当事人各方或者一方要求办理收养公证的，应当办理收养公证。

县级以上人民政府民政部门应当依法进行收养评估。

第一千一百零六条 收养关系成立后，公安机关应当按照国家有关规定为被收养人办理户口登记。

第一千一百零七条 孤儿或者生父母无力抚养的子女，可以由生父母的亲属、朋友抚养；抚养人与被抚养人的关系不适用本章规定。

第一千一百零八条 配偶一方死亡，另一方送养未成年子女的，死亡一方的父母有优先抚养的权利。

第一千一百零九条 外国人依法可以在中华人民共和国收养子女。

外国人在中华人民共和国收养子女，应当经其所在国主管机关依照该国法律审查同意。收养人应当提供由其所在国有权机构出具的有关其年龄、婚姻、职业、财产、健康、有无受过刑事处罚等状况的证明材料，并与送养人签订书面协议，亲自向省、自治区、直辖市人民政府民政部门登记。

前款规定的证明材料应当经收养人所在国外交机关或者外交机关授权的机构认证，并经中华人民共和国驻该国使领馆认证，但是国家另有规定的除外。

第一千一百一十条 收养人、送养人要求保守收养秘密的，其他人应当尊重其意愿，不得泄露。

第二节　收养的效力

第一千一百一十一条 自收养关系成立之日起，养父母与养子女间的权利义务关系，适用本法关于父母子女关系的规定；养子女与养父母的近亲属间的权利义务关系，适用本法关于子女与父母的近亲属关系的规定。

养子女与生父母以及其他近亲属间的权利义务关系，因收养关系的成立而消除。

第一千一百一十二条 养子女可以随养父或者养母的姓氏，经当事人协商一致，也可以保留原姓氏。

第一千一百一十三条 有本法第一编关于民事法律行为无效规定情形或者违反本编规定的收养行为无效。

无效的收养行为自始没有法律约束力。

第三节 收养关系的解除

第一千一百一十四条 收养人在被收养人成年以前，不得解除收养关系，但是收养人、送养人双方协议解除的除外。养子女八周岁以上的，应当征得本人同意。

收养人不履行抚养义务，有虐待、遗弃等侵害未成年养子女合法权益行为的，送养人有权要求解除养父母与养子女间的收养关系。送养人、收养人不能达成解除收养关系协议的，可以向人民法院提起诉讼。

第一千一百一十五条 养父母与成年养子女关系恶化、无法共同生活的，可以协议解除收养关系。不能达成协议的，可以向人民法院提起诉讼。

第一千一百一十六条 当事人协议解除收养关系的，应当到民政部门办理解除收养关系登记。

第一千一百一十七条 收养关系解除后，养子女与养父母以及其他近亲属间的权利义务关系即行消除，与生父母以及其他近亲属间的权利义务关系自行恢复。但是，成年养子女与生父母以及其他近亲属间的权利义务关系是否恢复，可以协商确定。

第一千一百一十八条 收养关系解除后，经养父母抚养的成年养子女，对缺乏劳动能力又缺乏生活来源的养父母，应当给付生活费。因养子女成年后虐待、遗弃养父母而解除收养关系的，养父母可以要求养子女补偿收养期间支出的抚养费。

生父母要求解除收养关系的，养父母可以要求生父母适当补偿收养期间支出的抚养费；但是，因养父母虐待、遗弃养子女而解除收养关系的除外。

第六编 继 承

第一章 一般规定

第一千一百一十九条 本编调整因继承产生的民事关系。

第一千一百二十条 国家保护自然人的继承权。

第一千一百二十一条 继承从被继承人死亡时开始。

相互有继承关系的数人在同一事件中死亡，难以确定死亡时间的，推定没有其他继承人的人先死亡。都有其他继承人，辈分不同的，推定长辈先死亡；辈分相同的，推定同时死亡，相互不发生继承。

第一千一百二十二条 遗产是自然人死亡时遗留的个人合法财产。

依照法律规定或者根据其性质不得继承的遗产，不得继承。

第一千一百二十三条 继承开始后，按照法定继承办理；有遗嘱的，按照遗嘱继承或者遗赠办理；有遗赠扶养协议的，按照协议办理。

第一千一百二十四条 继承开始后，继承人放弃继承的，应当在遗产处理前，以书面形式作出放弃继承的表示；没有表示的，视为接受继承。

受遗赠人应当在知道受遗赠后六十日内，作出接受或者放弃受遗赠的表示；到期没有表示的，视为放弃受遗赠。

第一千一百二十五条 继承人有下列行为之一的，丧失继承权：

（一）故意杀害被继承人；

（二）为争夺遗产而杀害其他继承人；

（三）遗弃被继承人，或者虐待被继承人情节严重；

（四）伪造、篡改、隐匿或者销毁遗嘱，情节严重；

（五）以欺诈、胁迫手段迫使或者妨碍被继承人设立、变更或者撤回遗嘱，情节严重。

继承人有前款第三项至第五项行为，确有悔改表现，被继承人表示宽恕或者事后在遗嘱中将其列为继承人的，该继承人不丧失继承权。

受遗赠人有本条第一款规定行为的，丧失受遗赠权。

第二章 法定继承

第一千一百二十六条 继承权男女平等。

第一千一百二十七条 遗产按照下列顺序继承：

（一）第一顺序：配偶、子女、父母；

（二）第二顺序：兄弟姐妹、祖父母、外祖父母。

继承开始后，由第一顺序继承人继承，第二顺序继承人不继承；没有第一顺序继承人继承的，由第二顺序继承人继承。

本编所称子女，包括婚生子女、非婚生子女、养子女和有扶养关系的继子女。

本编所称父母，包括生父母、养父母和有扶养关系的继父母。

本编所称兄弟姐妹，包括同父母的兄弟姐妹、同父异母或者同母异父的兄弟姐妹、养兄弟姐妹、有扶养关系的继兄弟姐妹。

第一千一百二十八条 被继承人的子女先于被继承人死亡的，由被继承人的子女的直系晚辈血亲代位继承。

被继承人的兄弟姐妹先于被继承人死亡的，由被继承人的兄弟姐妹的子女代位继承。

代位继承人一般只能继承被代位继承人有权继承的遗产份额。

第一千一百二十九条 丧偶儿媳对公婆，丧偶女婿对岳父母，尽了主要赡养义务的，作为第一顺序继承人。

第一千一百三十条 同一顺序继承人继承遗产的份额，一般应当均等。

对生活有特殊困难又缺乏劳动能力的继承人，分配遗产时，应当予以照顾。

对被继承人尽了主要扶养义务或者与被继承人共同生活的继承人，分配遗产时，可以多分。

有扶养能力和有扶养条件的继承人，不尽扶养义务的，分配遗产时，应当不分或者少分。

继承人协商同意的，也可以不均等。

第一千一百三十一条 对继承人以外的依靠被继承人扶养的人，或者继承人以外的对被继承人扶养较多的人，可以分给适当的遗产。

第一千一百三十二条 继承人应当本着互谅互让、和睦团结的精神，协商处理继承问题。遗产分割的时间、办法和份额，由继承人协商确定；协商不成的，可以由人民调解委员会调解或者向人民法院提起诉讼。

第三章　遗嘱继承和遗赠

第一千一百三十三条 自然人可以依照本法规定立遗嘱处分个人财产，并可以指定遗嘱执行人。

自然人可以立遗嘱将个人财产指定由法定继承人中的一人或者数人继承。

自然人可以立遗嘱将个人财产赠与国家、集体或者法定继承人以外的组织、个人。

自然人可以依法设立遗嘱信托。

第一千一百三十四条 自书遗嘱由遗嘱人亲笔书写，签名，注明年、月、日。

第一千一百三十五条 代书遗嘱应当有两个以上见证人在场见证，由其中一人代书，并由遗嘱人、代书人和其他见证人签名，注明年、月、日。

第一千一百三十六条 打印遗嘱应当有两个以上见证人在场见证。遗嘱人和见证人应当在遗嘱每一页签名，注明年、月、日。

第一千一百三十七条 以录音录像形式立的遗嘱，应当有两个以上见证人在场见证。遗嘱人和见证人应当在录音录像中记录其姓名或者肖像，以及年、月、日。

第一千一百三十八条 遗嘱人在危急情况下，可以立口头遗嘱。口头遗嘱应当有两个以上见证人在场见证。危急情况消除后，遗嘱人能够以书面或者录音录像形式立遗嘱的，所立的口头遗嘱无效。

第一千一百三十九条 公证遗嘱由遗嘱人经公证机构办理。

第一千一百四十条 下列人员不能作为遗嘱见证人：

（一）无民事行为能力人、限制民事行为能力人以及其他不具有见证能力的人；

（二）继承人、受遗赠人；

（三）与继承人、受遗赠人有利害关系的人。

第一千一百四十一条 遗嘱应当为缺乏劳动能力又没有生活来源的继承人保留必要的遗产份额。

第一千一百四十二条 遗嘱人可以撤回、变更自己所立的遗嘱。

立遗嘱后，遗嘱人实施与遗嘱内容相反的民事法律行为的，视为对遗嘱相关内容的撤回。

立有数份遗嘱，内容相抵触的，以最后的遗嘱为准。

第一千一百四十三条 无民事行为能力人或者限制民事行为能力人所立的遗嘱无效。

遗嘱必须表示遗嘱人的真实意思，受欺诈、胁迫所立的遗嘱无效。

伪造的遗嘱无效。

遗嘱被篡改的，篡改的内容无效。

第一千一百四十四条 遗嘱继承或者遗赠附有义务的，继承人或者受遗赠人应当履行义务。没有正当理由不履行义务的，经利害关系人或者有关组织请求，人民法院可以取消其接受附义务部分遗产的权利。

第四章 遗产的处理

第一千一百四十五条 继承开始后，遗嘱执行人为遗产管理人；没有遗嘱执行人的，继承人应当及时推选遗产管理人；继承人未推选的，由继承人共同担任遗产管理人；没有继承人或者继承人均放弃继承的，由被继承人生前住所地的民政部门或者村民委员会担任遗产管理人。

第一千一百四十六条 对遗产管理人的确定有争议的，利害关系人可以向人民法院申请指定遗产管理人。

第一千一百四十七条 遗产管理人应当履行下列职责：

（一）清理遗产并制作遗产清单；

（二）向继承人报告遗产情况；

（三）采取必要措施防止遗产毁损、灭失；

（四）处理被继承人的债权债务；

（五）按照遗嘱或者依照法律规定分割遗产；

（六）实施与管理遗产有关的其他必要行为。

第一千一百四十八条 遗产管理人应当依法履行职责，因故意或者重大过失造成继承人、受遗赠人、债权人损害的，应当承担民事责任。

第一千一百四十九条 遗产管理人可以依照法律规定或者按照约定获得报酬。

第一千一百五十条 继承开始后，知道被继承人死亡的继承人应当及时通知其他继承人和遗嘱执行人。继承人中无人知道被继承人死亡或者知道被继承人死亡而不能通知的，由被继承人生前所在单位或者住所地的居民委员会、村民委员会负责通知。

第一千一百五十一条 存有遗产的人，应当妥善保管遗产，任何组织或者个人不得侵吞或者争抢。

第一千一百五十二条 继承开始后，继承人于遗产分割前死亡，并没有放弃继承的，该继承人应当继承的遗产转给其继承人，但是遗嘱另有安排的除外。

第一千一百五十三条 夫妻共同所有的财产，除有约定的外，遗产分割时，应当先将共同所有的财产的一半分出为配偶所有，其余的为被继承人的遗产。

遗产在家庭共有财产之中的，遗产分割时，应当先分出他人的财产。

第一千一百五十四条 有下列情形之一的，遗产中的有关部分按照法定继承办理：

（一）遗嘱继承人放弃继承或者受遗赠人放弃受遗赠；

（二）遗嘱继承人丧失继承权或者受遗赠人丧失受遗赠权；

（三）遗嘱继承人、受遗赠人先于遗嘱人死亡或者终止；

（四）遗嘱无效部分所涉及的遗产；

（五）遗嘱未处分的遗产。

第一千一百五十五条 遗产分割时，应当保留胎儿的继承份额。胎儿娩出时是死体的，保留的份额按照法定继承办理。

第一千一百五十六条 遗产分割应当有利于生产和生活需要，不损害遗产的效用。

不宜分割的遗产，可以采取折价、适当补偿或者共有等方法处理。

第一千一百五十七条 夫妻一方死亡后另一方再婚的，有权处分所继承的财产，任何组织或者个人不得干涉。

第一千一百五十八条 自然人可以与继承人以外的组织或者个人签订遗赠扶养协议。按照协议，该组织或者个人承担该自然人生养死葬的义务，享有受遗赠的权利。

第一千一百五十九条 分割遗产，应当清偿被继承人依法应当缴纳的税款和债务；但是，应当为缺乏劳动能力又没有生活来源的继承人保留必要的遗产。

第一千一百六十条 无人继承又无人受遗赠的遗产，归国家所有，用于公益事业；死者生前是集体所有制组织成员的，归所在集体所有制组织所有。

第一千一百六十一条 继承人以所得遗产实际价值为限清偿被继承人依法应当缴纳的税款和债务。超过遗产实际价值部分，继承人自愿偿还的不在此限。

继承人放弃继承的，对被继承人依法应当缴纳的税款和债务可以不负清偿责任。

第一千一百六十二条 执行遗赠不得妨碍清偿遗赠人依法应当缴纳的税款和债务。

第一千一百六十三条 既有法定继承又有遗嘱继承、遗赠的，由法定继承人清偿被继承人依法应当缴纳的税款和债务；超过法定继承遗产实际价值部分，由遗嘱继承人和受遗赠人按比例以所得遗产清偿。

中华人民共和国反家庭暴力法

（2015年12月27日第十二届全国人民代表大会常务委员会第十八次会议通过　自2016年3月1日起施行）

第一章　总　则

第一条　为了预防和制止家庭暴力，保护家庭成员的合法权益，维护平等、和睦、文明的家庭关系，促进家庭和谐、社会稳定，制定本法。

第二条　本法所称家庭暴力，是指家庭成员之间以殴打、捆绑、残害、限制人身自由以及经常性谩骂、恐吓等方式实施的身体、精神等侵害行为。

第三条　家庭成员之间应当互相帮助，互相关爱，和睦相处，履行家庭义务。

反家庭暴力是国家、社会和每个家庭的共同责任。

国家禁止任何形式的家庭暴力。

第四条　县级以上人民政府负责妇女儿童工作的机构，负责组织、协调、指导、督促有关部门做好反家庭暴力工作。

县级以上人民政府有关部门、司法机关、人民团体、社会组织、居民委员会、村民委员会、企业事业单位，应当依照本法和有关法律规定，做好反家庭暴力工作。

各级人民政府应当对反家庭暴力工作给予必要的经费保障。

第五条　反家庭暴力工作遵循预防为主，教育、矫治与惩处相结合原则。

反家庭暴力工作应当尊重受害人真实意愿，保护当事人隐私。

未成年人、老年人、残疾人、孕期和哺乳期的妇女、重病患者遭受家庭暴力的，应当给予特殊保护。

第二章　家庭暴力的预防

第六条　国家开展家庭美德宣传教育，普及反家庭暴力知识，增强公民反家庭暴力意识。

工会、共产主义青年团、妇女联合会、残疾人联合会应当在各自工作范围内，组织开展家庭美德和反家庭暴力宣传教育。

广播、电视、报刊、网络等应当开展家庭美德和反家庭暴力宣传。

学校、幼儿园应当开展家庭美德和反家庭暴力教育。

第七条 县级以上人民政府有关部门、司法机关、妇女联合会应当将预防和制止家庭暴力纳入业务培训和统计工作。

医疗机构应当做好家庭暴力受害人的诊疗记录。

第八条 乡镇人民政府、街道办事处应当组织开展家庭暴力预防工作，居民委员会、村民委员会、社会工作服务机构应当予以配合协助。

第九条 各级人民政府应当支持社会工作服务机构等社会组织开展心理健康咨询、家庭关系指导、家庭暴力预防知识教育等服务。

第十条 人民调解组织应当依法调解家庭纠纷，预防和减少家庭暴力的发生。

第十一条 用人单位发现本单位人员有家庭暴力情况的，应当给予批评教育，并做好家庭矛盾的调解、化解工作。

第十二条 未成年人的监护人应当以文明的方式进行家庭教育，依法履行监护和教育职责，不得实施家庭暴力。

第三章 家庭暴力的处置

第十三条 家庭暴力受害人及其法定代理人、近亲属可以向加害人或者受害人所在单位、居民委员会、村民委员会、妇女联合会等单位投诉、反映或者求助。有关单位接到家庭暴力投诉、反映或者求助后，应当给予帮助、处理。

家庭暴力受害人及其法定代理人、近亲属也可以向公安机关报案或者依法向人民法院起诉。

单位、个人发现正在发生的家庭暴力行为，有权及时劝阻。

第十四条 学校、幼儿园、医疗机构、居民委员会、村民委员会、社会工作服务机构、救助管理机构、福利机构及其工作人员在工作中发现无民事行为能力人、限制民事行为能力人遭受或者疑似遭受家庭暴力的，应当及时向公安机关报案。公安机关应当对报案人的信息予以保密。

第十五条 公安机关接到家庭暴力报案后应当及时出警，制止家庭暴力，按照有关规定调查取证，协助受害人就医、鉴定伤情。

无民事行为能力人、限制民事行为能力人因家庭暴力身体受到严重伤害、面临人身安全威胁或者处于无人照料等危险状态的，公安机关应当通知并协助民政部门将其安置到临时庇护场所、救助管理机构或者福利机构。

第十六条 家庭暴力情节较轻，依法不给予治安管理处罚的，由公安机关对加害人给予批评教育或者出具告诫书。

告诫书应当包括加害人的身份信息、家庭暴力的事实陈述、禁止加害人实施家庭暴力等内容。

第十七条 公安机关应当将告诫书送交加害人、受害人，并通知居民委员会、村民委员会。

居民委员会、村民委员会、公安派出所应当对收到告诫书的加害人、受害人进行查访，监督加害人不再实施家庭暴力。

第十八条 县级或者设区的市级人民政府可以单独或者依托救助管理机构设立临时庇护场所，为家庭暴力受害人提供临时生活帮助。

第十九条 法律援助机构应当依法为家庭暴力受害人提供法律援助。

人民法院应当依法对家庭暴力受害人缓收、减收或者免收诉讼费用。

第二十条 人民法院审理涉及家庭暴力的案件，可以根据公安机关出警记录、告诫书、伤情鉴定意见等证据，认定家庭暴力事实。

第二十一条 监护人实施家庭暴力严重侵害被监护人合法权益的，人民法院可以根据被监护人的近亲属、居民委员会、村民委员会、县级人民政府民政部门等有关人员或者单位的申请，依法撤销其监护人资格，另行指定监护人。

被撤销监护人资格的加害人，应当继续负担相应的赡养、扶养、抚养费用。

第二十二条 工会、共产主义青年团、妇女联合会、残疾人联合会、居民委员会、村民委员会等应当对实施家庭暴力的加害人进行法治教育，必要时可以对加害人、受害人进行心理辅导。

第四章 人身安全保护令

第二十三条 当事人因遭受家庭暴力或者面临家庭暴力的现实危险，向人民法院申请人身安全保护令的，人民法院应当受理。

当事人是无民事行为能力人、限制民事行为能力人，或者因受到强制、威吓等原因无法申请人身安全保护令的，其近亲属、公安机关、妇女联合会、居民委员会、村民委员会、救助管理机构可以代为申请。

第二十四条　申请人身安全保护令应当以书面方式提出；书面申请确有困难的，可以口头申请，由人民法院记入笔录。

第二十五条　人身安全保护令案件由申请人或者被申请人居住地、家庭暴力发生地的基层人民法院管辖。

第二十六条　人身安全保护令由人民法院以裁定形式作出。

第二十七条　作出人身安全保护令，应当具备下列条件：

(一)有明确的被申请人；

(二)有具体的请求；

(三)有遭受家庭暴力或者面临家庭暴力现实危险的情形。

第二十八条　人民法院受理申请后，应当在七十二小时内作出人身安全保护令或者驳回申请；情况紧急的，应当在二十四小时内作出。

第二十九条　人身安全保护令可以包括下列措施：

(一)禁止被申请人实施家庭暴力；

(二)禁止被申请人骚扰、跟踪、接触申请人及其相关近亲属；

(三)责令被申请人迁出申请人住所；

(四)保护申请人人身安全的其他措施。

第三十条　人身安全保护令的有效期不超过六个月，自作出之日起生效。人身安全保护令失效前，人民法院可以根据申请人的申请撤销、变更或者延长。

第三十一条　申请人对驳回申请不服或者被申请人对人身安全保护令不服的，可以自裁定生效之日起五日内向作出裁定的人民法院申请复议一次。人民法院依法作出人身安全保护令的，复议期间不停止人身安全保护令的执行。

第三十二条　人民法院作出人身安全保护令后，应当送达申请人、被申请人、公安机关以及居民委员会、村民委员会等有关组织。人身安全保护令由人民法院执行，公安机关以及居民委员会、村民委员会等应当协助执行。

第五章　法律责任

第三十三条　加害人实施家庭暴力，构成违反治安管理行为的，依法给予治安管理处罚；构成犯罪的，依法追究刑事责任。

第三十四条 被申请人违反人身安全保护令，构成犯罪的，依法追究刑事责任；尚不构成犯罪的，人民法院应当给予训诫，可以根据情节轻重处以一千元以下罚款、十五日以下拘留。

第三十五条 学校、幼儿园、医疗机构、居民委员会、村民委员会、社会工作服务机构、救助管理机构、福利机构及其工作人员未依照本法第十四条规定向公安机关报案，造成严重后果的，由上级主管部门或者本单位对直接负责的主管人员和其他直接责任人员依法给予处分。

第三十六条 负有反家庭暴力职责的国家工作人员玩忽职守、滥用职权、徇私舞弊的，依法给予处分；构成犯罪的，依法追究刑事责任。

第六章 附 则

第三十七条 家庭成员以外共同生活的人之间实施的暴力行为，参照本法规定执行。

第三十八条 本法自 2016 年 3 月 1 日起施行。

中华人民共和国农民专业合作社法

（2006 年 10 月 31 日第十届全国人民代表大会常务委员会第二十四次会议通过　2017 年 12 月 27 日第十二届全国人民代表大会常务委员会第三十一次会议修订）

第一章　总　则

第一条　为了规范农民专业合作社的组织和行为，鼓励、支持、引导农民专业合作社的发展，保护农民专业合作社及其成员的合法权益，推进农业农村现代化，制定本法。

第二条　本法所称农民专业合作社，是指在农村家庭承包经营基础上，农产品的生产经营者或者农业生产经营服务的提供者、利用者，自愿联合、民主管理的互助性经济组织。

第三条　农民专业合作社以其成员为主要服务对象，开展以下一种或者多种业务：

（一）农业生产资料的购买、使用；

（二）农产品的生产、销售、加工、运输、贮藏及其他相关服务；

（三）农村民间工艺及制品、休闲农业和乡村旅游资源的开发经营等；

（四）与农业生产经营有关的技术、信息、设施建设运营等服务。

第四条　农民专业合作社应当遵循下列原则：

（一）成员以农民为主体；

（二）以服务成员为宗旨，谋求全体成员的共同利益；

（三）入社自愿、退社自由；

（四）成员地位平等，实行民主管理；

（五）盈余主要按照成员与农民专业合作社的交易量（额）比例返还。

第五条　农民专业合作社依照本法登记，取得法人资格。

农民专业合作社对由成员出资、公积金、国家财政直接补助、他人捐赠以及合法取得的其他资产所形成的财产，享有占有、使用和处分的权利，并以上述财产对债务承担责任。

第六条 农民专业合作社成员以其账户内记载的出资额和公积金份额为限对农民专业合作社承担责任。

第七条 国家保障农民专业合作社享有与其他市场主体平等的法律地位。

国家保护农民专业合作社及其成员的合法权益，任何单位和个人不得侵犯。

第八条 农民专业合作社从事生产经营活动，应当遵守法律，遵守社会公德、商业道德，诚实守信，不得从事与章程规定无关的活动。

第九条 农民专业合作社为扩大生产经营和服务的规模，发展产业化经营，提高市场竞争力，可以依法自愿设立或者加入农民专业合作社联合社。

第十条 国家通过财政支持、税收优惠和金融、科技、人才的扶持以及产业政策引导等措施，促进农民专业合作社的发展。

国家鼓励和支持公民、法人和其他组织为农民专业合作社提供帮助和服务。

对发展农民专业合作社事业做出突出贡献的单位和个人，按照国家有关规定予以表彰和奖励。

第十一条 县级以上人民政府应当建立农民专业合作社工作的综合协调机制，统筹指导、协调、推动农民专业合作社的建设和发展。

县级以上人民政府农业主管部门、其他有关部门和组织应当依据各自职责，对农民专业合作社的建设和发展给予指导、扶持和服务。

第二章 设立和登记

第十二条 设立农民专业合作社，应当具备下列条件：

（一）有五名以上符合本法第十九条、第二十条规定的成员；

（二）有符合本法规定的章程；

（三）有符合本法规定的组织机构；

（四）有符合法律、行政法规规定的名称和章程确定的住所；

（五）有符合章程规定的成员出资。

第十三条 农民专业合作社成员可以用货币出资，也可以用实物、知识产权、土地经营权、林权等可以用货币估价并可以依法转让的非货币财产，以及章程规定的其他方式作价出资；但是，法律、行政法规规定不得作为出资的财产除外。

农民专业合作社成员不得以对该社或者其他成员的债权，充抵出资；不得以缴纳的出资，抵销对该社或者其他成员的债务。

第十四条 设立农民专业合作社，应当召开由全体设立人参加的设立大会。设立时自愿成为该社成员的人为设立人。

设立大会行使下列职权：

（一）通过本社章程，章程应当由全体设立人一致通过；

（二）选举产生理事长、理事、执行监事或者监事会成员；

（三）审议其他重大事项。

第十五条 农民专业合作社章程应当载明下列事项：

（一）名称和住所；

（二）业务范围；

（三）成员资格及入社、退社和除名；

（四）成员的权利和义务；

（五）组织机构及其产生办法、职权、任期、议事规则；

（六）成员的出资方式、出资额，成员出资的转让、继承、担保；

（七）财务管理和盈余分配、亏损处理；

（八）章程修改程序；

（九）解散事由和清算办法；

（十）公告事项及发布方式；

（十一）附加表决权的设立、行使方式和行使范围；

（十二）需要载明的其他事项。

第十六条 设立农民专业合作社，应当向工商行政管理部门提交下列文件，申请设立登记：

（一）登记申请书；

（二）全体设立人签名、盖章的设立大会纪要；

（三）全体设立人签名、盖章的章程；

（四）法定代表人、理事的任职文件及身份证明；

（五）出资成员签名、盖章的出资清单；

（六）住所使用证明；

（七）法律、行政法规规定的其他文件。

登记机关应当自受理登记申请之日起二十日内办理完毕，向符合登记条件的申请者颁发营业执照，登记类型为农民专业合作社。

农民专业合作社法定登记事项变更的，应当申请变更登记。

登记机关应当将农民专业合作社的登记信息通报同级农业等有关部门。

农民专业合作社登记办法由国务院规定。办理登记不得收取费用。

第十七条 农民专业合作社应当按照国家有关规定，向登记机关报送年度报告，并向社会公示。

第十八条 农民专业合作社可以依法向公司等企业投资，以其出资额为限对所投资企业承担责任。

第三章 成 员

第十九条 具有民事行为能力的公民，以及从事与农民专业合作社业务直接有关的生产经营活动的企业、事业单位或者社会组织，能够利用农民专业合作社提供的服务，承认并遵守农民专业合作社章程，履行章程规定的入社手续的，可以成为农民专业合作社的成员。但是，具有管理公共事务职能的单位不得加入农民专业合作社。

农民专业合作社应当置备成员名册，并报登记机关。

第二十条 农民专业合作社的成员中，农民至少应当占成员总数的百分之八十。

成员总数二十人以下的，可以有一个企业、事业单位或者社会组织成员；成员总数超过二十人的，企业、事业单位和社会组织成员不得超过成员总数的百分之五。

第二十一条 农民专业合作社成员享有下列权利：

（一）参加成员大会，并享有表决权、选举权和被选举权，按照章程规定对本社实行民主管理；

（二）利用本社提供的服务和生产经营设施；

（三）按照章程规定或者成员大会决议分享盈余；

（四）查阅本社的章程、成员名册、成员大会或者成员代表大会记录、理事会会议决议、监事会会议决议、财务会计报告、会计账簿和财务审计报告；

（五）章程规定的其他权利。

第二十二条 农民专业合作社成员大会选举和表决，实行一人一票制，成员各享有一票的基本表决权。

出资额或者与本社交易量（额）较大的成员按照章程规定，可以享有附加表决权。本社的附加表决权总票数，不得超过本社成员基本表决权总票数的百分之二十。享有附加表决权的成员及其享有的附加表决权数，应当在每次成员大会召开时告知出席会议的全体成员。

第二十三条 农民专业合作社成员承担下列义务：

（一）执行成员大会、成员代表大会和理事会的决议；

（二）按照章程规定向本社出资；

（三）按照章程规定与本社进行交易；

（四）按照章程规定承担亏损；

（五）章程规定的其他义务。

第二十四条 符合本法第十九条、第二十条规定的公民、企业、事业单位或者社会组织，要求加入已成立的农民专业合作社，应当向理事长或者理事会提出书面申请，经成员大会或者成员代表大会表决通过后，成为本社成员。

第二十五条 农民专业合作社成员要求退社的，应当在会计年度终了的三个月前向理事长或者理事会提出书面申请；其中，企业、事业单位或者社会组织成员退社，应当在会计年度终了的六个月前提出；章程另有规定的，从其规定。退社成员的成员资格自会计年度终了时终止。

第二十六条 农民专业合作社成员不遵守农民专业合作社的章程、成员大会或者成员代表大会的决议，或者严重危害其他成员及农民专业合作社利益的，可以予以除名。

成员的除名，应当经成员大会或者成员代表大会表决通过。

在实施前款规定时，应当为该成员提供陈述意见的机会。

被除名成员的成员资格自会计年度终了时终止。

第二十七条 成员在其资格终止前与农民专业合作社已订立的合同，应当继续履行；章程另有规定或者与本社另有约定的除外。

第二十八条 成员资格终止的，农民专业合作社应当按照章程规定的方式和期限，退还记载在该成员账户内的出资额和公积金份额；对成员资格终止前的可分配盈余，依照本法第四十四条的规定向其返还。

资格终止的成员应当按照章程规定分摊资格终止前本社的亏损及债务。

第四章 组织机构

第二十九条 农民专业合作社成员大会由全体成员组成，是本社的权力机构，行使下列职权：

（一）修改章程；

（二）选举和罢免理事长、理事、执行监事或者监事会成员；

（三）决定重大财产处置、对外投资、对外担保和生产经营活动中的其他重大事项；

（四）批准年度业务报告、盈余分配方案、亏损处理方案；

（五）对合并、分立、解散、清算，以及设立、加入联合社等作出决议；

（六）决定聘用经营管理人员和专业技术人员的数量、资格和任期；

（七）听取理事长或者理事会关于成员变动情况的报告，对成员的入社、除名等作出决议；

（八）公积金的提取及使用；

（九）章程规定的其他职权。

第三十条 农民专业合作社召开成员大会，出席人数应当达到成员总数三分之二以上。

成员大会选举或者作出决议，应当由本社成员表决权总数过半数通过；作出修改章程或者合并、分立、解散，以及设立、加入联合社的决议应当由本社成员表决权总数的三分之二以上通过。章程对表决权数有较高规定的，从其规定。

第三十一条 农民专业合作社成员大会每年至少召开一次，会议的召集由章程规定。有下列情形之一的，应当在二十日内召开临时成员大会：

（一）百分之三十以上的成员提议；

（二）执行监事或者监事会提议；

（三）章程规定的其他情形。

第三十二条 农民专业合作社成员超过一百五十人的，可以按照章程规定设立成员代表大会。成员代表大会按照章程规定可以行使成员大会的部分或者全部职权。

依法设立成员代表大会的，成员代表人数一般为成员总人数的百分之十，最低人数为五十一人。

第三十三条 农民专业合作社设理事长一名，可以设理事会。理事长为本社的法定代表人。

农民专业合作社可以设执行监事或者监事会。理事长、理事、经理和财务会计人员不得兼任监事。

理事长、理事、执行监事或者监事会成员，由成员大会从本社成员中选举产生，依照本法和章程的规定行使职权，对成员大会负责。

理事会会议、监事会会议的表决，实行一人一票。

第三十四条　农民专业合作社的成员大会、成员代表大会、理事会、监事会，应当将所议事项的决定作成会议记录，出席会议的成员、成员代表、理事、监事应当在会议记录上签名。

第三十五条　农民专业合作社的理事长或者理事会可以按照成员大会的决定聘任经理和财务会计人员，理事长或者理事可以兼任经理。经理按照章程规定或者理事会的决定，可以聘任其他人员。

经理按照章程规定和理事长或者理事会授权，负责具体生产经营活动。

第三十六条　农民专业合作社的理事长、理事和管理人员不得有下列行为：

（一）侵占、挪用或者私分本社资产；

（二）违反章程规定或者未经成员大会同意，将本社资金借贷给他人或者以本社资产为他人提供担保；

（三）接受他人与本社交易的佣金归为己有；

（四）从事损害本社经济利益的其他活动。

理事长、理事和管理人员违反前款规定所得的收入，应当归本社所有；给本社造成损失的，应当承担赔偿责任。

第三十七条　农民专业合作社的理事长、理事、经理不得兼任业务性质相同的其他农民专业合作社的理事长、理事、监事、经理。

第三十八条　执行与农民专业合作社业务有关公务的人员，不得担任农民专业合作社的理事长、理事、监事、经理或者财务会计人员。

第五章　财务管理

第三十九条　农民专业合作社应当按照国务院财政部门制定的财务会计制度进行财务管理和会计核算。

第四十条　农民专业合作社的理事长或者理事会应当按照章程规定，组织编制年度业务报告、盈余分配方案、亏损处理方案以及财务会计报告，于成员大会召开的十五日前，置备于办公地点，供成员查阅。

第四十一条　农民专业合作社与其成员的交易、与利用其提供的服务的非成员的交易，应当分别核算。

第四十二条　农民专业合作社可以按照章程规定或者成员大会决议从当年盈余中提取公积金。公积金用于弥补亏损、扩大生产经营或者转为成员出资。

每年提取的公积金按照章程规定量化为每个成员的份额。

第四十三条　农民专业合作社应当为每个成员设立成员账户，主要记载下列内容：

（一）该成员的出资额；

（二）量化为该成员的公积金份额；

（三）该成员与本社的交易量（额）。

第四十四条　在弥补亏损、提取公积金后的当年盈余，为农民专业合作社的可分配盈余。可分配盈余主要按照成员与本社的交易量（额）比例返还。

可分配盈余按成员与本社的交易量（额）比例返还的返还总额不得低于可分配盈余的百分之六十；返还后的剩余部分，以成员账户中记载的出资额和公积金份额，以及本社接受国家财政直接补助和他人捐赠形成的财产平均量化到成员的份额，按比例分配给本社成员。

经成员大会或者成员代表大会表决同意，可以将全部或者部分可分配盈余转为对农民专业合作社的出资，并记载在成员账户中。

具体分配办法按照章程规定或者经成员大会决议确定。

第四十五条　设立执行监事或者监事会的农民专业合作社，由执行监事或者监事会负责对本社的财务进行内部审计，审计结果应当向成员大会报告。

成员大会也可以委托社会中介机构对本社的财务进行审计。

第六章　合并、分立、解散和清算

第四十六条　农民专业合作社合并，应当自合并决议作出之日起十日内通知债权人。合并各方的债权、债务应当由合并后存续或者新设的组织承继。

第四十七条　农民专业合作社分立，其财产作相应的分割，并应当自分立决议作出之日起十日内通知债权人。分立前的债务由分立后的组织承担连带责任。但是，在分立前与债权人就债务清偿达成的书面协议另有约定的除外。

第四十八条　农民专业合作社因下列原因解散：

（一）章程规定的解散事由出现；

（二）成员大会决议解散；

（三）因合并或者分立需要解散；

（四）依法被吊销营业执照或者被撤销。

因前款第一项、第二项、第四项原因解散的，应当在解散事由出现之日起十五日内由成员大会推举成员组成清算组，开始解散清算。逾期不能组成清算组的，成员、债权人可以向人民法院申请指定成员组成清算组进行清算，人民法院应当受理该申请，并及时指定成员组成清算组进行清算。

第四十九条 清算组自成立之日起接管农民专业合作社，负责处理与清算有关未了结业务，清理财产和债权、债务，分配清偿债务后的剩余财产，代表农民专业合作社参与诉讼、仲裁或者其他法律程序，并在清算结束时办理注销登记。

第五十条 清算组应当自成立之日起十日内通知农民专业合作社成员和债权人，并于六十日内在报纸上公告。债权人应当自接到通知之日起三十日内，未接到通知的自公告之日起四十五日内，向清算组申报债权。如果在规定期间内全部成员、债权人均已收到通知，免除清算组的公告义务。

债权人申报债权，应当说明债权的有关事项，并提供证明材料。清算组应当对债权进行审查、登记。

在申报债权期间，清算组不得对债权人进行清偿。

第五十一条 农民专业合作社因本法第四十八条第一款的原因解散，或者人民法院受理破产申请时，不能办理成员退社手续。

第五十二条 清算组负责制定包括清偿农民专业合作社员工的工资及社会保险费用，清偿所欠税款和其他各项债务，以及分配剩余财产在内的清算方案，经成员大会通过或者申请人民法院确认后实施。

清算组发现农民专业合作社的财产不足以清偿债务的，应当依法向人民法院申请破产。

第五十三条 农民专业合作社接受国家财政直接补助形成的财产，在解散、破产清算时，不得作为可分配剩余资产分配给成员，具体按照国务院财政部门有关规定执行。

第五十四条 清算组成员应当忠于职守，依法履行清算义务，因故意或者重大过失给农民专业合作社成员及债权人造成损失的，应当承担赔偿责任。

第五十五条 农民专业合作社破产适用企业破产法的有关规定。但是，破产财产在清偿破产费用和共益债务后，应当优先清偿破产前与农民成员已发生交易但尚未结清的款项。

第七章 农民专业合作社联合社

第五十六条 三个以上的农民专业合作社在自愿的基础上，可以出资设立农民专业合作社联合社。

农民专业合作社联合社应当有自己的名称、组织机构和住所，由联合社全体成员制定并承认的章程，以及符合章程规定的成员出资。

第五十七条 农民专业合作社联合社依照本法登记，取得法人资格，领取营业执照，登记类型为农民专业合作社联合社。

第五十八条 农民专业合作社联合社以其全部财产对该社的债务承担责任；农民专业合作社联合社的成员以其出资额为限对农民专业合作社联合社承担责任。

第五十九条 农民专业合作社联合社应当设立由全体成员参加的成员大会，其职权包括修改农民专业合作社联合社章程，选举和罢免农民专业合作社联合社理事长、理事和监事，决定农民专业合作社联合社的经营方案及盈余分配，决定对外投资和担保方案等重大事项。

农民专业合作社联合社不设成员代表大会，可以根据需要设立理事会、监事会或者执行监事。理事长、理事应当由成员社选派的人员担任。

第六十条 农民专业合作社联合社的成员大会选举和表决，实行一社一票。

第六十一条 农民专业合作社联合社可分配盈余的分配办法，按照本法规定的原则由农民专业合作社联合社章程规定。

第六十二条 农民专业合作社联合社成员退社，应当在会计年度终了的六个月前以书面形式向理事会提出。退社成员的成员资格自会计年度终了时终止。

第六十三条 本章对农民专业合作社联合社没有规定的，适用本法关于农民专业合作社的规定。

第八章 扶持措施

第六十四条 国家支持发展农业和农村经济的建设项目，可以委托和安排有条件的农民专业合作社实施。

第六十五条 中央和地方财政应当分别安排资金，支持农民专业合作社开展信息、培训、农产品标准与认证、农业生产基础设施建设、市场营销和技术推广等服务。国家对革命老区、民族地区、边疆地区和贫困地区的农民专业合作社给予优先扶助。

县级以上人民政府有关部门应当依法加强对财政补助资金使用情况的

监督。

第六十六条 国家政策性金融机构应当采取多种形式，为农民专业合作社提供多渠道的资金支持。具体支持政策由国务院规定。

国家鼓励商业性金融机构采取多种形式，为农民专业合作社及其成员提供金融服务。

国家鼓励保险机构为农民专业合作社提供多种形式的农业保险服务。鼓励农民专业合作社依法开展互助保险。

第六十七条 农民专业合作社享受国家规定的对农业生产、加工、流通、服务和其他涉农经济活动相应的税收优惠。

第六十八条 农民专业合作社从事农产品初加工用电执行农业生产用电价格，农民专业合作社生产性配套辅助设施用地按农用地管理，具体办法由国务院有关部门规定。

第九章 法律责任

第六十九条 侵占、挪用、截留、私分或者以其他方式侵犯农民专业合作社及其成员的合法财产，非法干预农民专业合作社及其成员的生产经营活动，向农民专业合作社及其成员摊派，强迫农民专业合作社及其成员接受有偿服务，造成农民专业合作社经济损失的，依法追究法律责任。

第七十条 农民专业合作社向登记机关提供虚假登记材料或者采取其他欺诈手段取得登记的，由登记机关责令改正，可以处五千元以下罚款；情节严重的，撤销登记或者吊销营业执照。

第七十一条 农民专业合作社连续两年未从事经营活动的，吊销其营业执照。

第七十二条 农民专业合作社在依法向有关主管部门提供的财务报告等材料中，作虚假记载或者隐瞒重要事实的，依法追究法律责任。

第十章 附 则

第七十三条 国有农场、林场、牧场、渔场等企业中实行承包租赁经营、从事农业生产经营或者服务的职工，兴办农民专业合作社适用本法。

第七十四条 本法自 2018 年 7 月 1 日起施行。

中华人民共和国消费者权益保护法

（1993年10月31日第八届全国人民代表大会常务委员会第四次会议通过　根据2009年8月27日第十一届全国人民代表大会常务委员会第十次会议《关于修改部分法律的决定》第一次修正　根据2013年10月25日第十二届全国人民代表大会常务委员会第五次会议《关于修改〈中华人民共和国消费者权益保护法〉的决定》第二次修正）

第一章　总　则

第一条　为保护消费者的合法权益，维护社会经济秩序，促进社会主义市场经济健康发展，制定本法。

第二条　消费者为生活消费需要购买、使用商品或者接受服务，其权益受本法保护；本法未作规定的，受其他有关法律、法规保护。

第三条　经营者为消费者提供其生产、销售的商品或者提供服务，应当遵守本法；本法未作规定的，应当遵守其他有关法律、法规。

第四条　经营者与消费者进行交易，应当遵循自愿、平等、公平、诚实信用的原则。

第五条　国家保护消费者的合法权益不受侵害。

国家采取措施，保障消费者依法行使权利，维护消费者的合法权益。

国家倡导文明、健康、节约资源和保护环境的消费方式，反对浪费。

第六条　保护消费者的合法权益是全社会的共同责任。

国家鼓励、支持一切组织和个人对损害消费者合法权益的行为进行社会监督。

大众传播媒介应当做好维护消费者合法权益的宣传，对损害消费者合法权益的行为进行舆论监督。

第二章　消费者的权利

第七条　消费者在购买、使用商品和接受服务时享有人身、财产安全不受损害的权利。

消费者有权要求经营者提供的商品和服务，符合保障人身、财产安全的要求。

第八条 消费者享有知悉其购买、使用的商品或者接受的服务的真实情况的权利。

消费者有权根据商品或者服务的不同情况，要求经营者提供商品的价格、产地、生产者、用途、性能、规格、等级、主要成分、生产日期、有效期限、检验合格证明、使用方法说明书、售后服务，或者服务的内容、规格、费用等有关情况。

第九条 消费者享有自主选择商品或者服务的权利。

消费者有权自主选择提供商品或者服务的经营者，自主选择商品品种或者服务方式，自主决定购买或者不购买任何一种商品、接受或者不接受任何一项服务。

消费者在自主选择商品或者服务时，有权进行比较、鉴别和挑选。

第十条 消费者享有公平交易的权利。

消费者在购买商品或者接受服务时，有权获得质量保障、价格合理、计量正确等公平交易条件，有权拒绝经营者的强制交易行为。

第十一条 消费者因购买、使用商品或者接受服务受到人身、财产损害的，享有依法获得赔偿的权利。

第十二条 消费者享有依法成立维护自身合法权益的社会组织的权利。

第十三条 消费者享有获得有关消费和消费者权益保护方面的知识的权利。

消费者应当努力掌握所需商品或者服务的知识和使用技能，正确使用商品，提高自我保护意识。

第十四条 消费者在购买、使用商品和接受服务时，享有人格尊严、民族风俗习惯得到尊重的权利，享有个人信息依法得到保护的权利。

第十五条 消费者享有对商品和服务以及保护消费者权益工作进行监督的权利。

消费者有权检举、控告侵害消费者权益的行为和国家机关及其工作人员在保护消费者权益工作中的违法失职行为，有权对保护消费者权益工作提出批评、建议。

第三章　经营者的义务

第十六条　经营者向消费者提供商品或者服务，应当依照本法和其他有关法律、法规的规定履行义务。

经营者和消费者有约定的，应当按照约定履行义务，但双方的约定不得违背法律、法规的规定。

经营者向消费者提供商品或者服务，应当恪守社会公德，诚信经营，保障消费者的合法权益；不得设定不公平、不合理的交易条件，不得强制交易。

第十七条　经营者应当听取消费者对其提供的商品或者服务的意见，接受消费者的监督。

第十八条　经营者应当保证其提供的商品或者服务符合保障人身、财产安全的要求。对可能危及人身、财产安全的商品和服务，应当向消费者作出真实的说明和明确的警示，并说明和标明正确使用商品或者接受服务的方法以及防止危害发生的方法。

宾馆、商场、餐馆、银行、机场、车站、港口、影剧院等经营场所的经营者，应当对消费者尽到安全保障义务。

第十九条　经营者发现其提供的商品或者服务存在缺陷，有危及人身、财产安全危险的，应当立即向有关行政部门报告和告知消费者，并采取停止销售、警示、召回、无害化处理、销毁、停止生产或者服务等措施。采取召回措施的，经营者应当承担消费者因商品被召回支出的必要费用。

第二十条　经营者向消费者提供有关商品或者服务的质量、性能、用途、有效期限等信息，应当真实、全面，不得作虚假或者引人误解的宣传。

经营者对消费者就其提供的商品或者服务的质量和使用方法等问题提出的询问，应当作出真实、明确的答复。

经营者提供商品或者服务应当明码标价。

第二十一条　经营者应当标明其真实名称和标记。

租赁他人柜台或者场地的经营者，应当标明其真实名称和标记。

第二十二条　经营者提供商品或者服务，应当按照国家有关规定或者商业惯例向消费者出具发票等购货凭证或者服务单据；消费者索要发票等购货凭证或者服务单据的，经营者必须出具。

第二十三条　经营者应当保证在正常使用商品或者接受服务的情况下其提供的商品或者服务应当具有的质量、性能、用途和有效期限；但消费者在购买该商品或者接受该服务前已经知道其存在瑕疵，且存在该瑕疵不违反法律强制性规定的除外。

经营者以广告、产品说明、实物样品或者其他方式表明商品或者服务的质量状况的，应当保证其提供的商品或者服务的实际质量与表明的质量状况相符。

经营者提供的机动车、计算机、电视机、电冰箱、空调器、洗衣机等耐用商品或者装饰装修等服务，消费者自接受商品或者服务之日起六个月内发现瑕疵，发生争议的，由经营者承担有关瑕疵的举证责任。

第二十四条 经营者提供的商品或者服务不符合质量要求的，消费者可以依照国家规定、当事人约定退货，或者要求经营者履行更换、修理等义务。没有国家规定和当事人约定的，消费者可以自收到商品之日起七日内退货；七日后符合法定解除合同条件的，消费者可以及时退货，不符合法定解除合同条件的，可以要求经营者履行更换、修理等义务。

依照前款规定进行退货、更换、修理的，经营者应当承担运输等必要费用。

第二十五条 经营者采用网络、电视、电话、邮购等方式销售商品，消费者有权自收到商品之日起七日内退货，且无须说明理由，但下列商品除外：

（一）消费者定作的；

（二）鲜活易腐的；

（三）在线下载或者消费者拆封的音像制品、计算机软件等数字化商品；

（四）交付的报纸、期刊。

除前款所列商品外，其他根据商品性质并经消费者在购买时确认不宜退货的商品，不适用无理由退货。

消费者退货的商品应当完好。经营者应当自收到退回商品之日起七日内返还消费者支付的商品价款。退回商品的运费由消费者承担；经营者和消费者另有约定的，按照约定。

第二十六条 经营者在经营活动中使用格式条款的，应当以显著方式提请消费者注意商品或者服务的数量和质量、价款或者费用、履行期限和方式、安全注意事项和风险警示、售后服务、民事责任等与消费者有重大利害关系的内容，并按照消费者的要求予以说明。

经营者不得以格式条款、通知、声明、店堂告示等方式，作出排除或者限制消费者权利、减轻或者免除经营者责任、加重消费者责任等对消费者不公平、不合理的规定，不得利用格式条款并借助技术手段强制交易。

格式条款、通知、声明、店堂告示等含有前款所列内容的，其内容无效。

第二十七条 经营者不得对消费者进行侮辱、诽谤，不得搜查消费者的身体及其携带的物品，不得侵犯消费者的人身自由。

第二十八条 采用网络、电视、电话、邮购等方式提供商品或者服务的经营者，以及提供证券、保险、银行等金融服务的经营者，应当向消费者提供经营地址、联系方式、商品或者服务的数量和质量、价款或者费用、履行期限和方式、安全注意事项和风险警示、售后服务、民事责任等信息。

第二十九条 经营者收集、使用消费者个人信息，应当遵循合法、正当、必要的原则，明示收集、使用信息的目的、方式和范围，并经消费者同意。经营者收集、使用消费者个人信息，应当公开其收集、使用规则，不得违反法律、法规的规定和双方的约定收集、使用信息。

经营者及其工作人员对收集的消费者个人信息必须严格保密，不得泄露、出售或者非法向他人提供。经营者应当采取技术措施和其他必要措施，确保信息安全，防止消费者个人信息泄露、丢失。在发生或者可能发生信息泄露、丢失的情况时，应当立即采取补救措施。

经营者未经消费者同意或者请求，或者消费者明确表示拒绝的，不得向其发送商业性信息。

第四章 国家对消费者合法权益的保护

第三十条 国家制定有关消费者权益的法律、法规、规章和强制性标准，应当听取消费者和消费者协会等组织的意见。

第三十一条 各级人民政府应当加强领导，组织、协调、督促有关行政部门做好保护消费者合法权益的工作，落实保护消费者合法权益的职责。

各级人民政府应当加强监督，预防危害消费者人身、财产安全行为的发生，及时制止危害消费者人身、财产安全的行为。

第三十二条 各级人民政府工商行政管理部门和其他有关行政部门应当依照法律、法规的规定，在各自的职责范围内，采取措施，保护消费者的合法权益。

有关行政部门应当听取消费者和消费者协会等组织对经营者交易行为、商品和服务质量问题的意见，及时调查处理。

第三十三条 有关行政部门在各自的职责范围内，应当定期或者不定期对经营者提供的商品和服务进行抽查检验，并及时向社会公布抽查检验结果。

有关行政部门发现并认定经营者提供的商品或者服务存在缺陷，有危及人身、财产安全危险的，应当立即责令经营者采取停止销售、警示、召回、无害化处理、销毁、停止生产或者服务等措施。

第三十四条 有关国家机关应当依照法律、法规的规定，惩处经营者在提供商品和服务中侵害消费者合法权益的违法犯罪行为。

第三十五条 人民法院应当采取措施，方便消费者提起诉讼。对符合《中华人民共和国民事诉讼法》起诉条件的消费者权益争议，必须受理，及时审理。

第五章 消费者组织

第三十六条 消费者协会和其他消费者组织是依法成立的对商品和服务进行社会监督的保护消费者合法权益的社会组织。

第三十七条 消费者协会履行下列公益性职责：

（一）向消费者提供消费信息和咨询服务，提高消费者维护自身合法权益的能力，引导文明、健康、节约资源和保护环境的消费方式；

（二）参与制定有关消费者权益的法律、法规、规章和强制性标准；

（三）参与有关行政部门对商品和服务的监督、检查；

（四）就有关消费者合法权益的问题，向有关部门反映、查询，提出建议；

（五）受理消费者的投诉，并对投诉事项进行调查、调解；

（六）投诉事项涉及商品和服务质量问题的，可以委托具备资格的鉴定人鉴定，鉴定人应当告知鉴定意见；

（七）就损害消费者合法权益的行为，支持受损害的消费者提起诉讼或者依照本法提起诉讼；

（八）对损害消费者合法权益的行为，通过大众传播媒介予以揭露、批评。

各级人民政府对消费者协会履行职责应当予以必要的经费等支持。

消费者协会应当认真履行保护消费者合法权益的职责，听取消费者的意见和建议，接受社会监督。

依法成立的其他消费者组织依照法律、法规及其章程的规定，开展保护消费者合法权益的活动。

第三十八条 消费者组织不得从事商品经营和营利性服务，不得以收取费用或者其他牟取利益的方式向消费者推荐商品和服务。

第六章　争议的解决

第三十九条　消费者和经营者发生消费者权益争议的，可以通过下列途径解决：

（一）与经营者协商和解；

（二）请求消费者协会或者依法成立的其他调解组织调解；

（三）向有关行政部门投诉；

（四）根据与经营者达成的仲裁协议提请仲裁机构仲裁；

（五）向人民法院提起诉讼。

第四十条　消费者在购买、使用商品时，其合法权益受到损害的，可以向销售者要求赔偿。销售者赔偿后，属于生产者的责任或者属于向销售者提供商品的其他销售者的责任的，销售者有权向生产者或者其他销售者追偿。

消费者或者其他受害人因商品缺陷造成人身、财产损害的，可以向销售者要求赔偿，也可以向生产者要求赔偿。属于生产者责任的，销售者赔偿后，有权向生产者追偿。属于销售者责任的，生产者赔偿后，有权向销售者追偿。

消费者在接受服务时，其合法权益受到损害的，可以向服务者要求赔偿。

第四十一条　消费者在购买、使用商品或者接受服务时，其合法权益受到损害，因原企业分立、合并的，可以向变更后承受其权利义务的企业要求赔偿。

第四十二条　使用他人营业执照的违法经营者提供商品或者服务，损害消费者合法权益的，消费者可以向其要求赔偿，也可以向营业执照的持有人要求赔偿。

第四十三条　消费者在展销会、租赁柜台购买商品或者接受服务，其合法权益受到损害的，可以向销售者或者服务者要求赔偿。展销会结束或者柜台租赁期满后，也可以向展销会的举办者、柜台的出租者要求赔偿。展销会的举办者、柜台的出租者赔偿后，有权向销售者或者服务者追偿。

第四十四条　消费者通过网络交易平台购买商品或者接受服务，其合法权益受到损害的，可以向销售者或者服务者要求赔偿。网络交易平台提供者不能提供销售者或者服务者的真实名称、地址和有效联系方式的，消费者也可以向网络交易平台提供者要求赔偿；网络交易平台提供者作出更有利于消费者的承诺的，应当履行承诺。网络交易平台提供者赔偿后，有权向销售者或者服务者追偿。

网络交易平台提供者明知或者应知销售者或者服务者利用其平台侵害消费者合法权益，未采取必要措施的，依法与该销售者或者服务者承担连带责任。

第四十五条 消费者因经营者利用虚假广告或者其他虚假宣传方式提供商品或者服务，其合法权益受到损害的，可以向经营者要求赔偿。广告经营者、发布者发布虚假广告的，消费者可以请求行政主管部门予以惩处。广告经营者、发布者不能提供经营者的真实名称、地址和有效联系方式的，应当承担赔偿责任。

广告经营者、发布者设计、制作、发布关系消费者生命健康商品或者服务的虚假广告，造成消费者损害的，应当与提供该商品或者服务的经营者承担连带责任。

社会团体或者其他组织、个人在关系消费者生命健康商品或者服务的虚假广告或者其他虚假宣传中向消费者推荐商品或者服务，造成消费者损害的，应当与提供该商品或者服务的经营者承担连带责任。

第四十六条 消费者向有关行政部门投诉的，该部门应当自收到投诉之日起七个工作日内，予以处理并告知消费者。

第四十七条 对侵害众多消费者合法权益的行为，中国消费者协会以及在省、自治区、直辖市设立的消费者协会，可以向人民法院提起诉讼。

第七章 法律责任

第四十八条 经营者提供商品或者服务有下列情形之一的，除本法另有规定外，应当依照其他有关法律、法规的规定，承担民事责任：

（一）商品或者服务存在缺陷的；

（二）不具备商品应当具备的使用性能而出售时未作说明的；

（三）不符合在商品或者其包装上注明采用的商品标准的；

（四）不符合商品说明、实物样品等方式表明的质量状况的；

（五）生产国家明令淘汰的商品或者销售失效、变质的商品的；

（六）销售的商品数量不足的；

（七）服务的内容和费用违反约定的；

（八）对消费者提出的修理、重作、更换、退货、补足商品数量、退还货款和服务费用或者赔偿损失的要求，故意拖延或者无理拒绝的；

（九）法律、法规规定的其他损害消费者权益的情形。

经营者对消费者未尽到安全保障义务，造成消费者损害的，应当承担侵权责任。

第四十九条 经营者提供商品或者服务，造成消费者或者其他受害人人身伤害的，应当赔偿医疗费、护理费、交通费等为治疗和康复支出的合理费用，以及因误工减少的收入。造成残疾的，还应当赔偿残疾生活辅助具费和残疾赔偿金。造成死亡的，还应当赔偿丧葬费和死亡赔偿金。

第五十条 经营者侵害消费者的人格尊严、侵犯消费者人身自由或者侵害消费者个人信息依法得到保护的权利的，应当停止侵害、恢复名誉、消除影响、赔礼道歉，并赔偿损失。

第五十一条 经营者有侮辱诽谤、搜查身体、侵犯人身自由等侵害消费者或者其他受害人人身权益的行为，造成严重精神损害的，受害人可以要求精神损害赔偿。

第五十二条 经营者提供商品或者服务，造成消费者财产损害的，应当依照法律规定或者当事人约定承担修理、重作、更换、退货、补足商品数量、退还货款和服务费用或者赔偿损失等民事责任。

第五十三条 经营者以预收款方式提供商品或者服务的，应当按照约定提供。未按照约定提供的，应当按照消费者的要求履行约定或者退回预付款；并应当承担预付款的利息、消费者必须支付的合理费用。

第五十四条 依法经有关行政部门认定为不合格的商品，消费者要求退货的，经营者应当负责退货。

第五十五条 经营者提供商品或者服务有欺诈行为的，应当按照消费者的要求增加赔偿其受到的损失，增加赔偿的金额为消费者购买商品的价款或者接受服务的费用的三倍；增加赔偿的金额不足五百元的，为五百元。法律另有规定的，依照其规定。

经营者明知商品或者服务存在缺陷，仍然向消费者提供，造成消费者或者其他受害人死亡或者健康严重损害的，受害人有权要求经营者依照本法第四十九条、第五十一条等法律规定赔偿损失，并有权要求所受损失二倍以下的惩罚性赔偿。

第五十六条 经营者有下列情形之一，除承担相应的民事责任外，其他有关法律、法规对处罚机关和处罚方式有规定的，依照法律、法规的规定执行；

法律、法规未作规定的，由工商行政管理部门或者其他有关行政部门责令改正，可以根据情节单处或者并处警告、没收违法所得、处以违法所得一倍以上十倍以下的罚款，没有违法所得的，处以五十万元以下的罚款；情节严重的，责令停业整顿、吊销营业执照：

（一）提供的商品或者服务不符合保障人身、财产安全要求的；

（二）在商品中掺杂、掺假，以假充真，以次充好，或者以不合格商品冒充合格商品的；

（三）生产国家明令淘汰的商品或者销售失效、变质的商品的；

（四）伪造商品的产地，伪造或者冒用他人的厂名、厂址，篡改生产日期，伪造或者冒用认证标志等质量标志的；

（五）销售的商品应当检验、检疫而未检验、检疫或者伪造检验、检疫结果的；

（六）对商品或者服务作虚假或者引人误解的宣传的；

（七）拒绝或者拖延有关行政部门责令对缺陷商品或者服务采取停止销售、警示、召回、无害化处理、销毁、停止生产或者服务等措施的；

（八）对消费者提出的修理、重作、更换、退货、补足商品数量、退还货款和服务费用或者赔偿损失的要求，故意拖延或者无理拒绝的；

（九）侵害消费者人格尊严、侵犯消费者人身自由或者侵害消费者个人信息依法得到保护的权利的；

（十）法律、法规规定的对损害消费者权益应当予以处罚的其他情形。

经营者有前款规定情形的，除依照法律、法规规定予以处罚外，处罚机关应当记入信用档案，向社会公布。

第五十七条 经营者违反本法规定提供商品或者服务，侵害消费者合法权益，构成犯罪的，依法追究刑事责任。

第五十八条 经营者违反本法规定，应当承担民事赔偿责任和缴纳罚款、罚金，其财产不足以同时支付的，先承担民事赔偿责任。

第五十九条 经营者对行政处罚决定不服的，可以依法申请行政复议或者提起行政诉讼。

第六十条 以暴力、威胁等方法阻碍有关行政部门工作人员依法执行职务的，依法追究刑事责任；拒绝、阻碍有关行政部门工作人员依法执行职务，未使用暴力、威胁方法的，由公安机关依照《中华人民共和国治安管理处罚法》的规定处罚。

第六十一条 国家机关工作人员玩忽职守或者包庇经营者侵害消费者合法权益的行为的，由其所在单位或者上级机关给予行政处分；情节严重，构成犯罪的，依法追究刑事责任。

第八章 附 则

第六十二条 农民购买、使用直接用于农业生产的生产资料，参照本法执行。

第六十三条 本法自 1994 年 1 月 1 日起施行。

中华人民共和国法律援助法

（2021 年 8 月 20 日第十三届全国人民代表大会常务委员会第三十次会议通过）

第一章 总 则

第一条 为了规范和促进法律援助工作，保障公民和有关当事人的合法权益，保障法律正确实施，维护社会公平正义，制定本法。

第二条 本法所称法律援助，是国家建立的为经济困难公民和符合法定条件的其他当事人无偿提供法律咨询、代理、刑事辩护等法律服务的制度，是公共法律服务体系的组成部分。

第三条 法律援助工作坚持中国共产党领导，坚持以人民为中心，尊重和保障人权，遵循公开、公平、公正的原则，实行国家保障与社会参与相结合。

第四条 县级以上人民政府应当将法律援助工作纳入国民经济和社会发展规划、基本公共服务体系，保障法律援助事业与经济社会协调发展。

县级以上人民政府应当健全法律援助保障体系，将法律援助相关经费列入本级政府预算，建立动态调整机制，保障法律援助工作需要，促进法律援助均衡发展。

第五条 国务院司法行政部门指导、监督全国的法律援助工作。县级以上地方人民政府司法行政部门指导、监督本行政区域的法律援助工作。

县级以上人民政府其他有关部门依照各自职责，为法律援助工作提供支持和保障。

第六条 人民法院、人民检察院、公安机关应当在各自职责范围内保障当事人依法获得法律援助，为法律援助人员开展工作提供便利。

第七条 律师协会应当指导和支持律师事务所、律师参与法律援助工作。

第八条 国家鼓励和支持群团组织、事业单位、社会组织在司法行政部门指导下，依法提供法律援助。

第九条 国家鼓励和支持企业事业单位、社会组织和个人等社会力量，依法通过捐赠等方式为法律援助事业提供支持；对符合条件的，给予税收优惠。

第十条　司法行政部门应当开展经常性的法律援助宣传教育，普及法律援助知识。

新闻媒体应当积极开展法律援助公益宣传，并加强舆论监督。

第十一条　国家对在法律援助工作中做出突出贡献的组织和个人，按照有关规定给予表彰、奖励。

第二章　机构和人员

第十二条　县级以上人民政府司法行政部门应当设立法律援助机构。法律援助机构负责组织实施法律援助工作，受理、审查法律援助申请，指派律师、基层法律服务工作者、法律援助志愿者等法律援助人员提供法律援助，支付法律援助补贴。

第十三条　法律援助机构根据工作需要，可以安排本机构具有律师资格或者法律职业资格的工作人员提供法律援助；可以设置法律援助工作站或者联络点，就近受理法律援助申请。

第十四条　法律援助机构可以在人民法院、人民检察院和看守所等场所派驻值班律师，依法为没有辩护人的犯罪嫌疑人、被告人提供法律援助。

第十五条　司法行政部门可以通过政府采购等方式，择优选择律师事务所等法律服务机构为受援人提供法律援助。

第十六条　律师事务所、基层法律服务所、律师、基层法律服务工作者负有依法提供法律援助的义务。

律师事务所、基层法律服务所应当支持和保障本所律师、基层法律服务工作者履行法律援助义务。

第十七条　国家鼓励和规范法律援助志愿服务；支持符合条件的个人作为法律援助志愿者，依法提供法律援助。

高等院校、科研机构可以组织从事法学教育、研究工作的人员和法学专业学生作为法律援助志愿者，在司法行政部门指导下，为当事人提供法律咨询、代拟法律文书等法律援助。

法律援助志愿者具体管理办法由国务院有关部门规定。

第十八条　国家建立健全法律服务资源依法跨区域流动机制，鼓励和支持律师事务所、律师、法律援助志愿者等在法律服务资源相对短缺地区提供法律援助。

第十九条 法律援助人员应当依法履行职责，及时为受援人提供符合标准的法律援助服务，维护受援人的合法权益。

第二十条 法律援助人员应当恪守职业道德和执业纪律，不得向受援人收取任何财物。

第二十一条 法律援助机构、法律援助人员对提供法律援助过程中知悉的国家秘密、商业秘密和个人隐私应当予以保密。

第三章 形式和范围

第二十二条 法律援助机构可以组织法律援助人员依法提供下列形式的法律援助服务：

（一）法律咨询；

（二）代拟法律文书；

（三）刑事辩护与代理；

（四）民事案件、行政案件、国家赔偿案件的诉讼代理及非诉讼代理；

（五）值班律师法律帮助；

（六）劳动争议调解与仲裁代理；

（七）法律、法规、规章规定的其他形式。

第二十三条 法律援助机构应当通过服务窗口、电话、网络等多种方式提供法律咨询服务；提示当事人享有依法申请法律援助的权利，并告知申请法律援助的条件和程序。

第二十四条 刑事案件的犯罪嫌疑人、被告人因经济困难或者其他原因没有委托辩护人的，本人及其近亲属可以向法律援助机构申请法律援助。

第二十五条 刑事案件的犯罪嫌疑人、被告人属于下列人员之一，没有委托辩护人的，人民法院、人民检察院、公安机关应当通知法律援助机构指派律师担任辩护人：

（一）未成年人；

（二）视力、听力、言语残疾人；

（三）不能完全辨认自己行为的成年人；

（四）可能被判处无期徒刑、死刑的人；

（五）申请法律援助的死刑复核案件被告人；

（六）缺席审判案件的被告人；

（七）法律法规规定的其他人员。

其他适用普通程序审理的刑事案件，被告人没有委托辩护人的，人民法院可以通知法律援助机构指派律师担任辩护人。

第二十六条 对可能被判处无期徒刑、死刑的人，以及死刑复核案件的被告人，法律援助机构收到人民法院、人民检察院、公安机关通知后，应当指派具有三年以上相关执业经历的律师担任辩护人。

第二十七条 人民法院、人民检察院、公安机关通知法律援助机构指派律师担任辩护人时，不得限制或者损害犯罪嫌疑人、被告人委托辩护人的权利。

第二十八条 强制医疗案件的被申请人或者被告人没有委托诉讼代理人的，人民法院应当通知法律援助机构指派律师为其提供法律援助。

第二十九条 刑事公诉案件的被害人及其法定代理人或者近亲属，刑事自诉案件的自诉人及其法定代理人，刑事附带民事诉讼案件的原告人及其法定代理人，因经济困难没有委托诉讼代理人的，可以向法律援助机构申请法律援助。

第三十条 值班律师应当依法为没有辩护人的犯罪嫌疑人、被告人提供法律咨询、程序选择建议、申请变更强制措施、对案件处理提出意见等法律帮助。

第三十一条 下列事项的当事人，因经济困难没有委托代理人的，可以向法律援助机构申请法律援助：

（一）依法请求国家赔偿；

（二）请求给予社会保险待遇或者社会救助；

（三）请求发给抚恤金；

（四）请求给付赡养费、抚养费、扶养费；

（五）请求确认劳动关系或者支付劳动报酬；

（六）请求认定公民无民事行为能力或者限制民事行为能力；

（七）请求工伤事故、交通事故、食品药品安全事故、医疗事故人身损害赔偿；

（八）请求环境污染、生态破坏损害赔偿；

（九）法律、法规、规章规定的其他情形。

第三十二条 有下列情形之一，当事人申请法律援助的，不受经济困难条件的限制：

（一）英雄烈士近亲属为维护英雄烈士的人格权益；

（二）因见义勇为行为主张相关民事权益；

（三）再审改判无罪请求国家赔偿；

（四）遭受虐待、遗弃或者家庭暴力的受害人主张相关权益；

（五）法律、法规、规章规定的其他情形。

第三十三条　当事人不服司法机关生效裁判或者决定提出申诉或者申请再审，人民法院决定、裁定再审或者人民检察院提出抗诉，因经济困难没有委托辩护人或者诉讼代理人的，本人及其近亲属可以向法律援助机构申请法律援助。

第三十四条　经济困难的标准，由省、自治区、直辖市人民政府根据本行政区域经济发展状况和法律援助工作需要确定，并实行动态调整。

第四章　程序和实施

第三十五条　人民法院、人民检察院、公安机关和有关部门在办理案件或者相关事务中，应当及时告知有关当事人有权依法申请法律援助。

第三十六条　人民法院、人民检察院、公安机关办理刑事案件，发现有本法第二十五条第一款、第二十八条规定情形的，应当在三日内通知法律援助机构指派律师。法律援助机构收到通知后，应当在三日内指派律师并通知人民法院、人民检察院、公安机关。

第三十七条　人民法院、人民检察院、公安机关应当保障值班律师依法提供法律帮助，告知没有辩护人的犯罪嫌疑人、被告人有权约见值班律师，并依法为值班律师了解案件有关情况、阅卷、会见等提供便利。

第三十八条　对诉讼事项的法律援助，由申请人向办案机关所在地的法律援助机构提出申请；对非诉讼事项的法律援助，由申请人向争议处理机关所在地或者事由发生地的法律援助机构提出申请。

第三十九条　被羁押的犯罪嫌疑人、被告人、服刑人员，以及强制隔离戒毒人员等提出法律援助申请的，办案机关、监管场所应当在二十四小时内将申请转交法律援助机构。

犯罪嫌疑人、被告人通过值班律师提出代理、刑事辩护等法律援助申请的，值班律师应当在二十四小时内将申请转交法律援助机构。

第四十条　无民事行为能力人或者限制民事行为能力人需要法律援助的，可以由其法定代理人代为提出申请。法定代理人侵犯无民事行为能力人、限制民事行为能力人合法权益的，其他法定代理人或者近亲属可以代为提出法律援助申请。

被羁押的犯罪嫌疑人、被告人、服刑人员，以及强制隔离戒毒人员，可以由其法定代理人或者近亲属代为提出法律援助申请。

第四十一条 因经济困难申请法律援助的，申请人应当如实说明经济困难状况。

法律援助机构核查申请人的经济困难状况，可以通过信息共享查询，或者由申请人进行个人诚信承诺。

法律援助机构开展核查工作，有关部门、单位、村民委员会、居民委员会和个人应当予以配合。

第四十二条 法律援助申请人有材料证明属于下列人员之一的，免予核查经济困难状况：

（一）无固定生活来源的未成年人、老年人、残疾人等特定群体；

（二）社会救助、司法救助或者优抚对象；

（三）申请支付劳动报酬或者请求工伤事故人身损害赔偿的进城务工人员；

（四）法律、法规、规章规定的其他人员。

第四十三条 法律援助机构应当自收到法律援助申请之日起七日内进行审查，作出是否给予法律援助的决定。决定给予法律援助的，应当自作出决定之日起三日内指派法律援助人员为受援人提供法律援助；决定不给予法律援助的，应当书面告知申请人，并说明理由。

申请人提交的申请材料不齐全的，法律援助机构应当一次性告知申请人需要补充的材料或者要求申请人作出说明。申请人未按要求补充材料或者作出说明的，视为撤回申请。

第四十四条 法律援助机构收到法律援助申请后，发现有下列情形之一的，可以决定先行提供法律援助：

（一）距法定时效或者期限届满不足七日，需要及时提起诉讼或者申请仲裁、行政复议；

（二）需要立即申请财产保全、证据保全或者先予执行；

（三）法律、法规、规章规定的其他情形。

法律援助机构先行提供法律援助的，受援人应当及时补办有关手续，补充有关材料。

第四十五条 法律援助机构为老年人、残疾人提供法律援助服务的，应当根据实际情况提供无障碍设施设备和服务。

法律法规对向特定群体提供法律援助有其他特别规定的，依照其规定。

第四十六条 法律援助人员接受指派后，无正当理由不得拒绝、拖延或者终止提供法律援助服务。

法律援助人员应当按照规定向受援人通报法律援助事项办理情况，不得损害受援人合法权益。

第四十七条 受援人应当向法律援助人员如实陈述与法律援助事项有关的情况，及时提供证据材料，协助、配合办理法律援助事项。

第四十八条 有下列情形之一的，法律援助机构应当作出终止法律援助的决定：

（一）受援人以欺骗或者其他不正当手段获得法律援助；

（二）受援人故意隐瞒与案件有关的重要事实或者提供虚假证据；

（三）受援人利用法律援助从事违法活动；

（四）受援人的经济状况发生变化，不再符合法律援助条件；

（五）案件终止审理或者已经被撤销；

（六）受援人自行委托律师或者其他代理人；

（七）受援人有正当理由要求终止法律援助；

（八）法律法规规定的其他情形。

法律援助人员发现有前款规定情形的，应当及时向法律援助机构报告。

第四十九条 申请人、受援人对法律援助机构不予法律援助、终止法律援助的决定有异议的，可以向设立该法律援助机构的司法行政部门提出。

司法行政部门应当自收到异议之日起五日内进行审查，作出维持法律援助机构决定或者责令法律援助机构改正的决定。

申请人、受援人对司法行政部门维持法律援助机构决定不服的，可以依法申请行政复议或者提起行政诉讼。

第五十条 法律援助事项办理结束后，法律援助人员应当及时向法律援助机构报告，提交有关法律文书的副本或者复印件、办理情况报告等材料。

第五章 保障和监督

第五十一条 国家加强法律援助信息化建设，促进司法行政部门与司法机关及其他有关部门实现信息共享和工作协同。

第五十二条 法律援助机构应当依照有关规定及时向法律援助人员支付法律援助补贴。

法律援助补贴的标准，由省、自治区、直辖市人民政府司法行政部门会同同级财政部门，根据当地经济发展水平和法律援助的服务类型、承办成本、基本劳务费用等确定，并实行动态调整。

法律援助补贴免征增值税和个人所得税。

第五十三条 人民法院应当根据情况对受援人缓收、减收或者免收诉讼费用；对法律援助人员复制相关材料等费用予以免收或者减收。

公证机构、司法鉴定机构应当对受援人减收或者免收公证费、鉴定费。

第五十四条 县级以上人民政府司法行政部门应当有计划地对法律援助人员进行培训，提高法律援助人员的专业素质和服务能力。

第五十五条 受援人有权向法律援助机构、法律援助人员了解法律援助事项办理情况；法律援助机构、法律援助人员未依法履行职责的，受援人可以向司法行政部门投诉，并可以请求法律援助机构更换法律援助人员。

第五十六条 司法行政部门应当建立法律援助工作投诉查处制度；接到投诉后，应当依照有关规定受理和调查处理，并及时向投诉人告知处理结果。

第五十七条 司法行政部门应当加强对法律援助服务的监督，制定法律援助服务质量标准，通过第三方评估等方式定期进行质量考核。

第五十八条 司法行政部门、法律援助机构应当建立法律援助信息公开制度，定期向社会公布法律援助资金使用、案件办理、质量考核结果等情况，接受社会监督。

第五十九条 法律援助机构应当综合运用庭审旁听、案卷检查、征询司法机关意见和回访受援人等措施，督促法律援助人员提升服务质量。

第六十条 律师协会应当将律师事务所、律师履行法律援助义务的情况纳入年度考核内容，对拒不履行或者怠于履行法律援助义务的律师事务所、律师，依照有关规定进行惩戒。

第六章 法律责任

第六十一条 法律援助机构及其工作人员有下列情形之一的，由设立该法律援助机构的司法行政部门责令限期改正；有违法所得的，责令退还或者没收违法所得；对直接负责的主管人员和其他直接责任人员，依法给予处分：

（一）拒绝为符合法律援助条件的人员提供法律援助，或者故意为不符合法律援助条件的人员提供法律援助；

（二）指派不符合本法规定的人员提供法律援助；

（三）收取受援人财物；

（四）从事有偿法律服务；

（五）侵占、私分、挪用法律援助经费；

（六）泄露法律援助过程中知悉的国家秘密、商业秘密和个人隐私；

（七）法律法规规定的其他情形。

第六十二条 律师事务所、基层法律服务所有下列情形之一的，由司法行政部门依法给予处罚：

（一）无正当理由拒绝接受法律援助机构指派；

（二）接受指派后，不及时安排本所律师、基层法律服务工作者办理法律援助事项或者拒绝为本所律师、基层法律服务工作者办理法律援助事项提供支持和保障；

（三）纵容或者放任本所律师、基层法律服务工作者怠于履行法律援助义务或者擅自终止提供法律援助；

（四）法律法规规定的其他情形。

第六十三条 律师、基层法律服务工作者有下列情形之一的，由司法行政部门依法给予处罚：

（一）无正当理由拒绝履行法律援助义务或者怠于履行法律援助义务；

（二）擅自终止提供法律援助；

（三）收取受援人财物；

（四）泄露法律援助过程中知悉的国家秘密、商业秘密和个人隐私；

（五）法律法规规定的其他情形。

第六十四条 受援人以欺骗或者其他不正当手段获得法律援助的，由司法行政部门责令其支付已实施法律援助的费用，并处三千元以下罚款。

第六十五条 违反本法规定，冒用法律援助名义提供法律服务并谋取利益的，由司法行政部门责令改正，没收违法所得，并处违法所得一倍以上三倍以下罚款。

第六十六条 国家机关及其工作人员在法律援助工作中滥用职权、玩忽职守、徇私舞弊的，对直接负责的主管人员和其他直接责任人员，依法给予处分。

第六十七条 违反本法规定，构成犯罪的，依法追究刑事责任。

第七章 附 则

第六十八条 工会、共产主义青年团、妇女联合会、残疾人联合会等群团组织开展法律援助工作，参照适用本法的相关规定。

第六十九条 对外国人和无国籍人提供法律援助，我国法律有规定的，适用法律规定；我国法律没有规定的，可以根据我国缔结或者参加的国际条约，或者按照互惠原则，参照适用本法的相关规定。

第七十条 对军人军属提供法律援助的具体办法，由国务院和中央军事委员会有关部门制定。

第七十一条 本法自 2022 年 1 月 1 日起施行。

最高人民法院关于审理涉及农村土地承包纠纷案件适用法律问题的解释

（2005年3月29日由最高人民法院审判委员会第1346次会议通过，根据2020年12月23日最高人民法院审判委员会第1823次会议通过的《最高人民法院关于修改〈最高人民法院关于在民事审判工作中适用《中华人民共和国工会法》若干问题的解释〉等二十七件民事类司法解释的决定》修正）

为正确审理农村土地承包纠纷案件，依法保护当事人的合法权益，根据《中华人民共和国民法典》《中华人民共和国农村土地承包法》《中华人民共和国土地管理法》《中华人民共和国民事诉讼法》等法律的规定，结合民事审判实践，制定本解释。

一、受理与诉讼主体

第一条　下列涉及农村土地承包民事纠纷，人民法院应当依法受理：

（一）承包合同纠纷；

（二）承包经营权侵权纠纷；

（三）土地经营权侵权纠纷；

（四）承包经营权互换、转让纠纷；

（五）土地经营权流转纠纷；

（六）承包地征收补偿费用分配纠纷；

（七）承包经营权继承纠纷；

（八）土地经营权继承纠纷。

农村集体经济组织成员因未实际取得土地承包经营权提起民事诉讼的，人民法院应当告知其向有关行政主管部门申请解决。

农村集体经济组织成员就用于分配的土地补偿费数额提起民事诉讼的，人民法院不予受理。

第二条　当事人自愿达成书面仲裁协议的，受诉人民法院应当参照《最高人民法院关于适用〈中华人民共和国民事诉讼法〉的解释》第二百一十五条、第二百一十六条的规定处理。

当事人未达成书面仲裁协议，一方当事人向农村土地承包仲裁机构申请仲裁，另一方当事人提起诉讼的，人民法院应予受理，并书面通知仲裁机构。但另一方当事人接受仲裁管辖后又起诉的，人民法院不予受理。

当事人对仲裁裁决不服并在收到裁决书之日起三十日内提起诉讼的，人民法院应予受理。

第三条 承包合同纠纷，以发包方和承包方为当事人。

前款所称承包方是指以家庭承包方式承包本集体经济组织农村土地的农户，以及以其他方式承包农村土地的组织或者个人。

第四条 农户成员为多人的，由其代表人进行诉讼。

农户代表人按照下列情形确定：

（一）土地承包经营权证等证书上记载的人；

（二）未依法登记取得土地承包经营权证等证书的，为在承包合同上签名的人；

（三）前两项规定的人死亡、丧失民事行为能力或者因其他原因无法进行诉讼的，为农户成员推选的人。

二、家庭承包纠纷案件的处理

第五条 承包合同中有关收回、调整承包地的约定违反农村土地承包法第二十七条、第二十八条、第三十一条规定的，应当认定该约定无效。

第六条 因发包方违法收回、调整承包地，或者因发包方收回承包方弃耕、撂荒的承包地产生的纠纷，按照下列情形，分别处理：

（一）发包方未将承包地另行发包，承包方请求返还承包地的，应予支持；

（二）发包方已将承包地另行发包给第三人，承包方以发包方和第三人为共同被告，请求确认其所签订的承包合同无效、返还承包地并赔偿损失的，应予支持。但属于承包方弃耕、撂荒情形的，对其赔偿损失的诉讼请求，不予支持。

前款第（二）项所称的第三人，请求受益方补偿其在承包地上的合理投入的，应予支持。

第七条 承包合同约定或者土地承包经营权证等证书记载的承包期限短于农村土地承包法规定的期限，承包方请求延长的，应予支持。

第八条 承包方违反农村土地承包法第十八条规定，未经依法批准将承包地用于非农建设或者对承包地造成永久性损害，发包方请求承包方停止侵害、恢复原状或者赔偿损失的，应予支持。

第九条 发包方根据农村土地承包法第二十七条规定收回承包地前，承包方已经以出租、入股或者其他形式将其土地经营权流转给第三人，且流转期限尚未届满，因流转价款收取产生的纠纷，按照下列情形，分别处理：

（一）承包方已经一次性收取了流转价款，发包方请求承包方返还剩余流转期限的流转价款的，应予支持；

（二）流转价款为分期支付，发包方请求第三人按照流转合同的约定支付流转价款的，应予支持。

第十条 承包方交回承包地不符合农村土地承包法第三十条规定程序的，不得认定其为自愿交回。

第十一条 土地经营权流转中，本集体经济组织成员在流转价款、流转期限等主要内容相同的条件下主张优先权的，应予支持。但下列情形除外：

（一）在书面公示的合理期限内未提出优先权主张的；

（二）未经书面公示，在本集体经济组织以外的人开始使用承包地两个月内未提出优先权主张的。

第十二条 发包方胁迫承包方将土地经营权流转给第三人，承包方请求撤销其与第三人签订的流转合同的，应予支持。

发包方阻碍承包方依法流转土地经营权，承包方请求排除妨碍、赔偿损失的，应予支持。

第十三条 承包方未经发包方同意，转让其土地承包经营权的，转让合同无效。但发包方无法定理由不同意或者拖延表态的除外。

第十四条 承包方依法采取出租、入股或者其他方式流转土地经营权，发包方仅以该土地经营权流转合同未报其备案为由，请求确认合同无效的，不予支持。

第十五条 因承包方不收取流转价款或者向对方支付费用的约定产生纠纷，当事人协商变更无法达成一致，且继续履行又显失公平的，人民法院可以根据发生变更的客观情况，按照公平原则处理。

第十六条 当事人对出租地流转期限没有约定或者约定不明的，参照民法典第七百三十条规定处理。除当事人另有约定或者属于林地承包经营外，承包地交回的时间应当在农作物收获期结束后或者下一耕种期开始前。

对提高土地生产能力的投入，对方当事人请求承包方给予相应补偿的，应予支持。

第十七条 发包方或者其他组织、个人擅自截留、扣缴承包收益或者土地经营权流转收益，承包方请求返还的，应予支持。

发包方或者其他组织、个人主张抵销的，不予支持。

三、其他方式承包纠纷的处理

第十八条 本集体经济组织成员在承包费、承包期限等主要内容相同的条件下主张优先承包的，应予支持。但在发包方将农村土地发包给本集体经济组织以外的组织或者个人，已经法律规定的民主议定程序通过，并由乡（镇）人民政府批准后主张优先承包的，不予支持。

第十九条 发包方就同一土地签订两个以上承包合同，承包方均主张取得土地经营权的，按照下列情形，分别处理：

（一）已经依法登记的承包方，取得土地经营权；

（二）均未依法登记的，生效在先合同的承包方取得土地经营权；

（三）依前两项规定无法确定的，已经根据承包合同合法占有使用承包地的人取得土地经营权，但争议发生后一方强行先占承包地的行为和事实，不得作为确定土地经营权的依据。

四、土地征收补偿费用分配及土地承包经营权继承纠纷的处理

第二十条 承包地被依法征收，承包方请求发包方给付已经收到的地上附着物和青苗的补偿费的，应予支持。

承包方已将土地经营权以出租、入股或者其他方式流转给第三人的，除当事人另有约定外，青苗补偿费归实际投入人所有，地上附着物补偿费归附着物所有人所有。

第二十一条 承包地被依法征收，放弃统一安置的家庭承包方，请求发包方给付已经收到的安置补助费的，应予支持。

第二十二条 农村集体经济组织或者村民委员会、村民小组，可以依照法律规定的民主议定程序，决定在本集体经济组织内部分配已经收到的土地补偿费。征地补偿安置方案确定时已经具有本集体经济组织成员资格的人，请求支付相应份额的，应予支持。但已报全国人大常委会、国务院备案的地方性法规、自治条例和单行条例、地方政府规章对土地补偿费在农村集体经济组织内部的分配办法另有规定的除外。

第二十三条 林地家庭承包中，承包方的继承人请求在承包期内继续承包的，应予支持。

其他方式承包中，承包方的继承人或者权利义务承受者请求在承包期内继续承包的，应予支持。

五、其他规定

第二十四条 人民法院在审理涉及本解释第五条、第六条第一款第（二）项及第二款、第十五条的纠纷案件时，应当着重进行调解。必要时可以委托人民调解组织进行调解。

第二十五条 本解释自2005年9月1日起施行。施行后受理的第一审案件，适用本解释的规定。

施行前已经生效的司法解释与本解释不一致的，以本解释为准。

最高人民法院关于适用《中华人民共和国民法典》婚姻家庭编的解释（一）

（2020 年 12 月 25 日最高人民法院审判委员会第 1825 次会议通过，自 2021 年 1 月 1 日起施行）

为正确审理婚姻家庭纠纷案件，根据《中华人民共和国民法典》《中华人民共和国民事诉讼法》等相关法律规定，结合审判实践，制定本解释。

一、一般规定

第一条 持续性、经常性的家庭暴力，可以认定为民法典第一千零四十二条、第一千零七十九条、第一千零九十一条所称的“虐待”。

第二条 民法典第一千零四十二条、第一千零七十九条、第一千零九十一条规定的“与他人同居”的情形，是指有配偶者与婚外异性，不以夫妻名义，持续、稳定地共同居住。

第三条 当事人提起诉讼仅请求解除同居关系的，人民法院不予受理；已经受理的，裁定驳回起诉。

当事人因同居期间财产分割或者子女抚养纠纷提起诉讼的，人民法院应当受理。

第四条 当事人仅以民法典第一千零四十三条为依据提起诉讼的，人民法院不予受理；已经受理的，裁定驳回起诉。

第五条 当事人请求返还按照习俗给付的彩礼的，如果查明属于以下情形，人民法院应当予以支持：

（一）双方未办理结婚登记手续；

（二）双方办理结婚登记手续但确未共同生活；

（三）婚前给付并导致给付人生活困难。

适用前款第二项、第三项的规定，应当以双方离婚为条件。

二、结婚

第六条 男女双方依据民法典第一千零四十九条规定补办结婚登记的，

婚姻关系的效力从双方均符合民法典所规定的结婚的实质要件时起算。

第七条 未依据民法典第一千零四十九条规定办理结婚登记而以夫妻名义共同生活的男女，提起诉讼要求离婚的，应当区别对待：

（一）1994 年 2 月 1 日民政部《婚姻登记管理条例》公布实施以前，男女双方已经符合结婚实质要件的，按事实婚姻处理。

（二）1994 年 2 月 1 日民政部《婚姻登记管理条例》公布实施以后，男女双方符合结婚实质要件的，人民法院应当告知其补办结婚登记。未补办结婚登记的，依据本解释第三条规定处理。

第八条 未依据民法典第一千零四十九条规定办理结婚登记而以夫妻名义共同生活的男女，一方死亡，另一方以配偶身份主张享有继承权的，依据本解释第七条的原则处理。

第九条 有权依据民法典第一千零五十一条规定向人民法院就已办理结婚登记的婚姻请求确认婚姻无效的主体，包括婚姻当事人及利害关系人。其中，利害关系人包括：

（一）以重婚为由的，为当事人的近亲属及基层组织；

（二）以未到法定婚龄为由的，为未到法定婚龄者的近亲属；

（三）以有禁止结婚的亲属关系为由的，为当事人的近亲属。

第十条 当事人依据民法典第一千零五十一条规定向人民法院请求确认婚姻无效，法定的无效婚姻情形在提起诉讼时已经消失的，人民法院不予支持。

第十一条 人民法院受理请求确认婚姻无效案件后，原告申请撤诉的，不予准许。

对婚姻效力的审理不适用调解，应当依法作出判决。

涉及财产分割和子女抚养的，可以调解。调解达成协议的，另行制作调解书；未达成调解协议的，应当一并作出判决。

第十二条 人民法院受理离婚案件后，经审理确属无效婚姻的，应当将婚姻无效的情形告知当事人，并依法作出确认婚姻无效的判决。

第十三条 人民法院就同一婚姻关系分别受理了离婚和请求确认婚姻无效案件的，对于离婚案件的审理，应当待请求确认婚姻无效案件作出判决后进行。

第十四条 夫妻一方或者双方死亡后，生存一方或者利害关系人依据民法典第一千零五十一条的规定请求确认婚姻无效的，人民法院应当受理。

第十五条 利害关系人依据民法典第一千零五十一条的规定，请求人民法院确认婚姻无效的，利害关系人为原告，婚姻关系当事人双方为被告。

夫妻一方死亡的，生存一方为被告。

第十六条 人民法院审理重婚导致的无效婚姻案件时，涉及财产处理的，应当准许合法婚姻当事人作为有独立请求权的第三人参加诉讼。

第十七条 当事人以民法典第一千零五十一条规定的三种无效婚姻以外的情形请求确认婚姻无效的，人民法院应当判决驳回当事人的诉讼请求。

当事人以结婚登记程序存在瑕疵为由提起民事诉讼，主张撤销结婚登记的，告知其可以依法申请行政复议或者提起行政诉讼。

第十八条 行为人以给另一方当事人或者其近亲属的生命、身体、健康、名誉、财产等方面造成损害为要挟，迫使另一方当事人违背真实意愿结婚的，可以认定为民法典第一千零五十二条所称的“胁迫”。

因受胁迫而请求撤销婚姻的，只能是受胁迫一方的婚姻关系当事人本人。

第十九条 民法典第一千零五十二条规定的“一年”，不适用诉讼时效中止、中断或者延长的规定。

受胁迫或者被非法限制人身自由的当事人请求撤销婚姻的，不适用民法典第一百五十二条第二款的规定。

第二十条 民法典第一千零五十四条所规定的“自始没有法律约束力”，是指无效婚姻或者可撤销婚姻在依法被确认无效或者被撤销时，才确定该婚姻自始不受法律保护。

第二十一条 人民法院根据当事人的请求，依法确认婚姻无效或者撤销婚姻的，应当收缴双方的结婚证书并将生效的判决书寄送当地婚姻登记管理机关。

第二十二条 被确认无效或者被撤销的婚姻，当事人同居期间所得的财产，除有证据证明为当事人一方所有的以外，按共同共有处理。

三、夫妻关系

第二十三条 夫以妻擅自中止妊娠侵犯其生育权为由请求损害赔偿的，人民法院不予支持；夫妻双方因是否生育发生纠纷，致使感情确已破裂，一方请求离婚的，人民法院经调解无效，应依照民法典第一千零七十九条第三款第五项的规定处理。

第二十四条 民法典第一千零六十二条第一款第三项规定的“知识产

权的收益”，是指婚姻关系存续期间，实际取得或者已经明确可以取得的财产性收益。

第二十五条 婚姻关系存续期间，下列财产属于民法典第一千零六十二条规定的“其他应当归共同所有的财产”：

（一）一方以个人财产投资取得的收益；

（二）男女双方实际取得或者应当取得的住房补贴、住房公积金；

（三）男女双方实际取得或者应当取得的基本养老金、破产安置补偿费。

第二十六条 夫妻一方个人财产在婚后产生的收益，除孳息和自然增值外，应认定为夫妻共同财产。

第二十七条 由一方婚前承租、婚后用共同财产购买的房屋，登记在一方名下的，应当认定为夫妻共同财产。

第二十八条 一方未经另一方同意出售夫妻共同所有的房屋，第三人善意购买、支付合理对价并已办理不动产登记，另一方主张追回该房屋的，人民法院不予支持。

夫妻一方擅自处分共同所有的房屋造成另一方损失，离婚时另一方请求赔偿损失的，人民法院应予支持。

第二十九条 当事人结婚前，父母为双方购置房屋出资的，该出资应当认定为对自己子女个人的赠与，但父母明确表示赠与双方的除外。

当事人结婚后，父母为双方购置房屋出资的，依照约定处理；没有约定或者约定不明确的，按照民法典第一千零六十二条第一款第四项规定的原则处理。

第三十条 军人的伤亡保险金、伤残补助金、医药生活补助费属于个人财产。

第三十一条 民法典第一千零六十三条规定为夫妻一方的个人财产，不因婚姻关系的延续而转化为夫妻共同财产。但当事人另有约定的除外。

第三十二条 婚前或者婚姻关系存续期间，当事人约定将一方所有的房产赠与另一方或者共有，赠与方在赠与房产变更登记之前撤销赠与，另一方请求判令继续履行的，人民法院可以按照民法典第六百五十八条的规定处理。

第三十三条 债权人就一方婚前所负个人债务向债务人的配偶主张权利的，人民法院不予支持。但债权人能够证明所负债务用于婚后家庭共同生活的除外。

第三十四条　夫妻一方与第三人串通，虚构债务，第三人主张该债务为夫妻共同债务的，人民法院不予支持。

夫妻一方在从事赌博、吸毒等违法犯罪活动中所负债务，第三人主张该债务为夫妻共同债务的，人民法院不予支持。

第三十五条　当事人的离婚协议或者人民法院生效判决、裁定、调解书已经对夫妻财产分割问题作出处理的，债权人仍有权就夫妻共同债务向男女双方主张权利。

一方就夫妻共同债务承担清偿责任后，主张由另一方按照离婚协议或者人民法院的法律文书承担相应债务的，人民法院应予支持。

第三十六条　夫或者妻一方死亡的，生存一方应当对婚姻关系存续期间的夫妻共同债务承担清偿责任。

第三十七条　民法典第一千零六十五条第三款所称“相对人知道该约定的”，夫妻一方对此负有举证责任。

第三十八条　婚姻关系存续期间，除民法典第一千零六十六条规定情形以外，夫妻一方请求分割共同财产的，人民法院不予支持。

四、父母子女关系

第三十九条　父或者母向人民法院起诉请求否认亲子关系，并已提供必要证据予以证明，另一方没有相反证据又拒绝做亲子鉴定的，人民法院可以认定否认亲子关系一方的主张成立。

父或者母以及成年子女起诉请求确认亲子关系，并提供必要证据予以证明，另一方没有相反证据又拒绝做亲子鉴定的，人民法院可以认定确认亲子关系一方的主张成立。

第四十条　婚姻关系存续期间，夫妻双方一致同意进行人工授精，所生子女应视为婚生子女，父母子女间的权利义务关系适用民法典的有关规定。

第四十一条　尚在校接受高中及其以下学历教育，或者丧失、部分丧失劳动能力等非因主观原因而无法维持正常生活的成年子女，可以认定为民法典第一千零六十七条规定的“不能独立生活的成年子女”。

第四十二条　民法典第一千零六十七条所称“抚养费”，包括子女生活费、教育费、医疗费等费用。

第四十三条　婚姻关系存续期间，父母双方或者一方拒不履行抚养子女义务，未成年子女或者不能独立生活的成年子女请求支付抚养费的，人民法院应予支持。

第四十四条 离婚案件涉及未成年子女抚养的，对不满两周岁的子女，按照民法典第一千零八十四条第三款规定的原则处理。母亲有下列情形之一，父亲请求直接抚养的，人民法院应予支持：

（一）患有久治不愈的传染性疾病或者其他严重疾病，子女不宜与其共同生活；

（二）有抚养条件不尽抚养义务，而父亲要求子女随其生活；

（三）因其他原因，子女确不宜随母亲生活。

第四十五条 父母双方协议不满两周岁子女由父亲直接抚养，并对子女健康成长无不利影响的，人民法院应予支持。

第四十六条 对已满两周岁的未成年子女，父母均要求直接抚养，一方有下列情形之一的，可予优先考虑：

（一）已做绝育手术或者因其他原因丧失生育能力；

（二）子女随其生活时间较长，改变生活环境对子女健康成长明显不利；

（三）无其他子女，而另一方有其他子女；

（四）子女随其生活，对子女成长有利，而另一方患有久治不愈的传染性疾病或者其他严重疾病，或者有其他不利于子女身心健康的情形，不宜与子女共同生活。

第四十七条 父母抚养子女的条件基本相同，双方均要求直接抚养子女，但子女单独随祖父母或者外祖父母共同生活多年，且祖父母或者外祖父母要求并且有能力帮助子女照顾孙子女或者外孙子女的，可以作为父或者母直接抚养子女的优先条件予以考虑。

第四十八条 在有利于保护子女利益的前提下，父母双方协议轮流直接抚养子女的，人民法院应予支持。

第四十九条 抚养费的数额，可以根据子女的实际需要、父母双方的负担能力和当地的实际生活水平确定。

有固定收入的，抚养费一般可以按其月总收入的百分之二十至三十的比例给付。负担两个以上子女抚养费的，比例可以适当提高，但一般不得超过月总收入的百分之五十。

无固定收入的，抚养费的数额可以依据当年总收入或者同行业平均收入，参照上述比例确定。

有特殊情况的，可以适当提高或者降低上述比例。

第五十条 抚养费应当定期给付，有条件的可以一次性给付。

第五十一条 父母一方无经济收入或者下落不明的，可以用其财物折抵抚养费。

第五十二条 父母双方可以协议由一方直接抚养子女并由直接抚养方负担子女全部抚养费。但是，直接抚养方的抚养能力明显不能保障子女所需费用，影响子女健康成长的，人民法院不予支持。

第五十三条 抚养费的给付期限，一般至子女十八周岁为止。

十六周岁以上不满十八周岁，以其劳动收入为主要生活来源，并能维持当地一般生活水平的，父母可以停止给付抚养费。

第五十四条 生父与继母离婚或者生母与继父离婚时，对曾受其抚养教育的继子女，继父或者继母不同意继续抚养的，仍应由生父或者生母抚养。

第五十五条 离婚后，父母一方要求变更子女抚养关系的，或者子女要求增加抚养费的，应当另行提起诉讼。

第五十六条 具有下列情形之一，父母一方要求变更子女抚养关系的，人民法院应予支持：

（一）与子女共同生活的一方因患严重疾病或者因伤残无力继续抚养子女；

（二）与子女共同生活的一方不尽抚养义务或有虐待子女行为，或者其与子女共同生活对子女身心健康确有不利影响；

（三）已满八周岁的子女，愿随另一方生活，该方又有抚养能力；

（四）有其他正当理由需要变更。

第五十七条 父母双方协议变更子女抚养关系的，人民法院应予支持。

第五十八条 具有下列情形之一，子女要求有负担能力的父或者母增加抚养费的，人民法院应予支持：

（一）原定抚养费数额不足以维持当地实际生活水平；

（二）因子女患病、上学，实际需要已超过原定数额；

（三）有其他正当理由应当增加。

第五十九条 父母不得因子女变更姓氏而拒付子女抚养费。父或者母擅自将子女姓氏改为继母或继父姓氏而引起纠纷的，应当责令恢复原姓氏。

第六十条 在离婚诉讼期间，双方均拒绝抚养子女的，可以先行裁定暂由一方抚养。

第六十一条 对拒不履行或者妨害他人履行生效判决、裁定、调解书中有关子女抚养义务的当事人或者其他人，人民法院可依照民事诉讼法第一百一十一条的规定采取强制措施。

五、离婚

第六十二条 无民事行为能力人的配偶有民法典第三十六条第一款规定行为，其他有监护资格的人可以要求撤销其监护资格，并依法指定新的监护人；变更后的监护人代理无民事行为能力一方提起离婚诉讼的，人民法院应予受理。

第六十三条 人民法院审理离婚案件，符合民法典第一千零七十九条第三款规定“应当准予离婚”情形的，不应当因当事人有过错而判决不准离婚。

第六十四条 民法典第一千零八十一条所称的“军人一方有重大过错”，可以依据民法典第一千零七十九条第三款前三项规定及军人有其他重大过错导致夫妻感情破裂的情形予以判断。

第六十五条 人民法院作出的生效的离婚判决中未涉及探望权，当事人就探望权问题单独提起诉讼的，人民法院应予受理。

第六十六条 当事人在履行生效判决、裁定或者调解书的过程中，一方请求中止探望的，人民法院在征询双方当事人意见后，认为需要中止探望的，依法作出裁定；中止探望的情形消失后，人民法院应当根据当事人的请求书面通知其恢复探望。

第六十七条 未成年子女、直接抚养子女的父或者母以及其他对未成年子女负担抚养、教育、保护义务的法定监护人，有权向人民法院提出中止探望的请求。

第六十八条 对于拒不协助另一方行使探望权的有关个人或者组织，可以由人民法院依法采取拘留、罚款等强制措施，但是不能对子女的人身、探望行为进行强制执行。

第六十九条 当事人达成的以协议离婚或者到人民法院调解离婚为条件的财产以及债务处理协议，如果双方离婚未成，一方在离婚诉讼中反悔的，人民法院应当认定该财产以及债务处理协议没有生效，并根据实际情况依照民法典第一千零八十七条和第一千零八十九条的规定判决。

当事人依照民法典第一千零七十六条签订的离婚协议中关于财产以及债务处理的条款，对男女双方具有法律约束力。登记离婚后当事人因履行上述协议发生纠纷提起诉讼的，人民法院应当受理。

第七十条 夫妻双方协议离婚后就财产分割问题反悔，请求撤销财产分割协议的，人民法院应当受理。

人民法院审理后，未发现订立财产分割协议时存在欺诈、胁迫等情形的，应当依法驳回当事人的诉讼请求。

第七十一条 人民法院审理离婚案件，涉及分割发放到军人名下的复员费、自主择业费等一次性费用的，以夫妻婚姻关系存续年限乘以年平均值，所得数额为夫妻共同财产。

前款所称年平均值，是指将发放到军人名下的上述费用总额按具体年限均分得出的数额。其具体年限为人均寿命七十岁与军人入伍时实际年龄的差额。

第七十二条 夫妻双方分割共同财产中的股票、债券、投资基金份额等有价证券以及未上市股份有限公司股份时，协商不成或者按市价分配有困难的，人民法院可以根据数量按比例分配。

第七十三条 人民法院审理离婚案件，涉及分割夫妻共同财产中以一方名义在有限责任公司的出资额，另一方不是该公司股东的，按以下情形分别处理：

（一）夫妻双方协商一致将出资额部分或者全部转让给该股东的配偶，其他股东过半数同意，并且其他股东均明确表示放弃优先购买权的，该股东的配偶可以成为该公司股东；

（二）夫妻双方就出资额转让份额和转让价格等事项协商一致后，其他股东半数以上不同意转让，但愿意以同等条件购买该出资额的，人民法院可以对转让出资所得财产进行分割。其他股东半数以上不同意转让，也不愿意以同等条件购买该出资额的，视为其同意转让，该股东的配偶可以成为该公司股东。

用于证明前款规定的股东同意的证据，可以是股东会议材料，也可以是当事人通过其他合法途径取得的股东的书面声明材料。

第七十四条 人民法院审理离婚案件，涉及分割夫妻共同财产中以一方名义在合伙企业中的出资，另一方不是该企业合伙人的，当夫妻双方协商一致，将其合伙企业中的财产份额全部或者部分转让给对方时，按以下情形分别处理：

（一）其他合伙人一致同意的，该配偶依法取得合伙人地位；

（二）其他合伙人不同意转让，在同等条件下行使优先购买权的，可以对转让所得的财产进行分割；

（三）其他合伙人不同意转让，也不行使优先购买权，但同意该合伙人退伙或者削减部分财产份额的，可以对结算后的财产进行分割；

（四）其他合伙人既不同意转让，也不行使优先购买权，又不同意该合伙人退伙或者削减部分财产份额的，视为全体合伙人同意转让，该配偶依法取得合伙人地位。

第七十五条 夫妻以一方名义投资设立个人独资企业的，人民法院分割夫妻在该个人独资企业中的共同财产时，应当按照以下情形分别处理：

（一）一方主张经营该企业的，对企业资产进行评估后，由取得企业资产所有权一方给予另一方相应的补偿；

（二）双方均主张经营该企业的，在双方竞价基础上，由取得企业资产所有权的一方给予另一方相应的补偿；

（三）双方均不愿意经营该企业的，按照《中华人民共和国个人独资企业法》等有关规定办理。

第七十六条 双方对夫妻共同财产中的房屋价值及归属无法达成协议时，人民法院按以下情形分别处理：

（一）双方均主张房屋所有权并且同意竞价取得的，应当准许；

（二）一方主张房屋所有权的，由评估机构按市场价格对房屋作出评估，取得房屋所有权的一方应当给予另一方相应的补偿；

（三）双方均不主张房屋所有权的，根据当事人的申请拍卖、变卖房屋，就所得价款进行分割。

第七十七条 离婚时双方对尚未取得所有权或者尚未取得完全所有权的房屋有争议且协商不成的，人民法院不宜判决房屋所有权的归属，应当根据实际情况判决由当事人使用。

当事人就前款规定的房屋取得完全所有权后，有争议的，可以另行向人民法院提起诉讼。

第七十八条 夫妻一方婚前签订不动产买卖合同，以个人财产支付首付款并在银行贷款，婚后用夫妻共同财产还贷，不动产登记于首付款支付方名下的，离婚时该不动产由双方协议处理。

依前款规定不能达成协议的，人民法院可以判决该不动产归登记一方，尚未归还的贷款为不动产登记一方的个人债务。双方婚后共同还贷支付的款项及其相对应财产增值部分，离婚时应根据民法典第一千零八十七条第一款规定的原则，由不动产登记一方对另一方进行补偿。

第七十九条　婚姻关系存续期间，双方用夫妻共同财产出资购买以一方父母名义参加房改的房屋，登记在一方父母名下，离婚时另一方主张按照夫妻共同财产对该房屋进行分割的，人民法院不予支持。购买该房屋时的出资，可以作为债权处理。

第八十条　离婚时夫妻一方尚未退休、不符合领取基本养老金条件，另一方请求按照夫妻共同财产分割基本养老金的，人民法院不予支持；婚后以夫妻共同财产缴纳基本养老保险费，离婚时一方主张将养老金账户中婚姻关系存续期间个人实际缴纳部分及利息作为夫妻共同财产分割的，人民法院应予支持。

第八十一条　婚姻关系存续期间，夫妻一方作为继承人依法可以继承的遗产，在继承人之间尚未实际分割，起诉离婚时另一方请求分割的，人民法院应当告知当事人在继承人之间实际分割遗产后另行起诉。

第八十二条　夫妻之间订立借款协议，以夫妻共同财产出借给一方从事个人经营活动或者用于其他个人事务的，应视为双方约定处分夫妻共同财产的行为，离婚时可以按照借款协议的约定处理。

第八十三条　离婚后，一方以尚有夫妻共同财产未处理为由向人民法院起诉请求分割的，经审查该财产确属离婚时未涉及的夫妻共同财产，人民法院应当依法予以分割。

第八十四条　当事人依据民法典第一千零九十二条的规定向人民法院提起诉讼，请求再次分割夫妻共同财产的诉讼时效期间为三年，从当事人发现之日起计算。

第八十五条　夫妻一方申请对配偶的个人财产或者夫妻共同财产采取保全措施的，人民法院可以在采取保全措施可能造成损失的范围内，根据实际情况，确定合理的财产担保数额。

第八十六条　民法典第一千零九十一条规定的“损害赔偿”，包括物质损害赔偿和精神损害赔偿。涉及精神损害赔偿的，适用《最高人民法院关于确定民事侵权精神损害赔偿责任若干问题的解释》的有关规定。

第八十七条　承担民法典第一千零九十一条规定的损害赔偿责任的主体，为离婚诉讼当事人中无过错方的配偶。

人民法院判决不准离婚的案件，对于当事人基于民法典第一千零九十一条提出的损害赔偿请求，不予支持。

在婚姻关系存续期间，当事人不起诉离婚而单独依据民法典第一千零九十一条提起损害赔偿请求的，人民法院不予受理。

第八十八条 人民法院受理离婚案件时，应当将民法典第一千零九十一条等规定中当事人的有关权利义务，书面告知当事人。在适用民法典第一千零九十一条时，应当区分以下不同情况：

（一）符合民法典第一千零九十一条规定的无过错方作为原告基于该条规定向人民法院提起损害赔偿请求的，必须在离婚诉讼的同时提出。

（二）符合民法典第一千零九十一条规定的无过错方作为被告的离婚诉讼案件，如果被告不同意离婚也不基于该条规定提起损害赔偿请求的，可以就此单独提起诉讼。

（三）无过错方作为被告的离婚诉讼案件，一审时被告未基于民法典第一千零九十一条规定提出损害赔偿请求，二审期间提出的，人民法院应当进行调解；调解不成的，告知当事人另行起诉。双方当事人同意由第二审人民法院一并审理的，第二审人民法院可以一并裁判。

第八十九条 当事人在婚姻登记机关办理离婚登记手续后，以民法典第一千零九十一条规定为由向人民法院提出损害赔偿请求的，人民法院应当受理。但当事人在协议离婚时已经明确表示放弃该项请求的，人民法院不予支持。

第九十条 夫妻双方均有民法典第一千零九十一条规定的过错情形，一方或者双方向对方提出离婚损害赔偿请求的，人民法院不予支持。

六、附则

第九十一条 本解释自 2021 年 1 月 1 日起施行。

最高人民法院关于适用《中华人民共和国民法典》继承编的解释（一）

（2020年12月25日最高人民法院审判委员会第1825次会议通过，自2021年1月1日起施行）

为正确审理继承纠纷案件，根据《中华人民共和国民法典》等相关法律规定，结合审判实践，制定本解释。

一、一般规定

第一条 继承从被继承人生理死亡或者被宣告死亡时开始。

宣告死亡的，根据民法典第四十八条规定确定的死亡日期，为继承开始的时间。

第二条 承包人死亡时尚未取得承包收益的，可以将死者生前对承包所投入的资金和所付出的劳动及其增值和孳息，由发包单位或者接续承包合同的人合理折价、补偿。其价额作为遗产。

第三条 被继承人生前与他人订有遗赠扶养协议，同时又立有遗嘱的，继承开始后，如果遗赠扶养协议与遗嘱没有抵触，遗产分别按协议和遗嘱处理；如果有抵触，按协议处理，与协议抵触的遗嘱全部或者部分无效。

第四条 遗嘱继承人依遗嘱取得遗产后，仍有权依照民法典第一千一百三十条的规定取得遗嘱未处分的遗产。

第五条 在遗产继承中，继承人之间因是否丧失继承权发生纠纷，向人民法院提起诉讼的，由人民法院依据民法典第一千一百二十五条的规定，判决确认其是否丧失继承权。

第六条 继承人是否符合民法典第一千一百二十五条第一款第三项规定的“虐待被继承人情节严重”，可以从实施虐待行为的时间、手段、后果和社会影响等方面认定。

虐待被继承人情节严重的，不论是否追究刑事责任，均可确认其丧失继承权。

第七条 继承人故意杀害被继承人的，不论是既遂还是未遂，均应当确认其丧失继承权。

第八条 继承人有民法典第一千一百二十五条第一款第一项或者第二项所列之行为，而被继承人以遗嘱将遗产指定由该继承人继承的，可以确认遗嘱无效，并确认该继承人丧失继承权。

第九条 继承人伪造、篡改、隐匿或者销毁遗嘱，侵害了缺乏劳动能力又无生活来源的继承人的利益，并造成其生活困难的，应当认定为民法典第一千一百二十五条第一款第四项规定的“情节严重”。

二、法定继承

第十条 被收养人对养父母尽了赡养义务，同时又对生父母扶养较多的，除可以依照民法典第一千一百二十七条的规定继承养父母的遗产外，还可以依照民法典第一千一百三十一条的规定分得生父母适当的遗产。

第十一条 继子女继承了继父母遗产的，不影响其继承生父母的遗产。

继父母继承了继子女遗产的，不影响其继承生子女的遗产。

第十二条 养子女与生子女之间、养子女与养子女之间，系养兄弟姐妹，可以互为第二顺序继承人。

被收养人与其亲兄弟姐妹之间的权利义务关系，因收养关系的成立而消除，不能互为第二顺序继承人。

第十三条 继兄弟姐妹之间的继承权，因继兄弟姐妹之间的扶养关系而发生。没有扶养关系的，不能互为第二顺序继承人。

继兄弟姐妹之间相互继承了遗产的，不影响其继承亲兄弟姐妹的遗产。

第十四条 被继承人的孙子女、外孙子女、曾孙子女、外曾孙子女都可以代位继承，代位继承人不受辈数的限制。

第十五条 被继承人的养子女、已形成扶养关系的继子女的生子女可以代位继承；被继承人亲生子女的养子女可以代位继承；被继承人养子女的养子女可以代位继承；与被继承人已形成扶养关系的继子女的养子女也可以代位继承。

第十六条 代位继承人缺乏劳动能力又没有生活来源，或者对被继承人尽过主要赡养义务的，分配遗产时，可以多分。

第十七条 继承人丧失继承权的，其晚辈直系血亲不得代位继承。如该代位继承人缺乏劳动能力又没有生活来源，或者对被继承人尽赡养义务较多的，可以适当分给遗产。

第十八条　丧偶儿媳对公婆、丧偶女婿对岳父母，无论其是否再婚，依照民法典第一千一百二十九条规定作为第一顺序继承人时，不影响其子女代位继承。

第十九条　对被继承人生活提供了主要经济来源，或者在劳务等方面给予了主要扶助的，应当认定其尽了主要赡养义务或主要扶养义务。

第二十条　依照民法典第一千一百三十一条规定可以分给适当遗产的人，分给他们遗产时，按具体情况可以多于或者少于继承人。

第二十一条　依照民法典第一千一百三十一条规定可以分给适当遗产的人，在其依法取得被继承人遗产的权利受到侵犯时，本人有权以独立的诉讼主体资格向人民法院提起诉讼。

第二十二条　继承人有扶养能力和扶养条件，愿意尽扶养义务，但被继承人因有固定收入和劳动能力，明确表示不要求其扶养的，分配遗产时，一般不应因此而影响其继承份额。

第二十三条　有扶养能力和扶养条件的继承人虽然与被继承人共同生活，但对需要扶养的被继承人不尽扶养义务，分配遗产时，可以少分或者不分。

三、遗嘱继承和遗赠

第二十四条　继承人、受遗赠人的债权人、债务人，共同经营的合伙人，也应当视为与继承人、受遗赠人有利害关系，不能作为遗嘱的见证人。

第二十五条　遗嘱人未保留缺乏劳动能力又没有生活来源的继承人的遗产份额，遗产处理时，应当为该继承人留下必要的遗产，所剩余的部分，才可参照遗嘱确定的分配原则处理。

继承人是否缺乏劳动能力又没有生活来源，应当按遗嘱生效时该继承人的具体情况确定。

第二十六条　遗嘱人以遗嘱处分了国家、集体或者他人财产的，应当认定该部分遗嘱无效。

第二十七条　自然人在遗书中涉及死后个人财产处分的内容，确为死者的真实意思表示，有本人签名并注明了年、月、日，又无相反证据的，可以按自书遗嘱对待。

第二十八条　遗嘱人立遗嘱时必须具有完全民事行为能力。无民事行为能力人或者限制民事行为能力人所立的遗嘱，即使其本人后来具有完全民事行为能力，仍属无效遗嘱。遗嘱人立遗嘱时具有完全民事行为能力，后来成为无民事行为能力人或者限制民事行为能力人的，不影响遗嘱的效力。

第二十九条 附义务的遗嘱继承或者遗赠，如义务能够履行，而继承人、受遗赠人无正当理由不履行，经受益人或者其他继承人请求，人民法院可以取消其接受附义务部分遗产的权利，由提出请求的继承人或者受益人负责按遗嘱人的意愿履行义务，接受遗产。

四、遗产的处理

第三十条 人民法院在审理继承案件时，如果知道有继承人而无法通知的，分割遗产时，要保留其应继承的遗产，并确定该遗产的保管人或者保管单位。

第三十一条 应当为胎儿保留的遗产份额没有保留的，应从继承人所继承的遗产中扣回。

为胎儿保留的遗产份额，如胎儿出生后死亡的，由其继承人继承；如胎儿娩出时是死体的，由被继承人的继承人继承。

第三十二条 继承人因放弃继承权，致其不能履行法定义务的，放弃继承权的行为无效。

第三十三条 继承人放弃继承应当以书面形式向遗产管理人或者其他继承人表示。

第三十四条 在诉讼中，继承人向人民法院以口头方式表示放弃继承的，要制作笔录，由放弃继承的人签名。

第三十五条 继承人放弃继承的意思表示，应当在继承开始后、遗产分割前作出。遗产分割后表示放弃的不再是继承权，而是所有权。

第三十六条 遗产处理前或者在诉讼进行中，继承人对放弃继承反悔的，由人民法院根据其提出的具体理由，决定是否承认。遗产处理后，继承人对放弃继承反悔的，不予承认。

第三十七条 放弃继承的效力，追溯到继承开始的时间。

第三十八条 继承开始后，受遗赠人表示接受遗赠，并于遗产分割前死亡的，其接受遗赠的权利转移给他的继承人。

第三十九条 由国家或者集体组织供给生活费用的烈属和享受社会救济的自然人，其遗产仍应准许合法继承人继承。

第四十条 继承人以外的组织或者个人与自然人签订遗赠扶养协议后，

无正当理由不履行，导致协议解除的，不能享有受遗赠的权利，其支付的供养费用一般不予补偿；遗赠人无正当理由不履行，导致协议解除的，则应当偿还继承人以外的组织或者个人已支付的供养费用。

第四十一条 遗产因无人继承又无人受遗赠归国家或者集体所有制组织所有时，按照民法典第一千一百三十一条规定可以分给适当遗产的人提出取得遗产的诉讼请求，人民法院应当视情况适当分给遗产。

第四十二条 人民法院在分割遗产中的房屋、生产资料和特定职业所需要的财产时，应当依据有利于发挥其使用效益和继承人的实际需要，兼顾各继承人的利益进行处理。

第四十三条 人民法院对故意隐匿、侵吞或者争抢遗产的继承人，可以酌情减少其应继承的遗产。

第四十四条 继承诉讼开始后，如继承人、受遗赠人中有既不愿参加诉讼，又不表示放弃实体权利的，应当追加为共同原告；继承人已书面表示放弃继承、受遗赠人在知道受遗赠后六十日内表示放弃受遗赠或者到期没有表示的，不再列为当事人。

五、附则

第四十五条 本解释自 2021 年 1 月 1 日起施行。

最高人民法院关于审理民间借贷案件适用法律若干问题的规定

（2015 年 6 月 23 日最高人民法院审判委员会第 1655 次会议通过，根据 2020 年 8 月 18 日最高人民法院审判委员会第 1809 次会议通过的《最高人民法院关于修改〈关于审理民间借贷案件适用法律若干问题的规定〉的决定》第一次修正，根据 2020 年 12 月 23 日最高人民法院审判委员会第 1823 次会议通过的《最高人民法院关于修改〈最高人民法院关于在民事审判工作中适用《中华人民共和国工会法》若干问题的解释〉等二十七件民事类司法解释的决定》第二次修正）

为正确审理民间借贷纠纷案件，根据《中华人民共和国民法典》《中华人民共和国民事诉讼法》《中华人民共和国刑事诉讼法》等相关法律之规定，结合审判实践，制定本规定。

第一条　本规定所称的民间借贷，是指自然人、法人和非法人组织之间进行资金融通的行为。

经金融监管部门批准设立的从事贷款业务的金融机构及其分支机构，因发放贷款等相关金融业务引发的纠纷，不适用本规定。

第二条　出借人向人民法院提起民间借贷诉讼时，应当提供借据、收据、欠条等债权凭证以及其他能够证明借贷法律关系存在的证据。

当事人持有的借据、收据、欠条等债权凭证没有载明债权人，持有债权凭证的当事人提起民间借贷诉讼的，人民法院应予受理。被告对原告的债权人资格提出有事实依据的抗辩，人民法院经审查认为原告不具有债权人资格的，裁定驳回起诉。

第三条　借贷双方就合同履行地未约定或者约定不明确，事后未达成补充协议，按照合同相关条款或者交易习惯仍不能确定的，以接受货币一方所在地为合同履行地。

第四条　保证人为借款人提供连带责任保证，出借人仅起诉借款人的，人民法院可以不追加保证人为共同被告；出借人仅起诉保证人的，人民法院可以追加借款人为共同被告。

保证人为借款人提供一般保证，出借人仅起诉保证人的，人民法院应当追加借款人为共同被告；出借人仅起诉借款人的，人民法院可以不追加保证人为共同被告。

第五条 人民法院立案后，发现民间借贷行为本身涉嫌非法集资等犯罪的，应当裁定驳回起诉，并将涉嫌非法集资等犯罪的线索、材料移送公安或者检察机关。

公安或者检察机关不予立案，或者立案侦查后撤销案件，或者检察机关作出不起诉决定，或者经人民法院生效判决认定不构成非法集资等犯罪，当事人又以同一事实向人民法院提起诉讼的，人民法院应予受理。

第六条 人民法院立案后，发现与民间借贷纠纷案件虽有关联但不是同一事实的涉嫌非法集资等犯罪的线索、材料的，人民法院应当继续审理民间借贷纠纷案件，并将涉嫌非法集资等犯罪的线索、材料移送公安或者检察机关。

第七条 民间借贷纠纷的基本案件事实必须以刑事案件的审理结果为依据，而该刑事案件尚未审结的，人民法院应当裁定中止诉讼。

第八条 借款人涉嫌犯罪或者生效判决认定其有罪，出借人起诉请求担保人承担民事责任的，人民法院应予受理。

第九条 自然人之间的借款合同具有下列情形之一的，可以视为合同成立：

（一）以现金支付的，自借款人收到借款时；

（二）以银行转账、网上电子汇款等形式支付的，自资金到达借款人账户时；

（三）以票据交付的，自借款人依法取得票据权利时；

（四）出借人将特定资金账户支配权授权给借款人的，自借款人取得对该账户实际支配权时；

（五）出借人以与借款人约定的其他方式提供借款并实际履行完成时。

第十条 法人之间、非法人组织之间以及它们相互之间为生产、经营需要订立的民间借贷合同，除存在民法典第一百四十六条、第一百五十三条、第一百五十四条以及本规定第十三条规定的情形外，当事人主张民间借贷合同有效的，人民法院应予支持。

第十一条 法人或者非法人组织在本单位内部通过借款形式向职工筹

集资金，用于本单位生产、经营，且不存在民法典第一百四十四条、第一百四十六条、第一百五十三条、第一百五十四条以及本规定第十三条规定的情形，当事人主张民间借贷合同有效的，人民法院应予支持。

第十二条 借款人或者出借人的借贷行为涉嫌犯罪，或者已经生效的裁判认定构成犯罪，当事人提起民事诉讼的，民间借贷合同并不当然无效。人民法院应当依据民法典第一百四十四条、第一百四十六条、第一百五十三条、第一百五十四条以及本规定第十三条之规定，认定民间借贷合同的效力。

担保人以借款人或者出借人的借贷行为涉嫌犯罪或者已经生效的裁判认定构成犯罪为由，主张不承担民事责任的，人民法院应当依据民间借贷合同与担保合同的效力、当事人的过错程度，依法确定担保人的民事责任。

第十三条 具有下列情形之一的，人民法院应当认定民间借贷合同无效：

（一）套取金融机构贷款转贷的；

（二）以向其他营利法人借贷、向本单位职工集资，或者以向公众非法吸收存款等方式取得的资金转贷的；

（三）未依法取得放贷资格的出借人，以营利为目的向社会不特定对象提供借款的；

（四）出借人事先知道或者应当知道借款人借款用于违法犯罪活动仍然提供借款的；

（五）违反法律、行政法规强制性规定的；

（六）违背公序良俗的。

第十四条 原告以借据、收据、欠条等债权凭证为依据提起民间借贷诉讼，被告依据基础法律关系提出抗辩或者反诉，并提供证据证明债权纠纷非民间借贷行为引起的，人民法院应当依据查明的案件事实，按照基础法律关系审理。

当事人通过调解、和解或者清算达成的债权债务协议，不适用前款规定。

第十五条 原告仅依据借据、收据、欠条等债权凭证提起民间借贷诉讼，被告抗辩已经偿还借款的，被告应当对其主张提供证据证明。被告提供相应证据证明其主张后，原告仍应就借贷关系的存续承担举证责任。

被告抗辩借贷行为尚未实际发生并能作出合理说明的，人民法院应当结合借贷金额、款项交付、当事人的经济能力、当地或者当事人之间的交易方式、交易习惯、当事人财产变动情况以及证人证言等事实和因素，综合判断查证借贷事实是否发生。

第十六条 原告仅依据金融机构的转账凭证提起民间借贷诉讼，被告抗辩转账系偿还双方之前借款或者其他债务的，被告应当对其主张提供证据证明。被告提供相应证据证明其主张后，原告仍应就借贷关系的成立承担举证责任。

第十七条 依据《最高人民法院关于适用〈中华人民共和国民事诉讼法〉的解释》第一百七十四条第二款之规定，负有举证责任的原告无正当理由拒不到庭，经审查现有证据无法确认借贷行为、借贷金额、支付方式等案件主要事实的，人民法院对原告主张的事实不予认定。

第十八条 人民法院审理民间借贷纠纷案件时发现有下列情形之一的，应当严格审查借贷发生的原因、时间、地点、款项来源、交付方式、款项流向以及借贷双方的关系、经济状况等事实，综合判断是否属于虚假民事诉讼：

（一）出借人明显不具备出借能力；

（二）出借人起诉所依据的事实和理由明显不符合常理；

（三）出借人不能提交债权凭证或者提交的债权凭证存在伪造的可能；

（四）当事人双方在一定期限内多次参加民间借贷诉讼；

（五）当事人无正当理由拒不到庭参加诉讼，委托代理人对借贷事实陈述不清或者陈述前后矛盾；

（六）当事人双方对借贷事实的发生没有任何争议或者诉辩明显不符合常理；

（七）借款人的配偶或者合伙人、案外人的其他债权人提出有事实依据的异议；

（八）当事人在其他纠纷中存在低价转让财产的情形；

（九）当事人不正当放弃权利；

（十）其他可能存在虚假民间借贷诉讼的情形。

第十九条 经查明属于虚假民间借贷诉讼，原告申请撤诉的，人民法院不予准许，并应当依据民事诉讼法第一百一十二条之规定，判决驳回其请求。

诉讼参与人或者其他人恶意制造、参与虚假诉讼，人民法院应当依据民事诉讼法第一百一十一条、第一百一十二条和第一百一十三条之规定，依法予以罚款、拘留；构成犯罪的，应当移送有管辖权的司法机关追究刑事责任。

单位恶意制造、参与虚假诉讼的，人民法院应当对该单位进行罚款，并可以对其主要负责人或者直接责任人员予以罚款、拘留；构成犯罪的，应当移送有管辖权的司法机关追究刑事责任。

第二十条 他人在借据、收据、欠条等债权凭证或者借款合同上签名或者盖章，但是未表明其保证人身份或者承担保证责任，或者通过其他事实不能推定其为保证人，出借人请求其承担保证责任的，人民法院不予支持。

第二十一条 借贷双方通过网络贷款平台形成借贷关系，网络贷款平台的提供者仅提供媒介服务，当事人请求其承担担保责任的，人民法院不予支持。

网络贷款平台的提供者通过网页、广告或者其他媒介明示或者有其他证据证明其为借贷提供担保，出借人请求网络贷款平台的提供者承担担保责任的，人民法院应予支持。

第二十二条 法人的法定代表人或者非法人组织的负责人以单位名义与出借人签订民间借贷合同，有证据证明所借款项系法定代表人或者负责人个人使用，出借人请求将法定代表人或者负责人列为共同被告或者第三人的，人民法院应予准许。

法人的法定代表人或者非法人组织的负责人以个人名义与出借人订立民间借贷合同，所借款项用于单位生产经营，出借人请求单位与个人共同承担责任的，人民法院应予支持。

按照民间借贷法律关系审理作出的判决生效后，借款人不履行生效判决确定的金钱债务，出借人可以申请拍卖买卖合同标的物，以偿还债务。就拍卖所得的价款与应偿还借款本息之间的差额，借款人或者出借人有权主张返还或者补偿。

第二十三条 当事人以订立买卖合同作为民间借贷合同的担保，借款到期后借款人不能还款，出借人请求履行买卖合同的，人民法院应当按照民间借贷法律关系审理。当事人根据法庭审理情况变更诉讼请求的，人民法院应当准许。

按照民间借贷法律关系审理作出的判决生效后，借款人不履行生效判决确定的金钱债务，出借人可以申请拍卖买卖合同标的物，以偿还债务。就拍卖所得的价款与应偿还借款本息之间的差额，借款人或者出借人有权主张返还或者补偿。

第二十四条 借贷双方没有约定利息，出借人主张支付利息的，人民法院不予支持。

自然人之间借贷对利息约定不明，出借人主张支付利息的，人民法院不予支持。除自然人之间借贷的外，借贷双方对借贷利息约定不明，出借人主张利息的，人民法院应当结合民间借贷合同的内容，并根据当地或者当事人的交易方式、交易习惯、市场报价利率等因素确定利息。

第二十五条 出借人请求借款人按照合同约定利率支付利息的，人民法院应予支持，但是双方约定的利率超过合同成立时一年期贷款市场报价利率四倍的除外。

前款所称“一年期贷款市场报价利率”，是指中国人民银行授权全国银行间同业拆借中心自2019年8月20日起每月发布的一年期贷款市场报价利率。

第二十六条 借据、收据、欠条等债权凭证载明的借款金额，一般认定为本金。预先在本金中扣除利息的，人民法院应当将实际出借的金额认定为本金。

第二十七条 借贷双方对前期借款本息结算后将利息计入后期借款本金并重新出具债权凭证，如果前期利率没有超过合同成立时一年期贷款市场报价利率四倍，重新出具的债权凭证载明的金额可认定为后期借款本金。超过部分的利息，不应认定为后期借款本金。

按前款计算，借款人在借款期间届满后应当支付的本息之和，超过以最初借款本金与以最初借款本金为基数、以合同成立时一年期贷款市场报价利率四倍计算的整个借款期间的利息之和的，人民法院不予支持。

第二十八条 借贷双方对逾期利率有约定的，从其约定，但是以不超过合同成立时一年期贷款市场报价利率四倍为限。

未约定逾期利率或者约定不明的，人民法院可以区分不同情况处理：

（一）既未约定借期内利率，也未约定逾期利率，出借人主张借款人自逾期还款之日起参照当时一年期贷款市场报价利率标准计算的利息承担逾期还款违约责任的，人民法院应予支持；

（二）约定了借期内利率但是未约定逾期利率，出借人主张借款人自逾期还款之日起按照借期内利率支付资金占用期间利息的，人民法院应予支持。

第二十九条 出借人与借款人既约定了逾期利率，又约定了违约金或者其他费用，出借人可以选择主张逾期利息、违约金或者其他费用，也可以一并主张，但是总计超过合同成立时一年期贷款市场报价利率四倍的部分，人民法院不予支持。

第三十条 借款人可以提前偿还借款，但是当事人另有约定的除外。

借款人提前偿还借款并主张按照实际借款期限计算利息的，人民法院应予支持。

第三十一条 本规定施行后，人民法院新受理的一审民间借贷纠纷案件，适用本规定。

2020年8月20日之后新受理的一审民间借贷案件，借贷合同成立于2020年8月20日之前，当事人请求适用当时的司法解释计算自合同成立到2020年8月19日的利息部分的，人民法院应予支持；对于自2020年8月20日到借款返还之日的利息部分，适用起诉时本规定的利率保护标准计算。

本规定施行后，最高人民法院以前作出的相关司法解释与本规定不一致的，以本规定为准。